인성의 힘

CHARAC TER ★ EDGE

조직을 성공으로 이끄는
웨스트포인트 리더십 훈련의 비밀

인성의 힘

로버트 캐슬런 2세, 마이클 매슈스 지음 | 마틴 셀리그먼 서문 | 오수원 옮김

리더스북

1.
성공으로 이끄는
결정적 인성의 힘

2.
리더의 인성은
어떻게 키우는가

리더십의 본질

로버트 캐슬런 장군과 마이클 매슈스 교수는 『인성의 힘』을 통해 인성을 탐구하는 연구자들 가운데 단연 최전선에 서게 되었다. 이 책이 성공을 거둘 수 있는 이유는 보석 같은 이 책을 저술한 두 분의 인격과 남다른 경험 때문이다. 내가 겪은 두 분의 사연을 이야기하고 싶다.

내가 캐슬런 장군을 처음 만난 것은 그가 웨스트포인트 육군사관학교의 생도대장으로 임명받았을 때였다. 당시 나는 객원 교수로 웨스트포인트의 사관생도들에게 회복탄력성과 외상 이후의 성장에 대해 강의하고 있었다. 나는 준장이던 그와 만났고 웨스트포인트 상담센터의 미래를 놓고 의논했다. 캐슬런 장군은 학교의 상담 서비스가 약물남용, 경범죄, 성희롱 등 온통 나쁜 문제에만 집중되어 있다고 우려했다.

"학교 상담 서비스가 나쁜 문제를 다루는 일보다 더 나은 일을 할 수는 없을까요? 조언을 제공하고 좋은 것들도 측정하고 평가하는 일 말입니다. 가령 나쁜 문제를 완화하는 방안에 불과한 것들 외에, 모범적인 군인이 되는 방법이나 강점을 바탕으로 학문 연구를 선택하는 방법 등을 다뤄보는 거지요."

나는 장군과 내가 비슷한 사람임을 즉시 알아차렸다. 장군의 관심사는 우수한 군인이 되는 것, 우수한 학자가 되는 것이었고, 나의 관심사도 마찬가지였다. 웨스트포인트에서 강의하며 내가 관심을 갖고 있던 문제는 심리 상담 서비스를 다른 방향으로 개편하는 일이었다. 부정적인 문제에 대처하고 악영향을 받는 생도들의 문제를 완화하는 방법이 아니라, 삶을 살 만한 가치가 있는 것으로 만드는 방안을 모색하는 쪽으로 전면 개편하는 일 말이다. 장군과 나는 웨스트포인트의 상담센터가 생도들이 자신에게 내재되어 있는 최고의 강점을 발견하는 장소가 되길 바라며 많은 이야기를 나누었다. 그와 헤어지면서 생각했다. "이 사람은 비전이 있군."

그로부터 몇 년 뒤 캐슬린 장군은 웨스트포인트의 교장이 되었다. 육군사관학교 전체를 책임지는 막중한 자리에 오른 것이다. 앞으로 살펴보겠지만 그가 재직하는 내내 웨스트포인트의 기조는 인성 육성이었다. 인격을 기르는 일이 리더십의 근간이라는 진실이야말로 장군이 이 책에 담은 핵심이다. 전장의 극한 상황에서부터 웨스트포인트 사관학교의 보다 평온한 환경에 이르기까지 다양한 조직과 현장에서 연마한 수천 시간 분량의 생생한 리더십이 『인성의 힘』에 녹아들어 있다.

『인성의 힘』의 공저자인 마이클 매슈스 교수는 학자이자 오랜 경험을 쌓은 교사이다. 내가 매슈스 교수를 처음 만난 것은 지금으로부터 15년도 더 전이다. 당시 나는 긍정심리학의 미래를 짜고 있었다. 매슈스 교수를 펜실베이니아대학교로 초빙해 여러 달 동안 선임연구원으로 일하도록 했고, 나는 앤절라 더크워스Angela Duckworth와 '그릿'grit(미국의 심리학자인 앤절라 더크워스가 개념화한 용어로, 성공과 성취를 끌어내는 데 결정적 역할을 하는 투지를 뜻한다. 재능보다는 노력의 힘을 강조하는 개념이다. 이 책에서는 맥락에 따라 '그릿' 또는 '투지'로 옮겼다)에 관한 연구를 막 시작한 참이었다. 이후 매슈스 교수와 앤절라 선생은 웨스트포인트와 협업하여 '비스트 배럭스'Beast Barracks를 마친 뒤 사관학교를 중퇴하는 생도들에게 어떤 특징이 있는지 연구하기 시작했다. 비스트 배럭스란 생도들이 사관학교에 입학해 처음 겪는 혹독한 여름 훈련 프로그램이다. 이때 학교를 중퇴하는지 여부를 예측하는 중요한 변수는 그릿으로 판명되었다. 인성 덕목 중 하나인 '그릿'에 관한 이러한 결과는 군인으로 성공할 수 있는지 여부를 예측하는 인자로서, 인성에 대한 관심을 촉발시켰다. 매슈스는 이 문제를 인성 문제로 확대해 연구하기 시작했고, 그릿은 마침내 더크워스가 주목할 만한 성공을 거두는 출발점이 되었다. 매슈스 교수는 본격적으로 행동과학, 엄정성, 생도들의 정신과 행동을 가르치고 측정한 다년간의 경험치를 『인성의 힘』에 쏟아넣었다.

독자 여러분도 앞으로 알게 되겠지만 『인성의 힘』은 전무후무한 성과를 내놓았다. 군의 구성원들에게 인성을 불어넣기 위해 평생 동안 다양하고 광범위한 경험을 아낌없이 바쳐온 군 최고 지도층 인사와, 과학적인 측정과 실험 설계 분야에서 노련한 경험과 탁월한 실력을 갖춘 행동과학자 간의 유례없는 협업이 바로 그 성과다. 두 분뿐 아니라 이분들이 몸담은 전 분야에서 자랑스러워할 수 있는 책이라고 확신한다.

이 지면에서 스포일러를 폭로하고 싶지는 않지만 내가 가장 좋아했던 핵심만은 독자 여러분께 미리 말씀드리고 싶다.

'의무와 명예와 조국'은 웨스트포인트의 유서 깊은 모토다. 그러나 이 모토를 되풀이해 읊어댄다고 해서 졸업생들의 행동으로 연결되지는 못한다. 웨스트포인트에서 보내는 4년이라는 세월 동안 인성을 형성하는 일이야말로 의무와 명예와 조국이라는 세 단어를 평생 지속되는 품위 있는 행동으로 변모시킨다는 것이 캐슬런 장군과 매슈스 박사의 가장 중요한 통찰이다. 웨스트포인트에서 어떻게 인성 훈련이 이루어지며, 이 통찰이 어떻게 군 너머의 세계에까지 적용될 수 있는지를 다룬 유일무이한 이 책은 독자 여러분을 위해 마련한 최고의 성찬이다.

_마틴 셀리그먼
긍정심리학의 창시자, 긍정심리학센터 대표

누가 최고의 리더가 되는가

『인성의 힘』은 저자 두 사람이 경험한 80년 세월의 소산이다. 캐슬런 장
군은 1975년 웨스트포인트를 졸업하고 소위로 임관한 이후 43년 동안
군에서 복무했다. 소위에서 중장까지 진급하는 내내 캐슬런 장군은 전
쟁 중이든 아니든 소대에서 사단에 이르는 군 조직을 지휘관으로서 통
솔했다. 소위였을 때는 베트남전의 상처로부터 회복 중이던 육군 조직
에 속해 있었다. 당시 육군은 인종 불화, 마약, 그리고 목적과 방향의 상
실이라는 병을 앓고 있었다. 캐슬런은 같은 세대 군 장교들의 도움을 받
아 군을 괴롭히는 균열들을 수리하는 일에 기여했고, 최초의 걸프전, 그
리고 9·11 사태 이후의 아프가니스탄 전쟁과 이라크전 대비에도 참여했
다. 캐슬런의 걸출한 육사 경력은 2013년에서 2018년까지 웨스트포인
트 제59대 교장을 지내면서 정점을 찍게 된다.

　　육군에 복무했던 기간에 캐슬런은 가장 어려운 상황에 처한 지휘관
들과 병사들을 지켜보았다. 이 과정에서 명확해진 것은 인성과 리더십이
떼려야 뗄 수 없을 만큼 밀접하다는 것이었다. 병사가 30여 명인 소대 지

휘관에서 2만3천 명 넘는 사단의 지휘관까지 거친 캐슬런의 관점에서 명약관화해진 진실은 '인성이 승리의 본질'이라는 사실이었다. 리더십에서 인성이 수행하는 핵심적인 역할에 대한 견해가 깊어질수록 캐슬런은 지휘관과 병사들 모두의 인성 발달을 자신의 리더십 철학을 구성하는 중심 요소로 우선하게 되었다. 그의 이러한 철학은 육사 교장으로 재직하던 시절 절정에 다다랐고, 캐슬런은 사관생도들의 학문, 신체 및 군사 기량 성장과 더불어 인성 육성을 학교의 중요한 교육 목표로 공식화했다.

캐슬런과 같은 해 태어난 매슈스 박사는 『인성의 힘』에 또 다른 관점을 부여한다. 40년 동안 군사심리학자로 연구해온 매슈스는 인성, 그리고 인성이 개인의 성과와 리더십에 끼치는 영향을 살피는 데 '과학적' 방법을 사용한다. 전직 경찰관이자 공군 장교였던 매슈스 박사는 인성을 측정하고 수량화하는 방법에 주의를 기울인다. 인성이 지능 등의 다른 요소들과 상호작용하며 개인이 어떻게 적응하는지, 또 평상시에 때로는 위험한 상황에서 타인들을 이끄는 방식에 어떤 영향을 미치는지를 보는 것이다. 그의 관심은 인성 이론, 즉 인성이 다른 중요한 심리적·사회적 속성들과 맺고 있는 관계에만 머물지 않는다. 캐슬런이 걸출한 육군 경력에서 겪은 다채로운 상황에서 인성이 실제로 어떤 역할을 했는지에 관한 역학 관계로까지 관심이 뻗어나간다. 캐슬런처럼 매슈스도 인성이 리더십의 기초를 형성하며, 개인의 적응 능력과 사회적 관계에서도 근본적으로 중요하다고 본다.

리더십과 인성이라는 주제를 다룬 퇴역 장성들의 책은 심리학자들이 쓴 책 못지않게 많다. 그러나 이들이 저술한 인성과 리더십 범주의 책들은 지휘관이라는 독특한 경험을 토대로 하기 때문에 행동과학의 기반이 결여되어 있다. 이러한 저서들에는 통찰력이 담겨 있긴 하지만 단순한 의견 개진에만 그쳐 쉽게 비판 대상이 된다. 한편으로 심리학자들이 쓴 책들은 행동과학 및 사회과학 기반이 탄탄하다. 그러나 과학적 토대가 견고한 반면 실세계와의 연관성은 부족할 수 있다. 연구실에서는 잘 통하는 듯했던 것들이 현실에서는 통하지 않을 때가 종종 있다.

『인성의 힘』의 목적은 인성과 리더십에 관한 경험적 관점과 행동과학적 관점을 결합하여 모자란 부분을 보충하는 것이다. 인성과 리더십에 관한 책들 가운데 전략 지도자, 과학자 모두의 경험과 관점을 녹여낸 것은 전무후무하다. 이 책은 인성 및 인성 기반 리더십의 과학과 실천들을 한데 엮어 독자들에게 배울 점과 영감을 주고자 한다.

다음에 나오는 두 가지 이야기 중 하나는 캐슬런 장군, 또 하나는 매슈스 박사가 쓴 것이다. 두 글 모두 인성과 리더십에 관한 두 사람의 열정적인 관심을 그대로 드러낸다.

1. 2009년 _ 이라크
육군 중장(전역) 로버트 L. 캐슬런 2세의 이야기

2009년 3월, 이라크 해방 작전을 수행하는 동안 제8기병연대 제3대대는 잘 알려진 이라크 안정화 작전 가운데 '병력 증파'surge를 위해 이라크 모술 서부를 장악하고 있었다. 이라크 대부분 지역에서는 연합군 사상자 수뿐 아니라 적과의 교전도 상당히 감소한 상황이었지만, 이라크 북부 중에서도 모술이 수도인 니네베 지역은 여전히 교전이 잦았다. 당시 제3대대의 지휘관은 육군 중령인 개리 더비였다. 더비는 강인하면서도 합리적이고 능동적인 장교로 휘하 병사들의 신망과 애정이 두터웠던 인물이었고, 대대는 이미 두어 달 동안 그의 지휘 아래 교전에 상당한 진전을 보이던 터였다. 군인 중의 군인이었던 더비는 최전선에서 부하들을 이끌었고 늘 병사들과 함께하며 권위를 인정받았기 때문에 대원들이 어떤 어려운 상황을 마주하건 자신감과 희망과 낙천적인 태도를 심어줄 수 있었다.

2월 9일 오후 1시경 나는 그 어떤 지휘관도 받고 싶지 않을 소식을 접했다. 모술 서쪽의 전초기지로 가는 도중에 더비가 탄 차량이 폭파 장치를 단 차량의 자살 폭격을 받았다는 소식이었다. 더비는 병사 셋, 통역관 한 명과 더불어 탑승한 상태에서 즉사했다. 나는 무거운 심정으로 곧바로 헬리콥터를 타고 대대 본부로 날아가 남은 지휘관들을 얼싸안고 위로를 전했다. 우리 사단과 전투 현장의 수뇌부는 이 크나큰 상실과 비통함을 겪는 이들에게 가능한 모든 조치를 다하겠다고 약속했다. 나는 무엇보다 최대한 신속하게 더비를 대신할 다른 지휘관을 보내겠다고 확언했다.

더비 중령이 휘하 부대의 문화와 가치, 효과적인 전략 수행에 끼친 영향은 그가 전장에서 일군 성과뿐 아니라 그의 죽음이 병사들에게 준 충격을 통해서도 여실히 드러났다. 지휘관의 영향력은 매우 중요하다. 나는 군 생활 내내 위기와 스트레스 상황일수록 지휘관이 끼치는 영향력이 기하급수적으로 커진다는 것을 생생하게 느끼고 배웠다. 위험한 환경에 처할 때 사람들은 대개 자신의 취약성을 실감하고 서로 더 가까워진다. 이런 때는 지도자가 제시하는 방향과 지침에 크게 의존해야 하기에, 사람들은 지도자의 행동에 더욱 크게 감응하고 거기 맞추어 행동한다. 이들을 한데 결속시켜주는 강력한 접착제는 지도자에게 이들이 보내는 신뢰이다. 신뢰는 효과적인 리더십에서 가장 중요한 요소이며, 부대에서 리더가 형성하는 가장 중요한 자질이다.

부대원들이 개리 더비 중령에게 품었던 애정과 존경은 중령이 자신들의 생명을 몇 번이고 구해주었던 경험에 크게 기인한다. 이들이 중령에게 품은 신뢰는 상상 이상으로 컸다. 부대원들은 더비가 가는 곳이면 어디라도 따를 기세였다. 더비 중령이 유능함을 발휘하여 자신들을 안전한 길로 이끌리라고 깊이 믿었기 때문이다.

이 정도의 신뢰는 어디서 생겨난 것일까? 물론 개리 더비 중령이 대대 지휘관으로서 전투를 지휘하며 매일 입증한 능력에서 온 것이다. 그러나 신뢰를 떠받치는 토대는 능력뿐만이 아니다. 그에 못지않게 중요한 것이 바로 인성이다. 간단히 말해, 전투를 치르는 동안 사단에서 가장 성과를 많이 내는 유능한 대대 지휘관이 될 수는 있다. 그러나 리더십은 다르다. 그것만으로는 충분하지 않다. 인성이 갖추어지지 않았다면 리더십은 실패로 돌아간다. 더비 중령은 최고 수준의 인성을 보여주었다. 그는 정직했고 이타적이었으며 기개와 결단력, 그리고 열의까지 갖추고 있었다. 그의 인격은 분명하게 드러날 때도 있었고 미묘한 방식으로 나타나기도 했지만 타인들의 눈에 보이지 않은 적은 한 번도 없었다. 그는 늘 대원들의 관심과 걱정에 귀를 기울였고 부하 각자에게 하나하나 관심을 기울이고 세심하게 신경을 썼으며, 부하들을 위해 자기 목숨을 내놓았다. 이러한 인성이야말로 부대원들이 그를 향해 품은 신뢰의 기반이었다.

더비 중령이 세상을 떠났을 때 부대원들은 동지이자 친구를 잃었기 때문만이 아니라, 사는 내내 깊이 신뢰했던 사람을 잃었기 때문에 비통에 잠겼다. 더비 중령을 따를 수 없게 된 부하들은 지휘자의 부재에 어쩔 줄 몰라 했다. 나는 이들에게 훌륭한 새 지휘관이 필요하다는 것, 그것도 하루빨리 필요하다는 것을 잘 알았다. 모술 서부는 이슬람 수니파 극단주의자들과 맞서 싸워야 하는 중요한 요충지였고 군은 더비 중령이 맡았던 대대원들의 슬픔을 하루빨리 회복시켜 이들의 정서를 건강히 유지하고 가능한 한 빨리 전투 현장으로 돌려보내야 했다.

제1기병사단의 사령관과 일하고 있던 우리는 더비 중령의 대대를 신속히 책임질 수 있는 유능한 장교를 찾아야 했다. 다행히 좋은 후보가 현장에 있었다. 대대를 위해 미리 선발해둔 장교로 1년 뒤에 임관하기로 예정되어 있던 인물이었다. 강인하고 매력적인 인물이라 대대 지휘관들에게도 인정을 받고 있었다. 유능했던지라 그는 자신이 모술 서부 요충지에서 쓸모 있는 지휘관이 될 수 있음을 재빠르게 입증했다.

새 대대 지휘관이 부임한 지 두 달 남짓 되었을 때, 나는 그의 상관인 여단장의 전화를 받았다. 해결해야 할 문제가 있다는 내용이었다. 여단장의 보고를 들으면서 나는 고개를 절레절레 흔들 뿐 달리 할 수 있는 일이 없었다.

개리 더비 중령이 명예와 성실이 지배하는 풍토를 만들어놓은 덕분에 그의 휘하에 있던 다른 지휘관들은 부대의 가치와 기준에 어긋나는 모습을 발견하면 보고하곤 했다. 새로 부임한 지휘관에 대해서도 예외가 아니었다. 새 지휘관은 참모장교의 배우자와 온라인으로 부적절한 관계를 맺어왔고, 상급 지휘관들은 이미 온라인상에서 오가는 대화를 보고 그것이 부적절하다는 것을 즉시 인지했다. 상관의 부정 의혹을 상부에 보고하는 일은 부하가 할 수 있는 가장 어려운 일 중 하나이리라. 이들이 해야 했던 일은 그런 것이다.

여단장은 신임 지휘관의 혐의를 내게 보고했고 나는 조사에 착수했다. 조사가 진행되는 동안 군은 신임 지휘관의 임무를 중지시키고 그를 집으로 보냈다. 조사 결과 혐의가 입증되어 해임했다. 그가 꽤 유능한 리더라는 것이 사실이었다 해도 실제로 쓸모 있지는 않았다. 시간이 갈수록

나는 고위 리더에게 요구되는 능력을 아무리 풍부하게 갖추고 있다 해도 인성이 뒷받침해주지 못하면 리더십에서 실패한다는 것을 깨달았다.

새 지휘관이 해임된 직후 나는 하루를 잡아 제3대대 순찰을 나갔다. 제8기병연대 제3대대는 신뢰하던 유능한 지휘관인 개리 더비를 잃은 상실감뿐 아니라, 더비를 대신해 왔던 지휘관의 인성 결함으로 인해 윤리적 가치 기준을 잃어버린 일로도 고통받고 있었다. 대대는 맡은 임무를 전처럼 열심히 수행하고 있었지만 결코 전과 같을 수는 없었다.

요컨대 리더십에 인성이 누락되는 경우 개인뿐 아니라 조직의 풍토와 할당받은 임무를 수행하는 역량도 심각한 영향을 받는다. 지도층의 인성 결함으로 조직 풍토마저 나빠진 부대는 전투 임무 수행에 악영향을 받을 뿐 아니라 부대원 각각의 생활도 치명적인 여파에 시달리게 된다.

불행하게도 내가 이라크에서 사단장으로 복무하는 12개월 동안 해결해야 했던 지휘관들의 윤리 문제는 제3대대 지휘관의 문제로 끝나지 않았다. 사단장으로서 나는 내 사단 내의 지휘관들이 저지른 부정에 대해 판결을 내리는 책임을 맡았다. 대부분은 지상전 법률 위반 문제가 아니라 그저 전방의 작전 기지에서 생활하는 동안 생기는 단순한 인성 문제들이었다. 부하에 대한 상스러운 언행, 폭력적인 명령 풍조, 부적절한 관계, 성희롱, 성폭력 등이 심각하다 싶을 만큼 흔했다. 출근을 하지 않거나 군 관계자들의 행동 지침을 담은 '일반명령 제1호'General Order Number 1를 위반하는 일도 흔한 행위였다.[1] 대개 윤리 문제였고 모조리 인성의 결함을 예증하는 사례들이었다.

이 사례들은 모두 심각한 여파를 몰고 왔다. 대부분 피의자로 몰락한 리더의 군 경력이 끝났을 뿐 아니라 그로 인해 부대원들의 건강, 복지, 사기, 규율도 부정적인 여파를 겪어야 했다. 전투를 하는 부대라면 전투 결과에도 치명적인 악영향을 끼쳤다. 내가 무엇보다 심혈을 기울인 일은 리더십에서 극히 중요한 역할을 하는 인성을 제자리로 복구하는 일이었다. 이라크 복무를 끝내고 미국으로 돌아가면 인성을 육성하는 일을 내 군 경력의 주안점으로 삼으리라 엄숙히 다짐했다.

이라크에서 돌아온 뒤, 육군은 이라크에서 내가 직접 목격한 인성의 위기를 해결하는 일을 해볼 수 있는 자리로 나를 보내주었다. 웨스트포인트에 있는 미 육군사관학교의 교장이 된 것이다. 일명 '웨스트포인트'의 소명은 육사 생도들을 교육하고 훈련시켜 이들에게 영감을 줌으로써, 졸업생 각각이 의무와 명예와 조국의 가치에 헌신하는 지휘관이자 인성을 갖춘 리더로서, 탁월한 전문성을 갖춘 육군 장교가 되도록 준비를 시키는 것이다. 미국 최고의 학문 및 교육 프로그램을 거친 웨스트포인트 사관생도들은 지성과 신체적 역량과 군 관련 전문성을 기르게 된다. 그러나 주목해야 할 점은, 웨스트포인트의 사명을 적은 강령에 "지적·신체적으로 유능한 리더를 교육하고 훈련하고 고무하라"라는 표현은 없다는 것이다. 생도들이 지적으로, 군사적으로, 신체적으로 유능해야 한다는 점이 암암리에 담겨 있을 뿐이다. 오히려 강령에 명시된 내용은 "인성을 갖춘 지도자를 교육하고 훈련하고 독려하라"이다.

"인성을 갖춘 지도자." 누구나 자기 분야나 맡은 직위에서 최고의 능력을 갖출 순 있지만 인성에서 실패하면 리더십은 실패다. 웨스트포인트에서 교장으로 재직하던 5년 동안 내가 최고로 주력하고 우선했던 건 공감, 규칙의 성문화, 인성 육성이다. 웨스트포인트를 졸업하는 생도들은 호된 지상전이라는 가장 힘든 조건에서 작전을 수행해야 할 뿐 아니라, 그중 많은 수는 훗날 군에서 장성급 지휘관이 되거나 정부의 고위직에 오르거나 기업의 최고경영자가 될 수도 있다. 미국에서 교육 분야와 학문 분야를 막론하고 인성의 위기가 확대되는 모습을 목격하면서 나의 소명은 군을 넘어 사회 전체로 확장되었다. 웨스트포인트 졸업생들에게 명예롭게 삶을 영위할 수 있는 가치들을 불어넣어줄 수 있다면 군대만이 아니라 기업, 비영리단체, 스포츠 단체, 미국 및 전 세계 다른 수많은 단체와 기관 및 조직의 윤리 기준 역시 바꾸어놓을 수 있다.

그리고 이곳에서 나는 마이클 매슈스 박사를 만났다. 매슈스 박사는 웨스트포인트의 저명한 심리학 교수로서 육군의 원칙 및 전략 수립을 돕고 전쟁이 길어지는 시기에 군인들의 회복탄력성을 기르는 데 기여하는 연구와 실천 전략으로 명망이 높았다.

나는 2018년 전역했다. 내 현재 소명은 인성 기반의 리더십에 대한 메시지를 수립하고 이를 대중에게 전달할 방법을 마련하는 것이다. 그 첫 단계는 현장과 연구실에서 쌓은 우리 경험을 세상에 선보일 책이다. 독자 여러분이 성공하는 방법을 알게 되고 이를 실천에 옮김으로써 흡족하고 자랑스러운 마음으로 밤새 편안히 잤으면 한다.

오늘날의 사회는 도덕과 인성의 붕괴를 맞이하고 있다. 텔레비전 뉴스를 보건 신문이나 잡지를 읽건 도덕과 윤리의 위반과 인성의 실패는 도처에 있다. 그러나 웨스트포인트에서 보내는 기간에 나는 미국 전역에서 봉사하기 위해 이곳 캠퍼스에서 준비하고 있는 차세대 지도자들의 능력에 큰 확신을 갖게 되었다. 인성에 올바른 방식으로 주의를 기울이기만 한다면, 우리 누구에게나 크건 작건 리더가 될 역량은 내재되어 있다. 매슈스 박사와 나는 이 책을 따라 여행하며 여러분 각자가 자신의 인성을 키우고 유지할 수 있는 촉매제를 얻어 가기를 희망한다. 그것이야말로 이 책의 가장 큰 취지이다.

2. 2005년 여름, 펜실베이니아대학교
웨스트포인트 심리학 교수 마이클 D. 매슈스 교수의 이야기

내가 마틴 셀리그먼 박사의 심리학 연구에 관해 처음 알게 된 것은 1970년대 대학원에서 공부하던 때였다. 셀리그먼 박사는 동물이 전기 충격 피하는 법을 학습하는 방식, 그리고 이러한 동물 연구 결과가 인간이 시련에 대처하는 방식에 지닌 함의를 살피는 작업으로 연구 경력을 시작했다. 1975년 무렵 학습된 무기력에 관한 셀리그먼 박사의 연구는 대중문화에서도 유명한 이야기가 되었다. 박사의 연구 결과에 따르면, 피할 수 없는 충격에 노출되었던 개들은 그 후 회피 가능한 충격을 피하는 법도 잘 배우지 못했다. 이 개들은 열세를 학습했을 뿐 아니라 삶을 포기한 듯 슬프고 무기력해 보였다. 셀리그먼은 이 개들에게서 인간 우울증의 모델을 발견했다. 해결할 수 없는 문제와 마주한 사람들 역시 생을 단념하고 우울증에 걸릴 수 있다.[2]

30년 뒤로 시계를 빨리 돌려보자. 셀리그먼 교수는 동물의 혐오 조건 형성aversive conditioning을 연구하는 작업을 그만두고 새로운 심리학 접근법의 기초를 만드는 일로 옮겨갔다. 사람들이 우울증과 병적 상태로 빠지는 메커니즘 대신 탁월함을 보이고 성공하는 메커니즘에 초점을 맞춘 접근법이었다. 그 유명한 긍정심리학이다. 2005년 존 템플턴 재단은 세계를 주도하는 긍정심리학자들이 여름 내내 개최하는 학회에 자금을 지원했다. 나는 벌써 2년 전에 셀리그먼 교수를 만났다. 그가 웨스트포인트의 행동과학 및 리더십 학과Behavioral Sciences & Leadership Department에 방문했을 때였다. 우리는 긍정심리학에 대해 공통의 관심사가 있었고 대화를 나누었다. 셀리그먼 박사처럼 내 초창기의 심리학 연구 또한 동물의 혐오 조건 형성에 관한 것이었고, 박사처럼 나의 관심사도 인간 적응의 최적화를 알아보는 방향으로 옮겨 간 참이었다. 이 공통 관심사를 바탕으로는 나는 존 템플턴 재단의 연구기금에 지원해 기금을 받고 2005년 펜실베이니아대학교의 긍정심리학자 모임의 일원이 되었다. 셀리그먼은 이 모임을 '메디치2 학회'Medici II Conference라 불렀다.

나는 긍정심리학이 군에서 할 수 있는 역할에 관해 생각하면서 그해 여름을 보냈다. 특히 인성이 병사 개개인의 성과와 리더십을 일구는 데서 어떤 역할을 할 수 있는지에 주목했다. 이런 내게 큰 영향을 끼친 인물은 미시간대학교의 긍정심리학자이자 메디치2 학회 핵심 멤버인 크리스토퍼 피터슨Christopher Peterson이다. 피터슨과 셀리그먼은 과거에 긍정적인 인성 특징 목록을 함께 만들었고 이 인성 특징을 측정할 척도까지 개발해 입증해두었다.[3] 『인성의 힘』에 앞으로 등장할 과학적 논의의 많은 부분은 이 인성 특징 개념과 메디치2 학회에서 영감을 받은 연구들을 바탕으로 한 것이다.

셀리그먼 박사는 또한 자신이 지도하는 대학원생 앤절라 더크워스를 내게 소개해주었다. 더크워스는 결단력과 의지력이 인간의 성취에서 어떻게 작용하는지 탐구했다. 셀리그먼은 더크워스를 몇십 년 만에 만난 최고의 대학원생이라고 칭찬했다. 더크워스는 이 결단력과 의지를 '그릿'이라는 개념으로 다듬었다. 더크워스가 정의하는 바 그릿이란 "장기적인 목표를 열정적으로 추구하는 일"이다. 더크워스와 이야기를 나누면서 그릿이 군인들의 성과를 이해하는 데서 필수적인 개념이 되리라는 확신이 들었다.

나는 그릿 개념에 크게 매료되었고, 더크워스를 도와 웨스트포인트 생도 수천 명의 그릿 점수를 수집했다. 웨스트포인트에서 얻은 데이터는 연구 대상이었던 다른 집단의 데이터와 함께 더크워스의 박사논문에 포함되었다. 우리가 발견한 바에 따르면 그릿이야말로 신입 사관생도들이 웨스트포인트의 가혹하리만치 엄한 기초 훈련을 성공적으로 끝낼지 여부를 예측해주는 믿을 만한 지표였다. 웨스트포인트의 기초 훈련은 신입 생도들이 학교에 도착하는 7월 초에 시작되어 새 학기가 시작되는 가을 초입에 끝난다. 몇 년 뒤 더 진척된 연구를 바탕으로 더크워스는『그릿: IQ, 재능, 환경을 뛰어넘는 열정적 끈기의 힘』이라는 단행본을 출간했고 이 책은《뉴욕타임스》선정 베스트셀러가 되었다.[4]

2005년 이후 나는 인성 연구를 지속했고 그 과정에서 군, 기업, 교육계, 스포츠계 리더들과 함께 재능의 승수이자 효과적인 리더십의 핵심 요소로서 인성에 대해 이야기했다. 인성의 중요성을 아직 이해하지 못한 리더들도 있으리라. 앞으로 이 책을 읽으며 알게 되겠지만, 성공하는 개인과 리더들은 인성의 중요성을 잘 안다. 그리고 그것이 무엇이고 어떻게 측정하는지, 어떻게 발전하는지, 가장 중요하게는 훌륭한 인성을 키우는 조직의 풍토를 어떻게 조성하는지 더 알고 싶어한다.

3. 2020년 여름, 컬럼비아, 사우스캐롤라이나 그리고 웨스트포인트에서
로버트 캐슬런과 마이클 매슈스의 협업

이제『인성의 힘』이라는 제목을 짚어보는 것으로 서문을 마무리하려 한다. 인성과 리더십은 서로 떼려야 뗄 수 없는 관계다. 긍정적인 인성은 개개인의 행복에 꼭 필요하다. 재능은 인생의 꽤 높은 곳에 도달하도록 해주지만 최고의 경지에 이르도록 해주지는 못한다. 고결함과 그릿,

자기 절제와 친절 그리고 그 밖에 다른 인성의 힘이 수반되지 않는 재능은 가장 높은 수준에서 탁월함을 발휘하고 번영을 구가하도록 만들지 못한다는 뜻이다. 인성을 바탕으로 한 리더십은 교전이 일어나는 전장에서건 기업의 중역 회의실에서건 성공을 지속할 수 있게 해주는 조직의 분위기와 풍토를 조성한다. 인성은 개인과 조직에 힘을 부여한다. 우리가 이 책에서 제시하는 개념을 익히고 수용한다면 여러분도 학교나 직장에서 혹은 인간관계에서 자신에게 힘을 부여할 수 있다.

이 책은 또한 무결한 진실성이야말로 최고의 리더십이자 최고 수준의 성과임을 강조한다. 개인이든 조직이든 거짓으로 단기적으로는 승리를 거둘 수 있다. 그러나 단기적인 승리는 장기적인 성공을 포기하는 대가로 얻는 것에 불과하다. 이 책을 관통하는 한 가지 주제는 개인과 조직이 지속적으로 승리하려면 인성이 필요하다는 것이다. 우리의 주장은 단기적으로는 패배하거나 후퇴하는 편이 온갖 수단과 방법을 가리지 않고 승리를 거두다 결국 자신의 인성이나 조직의 명성을 쇠퇴시키는 것보다 낫다는 것이다. 이 책을 읽는 내내 여러분은 우리의 이러한 주장을 뒷받침하고 강화해주는 인물과, 다양한 조직의 리더들을 만나게 될 것이다. 이렇듯 올바른 방식으로 승리하는 일의 중요성을 강하게 인식하고 있기에 마지막 장에서는 올바른 승리라는 주제만 전적으로 다루려 한다.

인성을 바탕으로 한 리더십의 과학과 실천에 관한 우리의 견해를 살펴주십사 독자 여러분을 초대한다. 이러한 주제를 다룬 다른 책들과 달리 우리의 생각은 리더십 경험이라는 견고한 토대, 그리고 과학 연구의 성과를 기반으로 공들여 만든 것이다. 이 책에서 독자 여러분이 성공과 올바른 승리에 필요한 힘을 얻게 되리라 굳게 믿는다.

CHARAC TER ★ EDGE

1.

성공으로

이끄는

결정적

인성의 힘

ROBERT L. CASLEN &

MICHAEL D. MATTHEWS

인성, 성격보다 품격

**진정한 품격을 갖춘 인간은 역경이라는 매개체를 통해서 볼 때 가장 잘 보인다.
그를 둘러싸고 있는 구름이야말로 그의 탁월한 가치를 드러내는 그늘이다.**

알렉산더 해밀턴Alexander Hamilton[1]

01

대부분의 묘비에는 세상을 떠난 이의 이름과 출생일과 사망일이 쓰여 있다. 사망일과 출생일 사이에는 '－'라는 기호가 놓여 있다. 하이픈이라 불리는 이 기호는 단순한 상징에 불과하지만 인간으로 존재했던 그의 모든 것을 함축한다. 이 기호는 이른바 인간의 '이력상 덕목'resume virtues, 즉 생에서 주목할 만한 사건들의 총합에다 '추도사적 덕목'eulogy virtues까지, 다시 말해 인생을 살다 간 두 가지 방식 전체를 표상한다. 이 둘은 결국 해당 인간의 인성이다. 작은 선 하나 속에는 수많은 의미가 가득 차 있다.

이제 우리는 다음과 같은 생각에 도달하게 된다. 나는 무엇으로 기억되고 싶은가? 내 죽음이 다가올 때 내 생년월일과 사망 연월일 사이의 하이픈은 무엇을 표상하게 될까? 이력상 덕목이나 추도사적 덕목의 어떤 것들로 사람들이 나를 기억해주기를 바라는가? 서류상에서 이룬 성과로? 아니면 한 인간으로 살았던 모습으로? 아니면 핵심적인 자질들로?

우리는 대부분 인성으로 자신을 기억해주기를 본능적으로 원한다. 인성은 인간이었던 우리 자신의 모습 그 이상이며 우리의 본질이자 정수이다. 우리가 실행했던 일이나 성과보다 모범을 보였던 가치로 추모받고 싶은 욕망에는 당연하게도 진화상의 이유가 있다. 이 가치들은 우리가 성공할 수 있는 능력에 매우 중요하기 때문이다. 역사상 가장 성공한 리더들을 떠올려보자. 아리스토텔레스, 잔 다르크, 링컨, 간디, 마리 퀴리, 마틴 루터 킹 2세, 맥아더. 이중에는 눈부신 업적을 일군 과학자도 있고 독창성과 예지력을 갖춘 지도자도 있으며 전략의 달인도 있다. 이들은 거대한 조직을 지휘하거나, 큰 사업을 일구거나 군을 이끌고 파시즘을 쳐부수거나 문화 전체를 고양시켰다. 자기 분야의 대가였다는 사실은 이들의 성공에서 중요한 역할을 했다. 그러나 이들이 최고의 리더십을 발휘할 수 있었던 비결은 전문성이 아니었다. 이들의 기술과 그릿, 회복탄력성과 카리스마와 용기와 신뢰도는 모두 한 가지에서 비롯되었다. 바로 인성의 힘이다. 날것이나 다름없는 재능과 역량은 스스로 설 만큼 튼튼하지 못하다. 성공적인 리더십은 모조리 인성의 힘이라는 중요한 토대에 의존한다.

최신 연구는 인성과 리더십의 연관성을 부각한다. 자기 분야에서 탁월한 역량을 보이더라도 정직과 진실성 같은 중요한 인성 자질이 결여된 리더들은 단기적으로는 성공을 거둘지 모르나 최종적으로는 실패한다. 무분별한 코치가 이끄는 스포츠 팀은 한두 시즌은 승리할 수 있어도 장기적으로는 패배한다. 기만적인 풍토를 조성하는 최고경영자가 이끄는 기업은 몇 년쯤 막대한 분기 이익을 내더라도 궁극적으로는 망한다. 국제 조약과 규범을 지키지 않는 수반이 이끄는 정부는 짧은 기간 정치적 혹은 경제적 우위에 섰다가도 조만간 중요한 문제에서 약점을 노출해 국가 위기에 직면하게 된다.

인성 논란으로 _ 주가마저 폭락한다

지금 역사상 그 어느 때보다 인성, 즉 개인의 도덕적 가치와 습관이 세간의 이목을 끌고 있다. 시대를 막론하고 사람들은 추종하고 모범으로 삼아야 할 인성의 사례를 찾고자 유명한 인물과 조직을 탐색해왔다. 그럼에도 오늘날 인성이라는 핵심적 자질은 큰 위기에 빠져 있다. 누구나 느끼지 않을 수 없는 위기다. 망가진 인성의 사례들은 뉴스와 소셜미디어에서 매일매일 수도 없이 마주친다. 각계각층 정치인들이 하도 거짓말을 일삼아, 일부 뉴스 매체들은 이들이 해대는 거짓말과 반쪽짜리 진실을 보도하느라 여념이 없다. 경영이 안정적인 유서 깊은 기업들도 예외없이 고객과 투자자를 속인다. 높은 평판을 자랑하던 인물들도 성폭력과 성희롱 같은 불법 행위나 사회적으로 유해한 일에 연루되었다는 사실이 속속 밝혀지고 있다. 대부분이 남성인 권력자들은 명망과 지위를 이용해 성폭력을 저지르거나 타인들을 착취하고 괴롭힌다(미투 운동을 생각해보라). 운동선수들도 경기 성적을 향상하기 위해 불법 약물이나 보조제를 사용하다 발각된다. 군인들은 전투 현장에서 포로를 학대하거나 민간인에게 해를 끼친다는 혐의를 받는다. 학생들은 최상위 대학 입학 가능성을 높이기 위해 시험에서 부정행위를 저지른다. 어떤 대가를 치르더라도 무조건 이기겠다는 태도는 사회의 주요 기관 전체에 걸쳐 만연한 듯 보인다.

이러한 인성의 위기는 개인에게 해를 끼칠 뿐 아니라 사회 문화 전반에까지 큰 해악을 끼친다. 주요 기관 책임자들이 긍정적인 가치를 수용하지 못하는 이들인 경우 이들이 대표하는 기관에 대한 신뢰가 잠식당한다. 성직자가 가장 취약한 구성원인 아동을 추행한다는 혐의를 받는 교회에 어느 부모가 내 자식의 행복을 의탁하겠는가? 경찰이 시민을 공정하고 존엄하게 대한다는 신뢰가 없는데 경찰은 뭐하러 부르겠는가? 정치가들이 국민의 돈을 원칙에 따라 엄정하게 쓰리라는 믿음이 없으면 세금을 납부할 이유가 있을까?

학교도 예외가 아니다. 자식을 학교에 보내지 않고 홈스쿨링을 하는 부모가 늘고 있다. 공교육 과정이 자식에게 고매한 인성과 도덕적 가치를 심어주지 못하리라는 우려와 두려움 때문이다. 긍정심리학자 마틴 셀리그먼 교수는 전 세계 공립학교 리더들과 대화를 나누면서, 초·중·고등을 막론하고 일선 학교들이 인성 교육을 가능하게 해주는 명시적이고도 과학적으로 유효한 접근법을 개발하는 데 지대한 관심이 있음을 알게 되었다. 셀리그먼 교수가 해낸 일이 바로 이런 것이다. 그는 여러 차례의 대규모 연구에서 인성 교육의 장점에 행복감 상승과 학업 성적 향상이 포함되어 있다고 보고했다. "나의 관점에서 볼 때 성적 향상은 긍정적인 교육의 좋은 부산물이다. 그러나 긍정적인 교육이 학업 성적의 성공에 끼치는 영향에 상관없이 행복감의 상승은 모든 아동·청소년의 생득권이다. 우리는 이제 행복을 향상시키는 교육을 할 수 있고 해야 한다는 걸 안다."[2]

마이크 어윈Mike Erwin은 더 많은 증거를 제시한다. 어윈은 전직 육군 장교로서 '긍정 프로젝트'Positivity Project라는 비영리단체를 창립했다.[3]

긍정 프로젝트는 미국 전역의 학교에 과학적인 연구를 기반으로 한 인성 발달 교육을 제공한다. 학생들은 각 연령별로 맞춤 제작한 프로그램에 매주 참여함으로써 상황별 인성의 힘에 관해 배우고, 상호작용을 바탕으로 한 인성 실천을 통해 타인을 대할 때 인성을 어떻게 표현해야 하는지 배운다. 긍정 프로젝트는 놀라운 성공을 거두었다. 수많은 학교들이 이 프로그램을 채택하고 싶어하는 바람에 어원은 서둘러 프로그램을 개선해야 했다. 인성 교육에 대한 일선 학교의 갈증은 우리 청소년들을 가치 지향적인 삶의 길로 들여보내기 위해 할 일이 더 많다는 인식을 확연히 보여준다.

희망을 버리지 말아야 할 이유

심리학이 독립된 학문으로 정립되기까지 첫 백여 년 동안 긍정적인 인성에 주력하는 심리학은 대체로 도외시됐다. 의사였던 지크문트 프로이트Sigmund Freud는 정신질환을 치료하기 위한 심리학적 접근법에 주력했다. 러시아의 생리학자였던 이반 파블로프Ivan Pavlov는 학습의 기본 원리를 연구했다. 미국의 행동주의 심리학자 B.F. 스키너Skinner의 이론에 따르면 심리학자들은 동물과 인간의 겉으로 드러난 행동에만 주목하면 됐다. 그가 보기에 관찰할 수 없는 대상의 특징과 상태를 파고드는 일은 본질적으로 비과학적이었다. 최근 들어 인지심리학자들은 지각, 주의력, 기억, 의사결정에 대해 연구했지만 인간이 세계를 해석하고 문제를 해결하는 방식에 대한 개념과 연구에서 인성이라는 요인은 누락했다.

상황이 바뀌어, 요즘은 심리학자들이 모이는 곳이면 어디서나 인성이 주요 논의 주제가 되는 모습을 볼 수 있다. 인성 심리학은 나날이 정교해지고 있다. 매슈스 박사와 동료 심리학자들은 인성을 분류하고 측정하고 발달시키는 참신한 방법을 적극적으로 설계하고 있으며, 리더십과 신뢰에 관한 지식, 역경을 극복하는 데서 인성이 수행하는 역할에 대한 지식을 심화해나가는 중이다. 연구자들은 개인 및 집단의 회복탄력성과 인성 간의 경험적 연관성을 입증했고, 많은 조직들이 이에 주목한다. 오늘날 대학들은 군, 민간 기업들과 협력하여 입학생과 신입사원을 선발 및 교육·훈련·개발하는 방식에 인성 평가 및 육성 방안들을 체계적으로 개발하고 있다. 아마추어 및 프로 스포츠 팀들도 경쟁력 높은 팀을 만들어 유지하는 일에 인성 연구를 전공한 심리학자들의 도움을 받는다. 《포춘》지 선정 500대 기업들, 비영리단체, 그 외 단체들도 마찬가지로 인성 풍토를 조성하는 방안을 배우고 있다. 요컨대 인성 심리학이라는 과학적 학문의 급속한 발전은 현재 미국이 겪고 있는 인성 위기를 치유하는 데 도움이 될 것이다. 전망은 밝다.

핵심 가치와 고결한 인성을 회복하려는 대중의 목마름과 갈망이 느껴진다. 인성 과학의 출현은 인성을 기반으로 한 리더십과 결합해 더 나은 미래의 희망을 제시한다. 앞으로 전개할 논의에서 살펴보겠지만 인성과 리더십은 밀접하게 맞닿아 있다. 이는 군 지휘관들이나 《포춘》지 500대 기업의 최고경영자들에게만 국한된 문제가 아니다. 우리는 인성의 힘이 지닌 장점과 인성을 키우는 방법을 누구나 익힐 수 있게 하려고 이 책을 썼다. 인성의 힘을 키우는 노력은 우리가 삶의 모든 측면에서 성공할 수 있도록 해준다. 손익 문제가 개선될 뿐 아니라 인간관계도 나아진다. 가장 중요한 점은 더 살기 좋은 세상을 만들 수 있다는 것이다.

여러분은 이런 질문을 던질 수도 있다. 인성이라는 게 정확히 뭐지? 인성이 왜 그렇게 성공에 중요한 거지? 내 인성은 바뀔 수 있나? 어떻게? 더 나은 인성을 보여주기 위해 나는 뭘 할 수 있지? 그 인성을 유지하는

방법은? 동료들의 인성을 나는 어떻게 발달시킬 수 있을까? 이러한 질문
들을 다루는 것이 『인성의 힘』에서 우리가 맡은 소명이다. 우리는 독자
여러분에게 인성을 둘러싼 과학 지식을 제공하고, 가장 지독한 환경에서
동료들을 지도해본 수십 년의 경험을 바탕으로 여러분 자신과 동료들의
인성을 키우고 배양하는 기술을 소개할 것이다. 인성은 여러분 개개인에
게 경쟁력을 부여하고, 동료들에게는 롤모델을 제공하여 모든 이들이 번
창하도록 도울 수 있다.

인성이란 무엇인가?

웨스트포인트의 가을은 찬란한 영광의 계절이다. 황금색과 오렌지
색으로 물든 단풍은 언덕 아래 굽이굽이 흐르는 허드슨강의 푸른 물과
화려한 대비를 이루며 빛난다. 미식축구 팀은 다음 번 대전에 대비하느
라 연습에 여념이 없다. 신입생들은 미래에 대한 불안으로 잔뜩 예민해
져 있으나 가능성으로 충만하다. 웨스트포인트의 세이어 홀Thayer Hall에
서는 3학년생들(웨스트포인트 전문용어로 '젖소'cow라 한다)이 군 리더십Military
Leadership이라는 생도 필수과목을 들으려 교실에 앉아 채비를 한다. 이들
은 매슈스 박사가 쓴 인성 관련 내용을 읽는다. 인성이란 무엇인가, 인성
을 어떻게 평가하는가, 전투에서 병사들을 이끈다는 것은 무엇을 의미하
는가. 생도들은 기꺼이 토론에 참여한다. 이들은 더 많은 걸 알고 싶어한
다. 질문이 활발하게 오간다. 웨스트포인트는 내가 인성을 발달시키도록
도움을 제공하고 있는가? 어떻게? 내 인성을 강화하기 위해 나는 무엇을
할 수 있는가? 내 리더십 기량을 향상시키기 위해 나 자신에 대한 지식을
어떻게 활용할 수 있을까? 나의 긍정적 인성으로 전투와 인생의 역경에
맞설 수 있을까? 이러한 질문을 다루는 주제들이 인성과 리더십을 탐구

하는 한 학기 밥상에 차려진 음식이다.

생도들은 인성이라는 단어를 사용하는 방식에 관해 생각해보라는 질문을 받는다.

- 리사는 놀라운 인성의 소유자야!
- 와, 그건 짐의 성정과 완전히 딴판인걸.
- 우리는 자식들이 훌륭한 인격자가 되기를 바라.
- 그는 상점에서 물건을 훔쳤어. 인성이 형편없는 인간이니까.

생도들이 배우는 내용은 『인성의 힘』에서 우리가 제시하는 내용과 다르지 않다. 인성 개념을 더 정확히 이해하고, 인성을 평가하는 방법을 파악하며, 우리와 타인의 인성을 기르는 방법을 알고, 인성을 활용하는 기술을 발전시켜 원하는 목적을 이루려면 인성의 공식적 정의가 필요하다.

우리가 정의하는 인성이란 "인간이 자신이 속한 세계에서 그 세계에 유익한 방식으로 행동하는 것, 그럼으로써 그 세계가 자신에게 유익하도록 하는 것"이다.[4] 이러한 정의에는 세 가지 중요한 요소가 담겨 있다. ① 인성은 행동을 수반한다. ② 이 행동은 세계에 유익하다. ③ 세계에 제공하는 유익함은 결과적으로 그 이익을 제공하는 사람에게도 유익하다. 타인들과 세계에 관한 올바른 생각만으로는 충분치 않다(물론 올바른 생각도 칭송할 만하다). 생각과 감정은 행동으로 옮겨져야 하며, 그 행동은 개인의 차원을 넘어 긍정적인 영향을 끼쳐야 한다. 누구나 길에서 마주치는 걸인에게 연민을 느낄 수 있지만 인성의 힘을 지닌 사람은 동일한 감정으로 노숙인들을 위한 담요와 외투를 구매할 기금을 조성할 자선단체를 조직할 수도 있다. 수많은 사람들은 봄 휴가를 포기하고 자국과 타국의 가난한 사람들을 돕는다. 뉴욕시의 노숙인들을 돕건 푸에르토리코의 허리케인 구호를 돕건 이들은 연민을 행동으로 옮긴다.

인성 정의의 세 번째 요소인 '세계에 제공하는 이익이 자신에게도 유익하다'라는 것은 대체로들 간과하지만 이 요소야말로 사람들과 독자 여러분이 핵심적 인성을 기르고 유지하는 일이 시간을 쏟을 가치가 있음을 납득하는 데서 지극히 중요하다. 경험적으로 입증된 바에 따르면 긍정적인 인성을 실천함으로써 타인들에게 이익을 주고 세상을 더 나은 곳으로 만드는 일은 그 일을 실천한 사람의 행복과 건강 역시 증진시킨다. 학자들은 인성이 개인과 환경 사이의 이로운 상호작용을 초래하는 인간 본래의 속성이라는 데 합의하고 있다. 도덕적 가치 연구에 주력해온 스탠퍼드대학교의 심리학자 빌 데이먼Bill Damon은 "고귀한 목적을 추구하는 사람들은 끊임없이 희생해야 한다고 느끼면서도 기쁨으로 넘친다"[5]라고 말한다. "가는 정이 있으면 오는 정이 있다"를 온몸으로 보여주는 셈인데, 여기서 "오고 가는 정"은 진정으로 유익한 행동이다.

인성의 또 다른 특징은 장소와 시간에 상관없이 일관성 있게 나타난다는 점이다. 웨스트포인트에서는 교실에서만 정직하고 교실 밖에서는 자신의 성취나 행동에 관해 거짓말하는 것을 인성을 갖추었다고 하지 않는다. 생도는 웨스트포인트에서 명예롭게 지내다 학교를 졸업한 뒤에도 그 가치를 버리면 안 된다. 중요한 점은, 인성이란 시간이 흐를수록 성숙해지는 성질을 지녔다는 것이다. 뒤에서 살펴볼 텐데, 여러 연구를 보면 인성이 다른 행동 및 속성처럼 학습이 가능하다는 것을 보여주는 증거가 파다하다. 웨스트포인트에서는 이 점을 생생히 확인할 수 있다. 이곳에서는 신입생도(대학의 1학년생)의 경우 규정을 위반해도 상급생보다 엄격한 벌을 덜 받는다. 선배들보다 인성의 가치를 배워 내면화할 시간이 부족했던 신입생들에게 더 많은 기회를 주기 위해서다. 명예로운 삶을 영위한다는 것은 이러한 가치가 우리 자신의 본질이 되도록 거듭 훈련하고 노력하는 일이다. 훈련과 실천을 통해 단련된 인성을 갖추면 부끄러운 상황을 마주하게 되더라도 무엇이 옳고 그른지 오래 생각할 필요가 없다. 내면화된 가치가 거의 자동에 가까운 자연스러운 반응으로 드러난다.

인성이 자동적인 품성이 될 때까지 훈련한다는 것이 무엇인지 상상해볼 수 있도록 또 한 가지 비유를 들어보자. 여러분이 커피가 가득 든 잔을 손에 들었다고 상상해보라. 그런데 갑자기 누군가 내게 부딪쳐온다. 잔 속 커피는 원하건 말건 흘러 넘쳐 쏟아질 것이다. 그렇게 쏟아지는 것이 바로 잔 속에 있던 것의 정수이다. 자동차를 운전해 가고 있는데 누군가 앞을 막아선다면 욕설을 하며 경적을 울려댈 것인가? 아니면 깊이 심호흡을 한 다음 다친 사람에 없다는 사실에 감사할 것인가? 동료가 신이 나서 다른 동료의 가정불화에 관해 뒷말을 해댄다면 나는 거기 가담해 말을 보태는 사람인가, 아니면 그 자리를 떠남으로써 남의 가정사는 고통이며 내가 절대로 관여할 바가 아니라는 생각을 은연중에 보이겠는가? 물품 명세서에서 실수를 발견하거나 고객이 돈을 초과 지급했다는 사실을 발견하면 외면하고 돈을 챙기겠는가, 아니면 고객에게 메일을 보내 문제를 바로잡겠는가? 날마다 무수히 마주치는 예상치 못한 상황에서 우리는 본능적으로 반응하는 자신의 모습을 보게 된다. 우리의 행동은 살면서 내면화한 가치의 진정한 표현이다. 인성을 적극적으로 꾸준히 발전시킨다면 시간이 지남에 따라 어떤 상황이 닥쳐도 우리의 행동은 인성의 가치와 점점 더 일치하게 될 것이다.

일단 인성을 강화한다는 것은 타인들에게 유익한 일을 하는 것, 그럼으로써 자신에게도 유익을 초래하는 것, 그리고 시간과 장소에 상관없이 꾸준히 유익한 일을 실천하는 것이다. 이것은 신뢰를 확립하기 위한 필요조건이다. 우리의 경험상 신뢰는 성공하는 리더의 가장 중요한 조건이다. 우리는 인간으로 태어나면서부터, 또 사회화 과정을 통해 훌륭한 인성이란 무엇인지 안다. 인성을 과학적으로 연구한 결과에 따르면 우리가 사는 곳, 문화, 인종과 민족, 국적은 인성과 거의 무관하다. 긍정적 인성과 미덕을 구성하는 것이 무엇인지에 관해 전 세계 사람들은 공통된 개념을 공유한다. 인성에 속하는 특정한 자질을 다른 것보다 더 강조하거나 귀중히 여기는 등 문화마다 차이는 있을 수 있지만, 올바른 인성이 어떤 모습을 띠는지에 관해서는 합의된 바가 분명히 존재한다.

인성 강점 _ 분류하기

누구나 인성의 힘에 관해 생각해볼 수 있다. 중요한 인성상의 특징은 정확히 무엇일까? 이 특징은 사람마다 다 같을까? 아니면 인성의 가치란 사람들이 성장한 문화에 따라 달라질까?

현대 심리학은 긍정적인 인성 강점 전체를 분류해 파악하는 포괄적 방법을 제시한다. 그중 2004년 긍정심리학의 창시자 두 사람, 즉 미시간대학교의 크리스토퍼 피터슨과 펜실베이니아대학교의 마틴 셀리그먼 박사가 최초로 제안한 것이 가장 광범위하고 유익하다.[6] 두 연구자는 공동으로 지난 100년 동안 심리학자들과 다른 사회과학자들이 인성에 관해 알게 된 바를 모조리 살폈다. 또한 세계의 주요 종교들을 연구했고, 아리스토텔레스에서 현대 철학자에 이르는 전 세계 철학자들의 저작도 파헤쳤다. 이렇게 해서 셀리그먼과 피터슨은 인류에게 공통된 24개의 인성 강점을 찾아냈다. 이 24개 인성 강점은 보편적이므로 문화에 따라 달라지지 않는다. 정직은 어느 문화권에서든 가치 있게 여기는 덕목이다. 개개인이 모두 정직하지는 않지만(불행하게도 오히려 정반대다) 세계 모든 곳에서 정직이라는 인성의 특징은 귀하게 여겨지며 미덕이 충만한 특징으로 존경받는다.

셀리그먼과 피터슨의 개념은 수천 건의 인성 관련 연구로 이어졌다. 1만2천 명 넘는 미국과 독일의 성인을 대상으로 한 연구는 사랑, 희망, 호기심, 열의, 그리고 특히 감사라는 인성 강점이 삶에 대한 높은 만족도의 원인임을 밝혀냈다.[7] 암 환자인 자식을 키우는 부모의 경우 낙관적인 인성을 가졌을수록 비관적인 부모보다 자식의 병에 대처하며 생기는 어려움을 더 잘 견딘다.[8] 또 다른 연구에서 매슈스 박사는 미 육군 지휘관들에게 인성이 끼치는 영향을 연구했다. 한 지휘관은 전투에서 휘하의 병사 여러 명이 사망하는 아픔을 견뎌야 했다. 또 다른 지휘관의 경우 교전 작전에 투입된 뒤 집으로 돌아가기까지 절반가량 복무 기간이 남았을 때 아내로부터 이혼 통보를 받았다. 뇌물수수와 부정부패를 용인하는 부도덕한 상관을 위해 일하는 지휘관의 사례도 있었다. 매슈스가 발견한 바에 따르면, 역경에 대처하는 데는 특정한 인성 강점이 필요했다. 이 장교들은 흔히 난관에 대처하기 위해 피터슨과 셀리그먼이 기술한 5가지 구체적인 강점에 의지했다. 팀워크, 용기, 사랑할 줄 아는 능력, 끈기, 진실성/고결함integrity이다.[9]

셀리그먼과 피터슨은 24개 인성의 힘을 윤리적 덕목이라는 이름의 상위 범주 6개로 분류한다. 윤리적 덕목에 속하는 여섯 가지 인성은 다음과 같다.

- 지혜와 지식(창의력, 호기심, 개방성, 배움에 대한 애정, 조망 능력perspective)

- 용기(끈기, 진실성, 열의)

- 정의(팀워크, 공정함, 리더십)

- 인간애(사랑하는 능력, 친절, 사회지능)

- 절제(용서, 겸손, 신중함, 자기 절제)

- 초월(아름다움에 대한 감식안, 감사, 희망/낙관주의, 유머, 영성)

우리 각자가 지닌 인성 강점은 다 다르다. 우리가 개인으로 규정되는 것도 이 인성 강점의 차이 덕분이다. 예술가들의 최고 인성 강점은 윤리적 미덕 가운데 '초월' 부근에 몰려 있다. 군인은 '용기'에서 특히 강점을 보일 수 있다. 대개 우리의 최고 인성 강점은 6가지 덕목 전체에 걸쳐 골고루 흩어져 있다. 교수는 교육자이자 학자로서 행하는 역할 때문에 배움을 향한 애정과 호기심을 포용하고 보여줄 필요가 있다. 그러나 가족 구성원이자 부모로서 역할을 수행할 때는 사랑하는 능력과 친절을 비롯한 인간애가 중요하다. 인성 강점을 골고루 갖추고 있을 때 우리는 훌륭한 삶을 영위한다고 말할 수 있다.

나의 인성 강점은 무엇일까?

이제 여러분 자신의 인성 강점을 알아볼 시간이다. 질문을 받아 답을 할 때 자신의 인성 강점을 더욱 잘 인식할 수 있다는 사실이 입증되고 있다. 자신의 인성 강점을 신속히 평가하기 위해 다음을 완성해보자.

내 인성 강점 점수 매기기

아래의 9점 표를 이용하여 24개 강점 각각에 대해 자신의 점수를 매겨보자.

가령 자신이 개방적이라고 생각한다면 7점 이상의 점수를 매긴다. 신념 면에서 완고하거나 경직
되어 있다고 생각한다면 3점 이하로 매긴다. 어느 정도 개방적이라고 느끼거나 사안별로 다르다
고 느낀다면 4~5점이나 6점 정도가 적절하다.

창의력
| 1 | 2 | 3 | 4 | 5 | 6 | 7 | 8 | 9 |

호기심
| 1 | 2 | 3 | 4 | 5 | 6 | 7 | 8 | 9 |

개방성
| 1 | 2 | 3 | 4 | 5 | 6 | 7 | 8 | 9 |

배움에 대한 애정
| 1 | 2 | 3 | 4 | 5 | 6 | 7 | 8 | 9 |

조망 능력
| 1 | 2 | 3 | 4 | 5 | 6 | 7 | 8 | 9 |

용기
| 1 | 2 | 3 | 4 | 5 | 6 | 7 | 8 | 9 |

끈기
| 1 | 2 | 3 | 4 | 5 | 6 | 7 | 8 | 9 |

진실성/고결함
| 1 | 2 | 3 | 4 | 5 | 6 | 7 | 8 | 9 |

열의
| 1 | 2 | 3 | 4 | 5 | 6 | 7 | 8 | 9 |

팀워크
| 1 | 2 | 3 | 4 | 5 | 6 | 7 | 8 | 9 |

공정함
| 1 | 2 | 3 | 4 | 5 | 6 | 7 | 8 | 9 |

리더십
| 1 | 2 | 3 | 4 | 5 | 6 | 7 | 8 | 9 |

사랑하는 능력								
1	2	3	4	5	6	7	8	9

친절								
1	2	3	4	5	6	7	8	9

사회지능								
1	2	3	4	5	6	7	8	9

용서								
1	2	3	4	5	6	7	8	9

겸손								
1	2	3	4	5	6	7	8	9

신중함								
1	2	3	4	5	6	7	8	9

자기 절제								
1	2	3	4	5	6	7	8	9

아름다움을 볼 줄 아는 감식안								
1	2	3	4	5	6	7	8	9

감사								
1	2	3	4	5	6	7	8	9

희망과 낙관주의								
1	2	3	4	5	6	7	8	9

유머								
1	2	3	4	5	6	7	8	9

영성								
1	2	3	4	5	6	7	8	9

　　가장 높은 인성 강점을 확정하려면 24개 가운데 어떤 것이 점수가 가장 높은지만 체크하면 된다. 6~7개의 강점을 찾아보자. 동점이 나올 수도 있다. 상관없다. 그런 다음 자신의 강점이 여섯 가지 윤리 덕목에 걸쳐 어떻게 분포되어 있는지 살펴보자. 다음 표에서 가장 높은 인성 강점에 동그라미 표시를 하자.

윤리적 덕목과 인성상의 강점					
지혜와 지식	용기	정의	인간애	절제	초월
창의력	끈기	팀워크	사랑하는 능력	용서	아름다움에 대한 감식안
호기심	진실성/고결함	공정함	친절	겸손	감사
개방성	열의	리더십	사회지능	신중함	희망·낙관주의
배움에 대한 애정				자기 절제	유머
조망 능력					영성

　　근사하게도 이 강점들은 하나같이 훌륭한 자질들이다. 집·직장·학교에서, 그리고 가족·친지·동료·타인에게 일상 생활 중에 자신이 지닌 최고의 강점들을 어떻게 쓰는지 생각해보자.

　　피터슨과 셀리그먼은 인성 강점을 평가하는 더 체계적인 방법을 내놓았다. '인성 강점 목록'Value-in-Action Inventory of Strengths(VIA-IS)으로, 온라인에서 무료로 이용할 수 있다. www.authentichapiness.org 사이트에 들어가 등록한 다음 인성 강점 목록 메뉴를 살펴보고 테스트해보면 된다. 자신의 인성 강점 가운데 점수가 가장 높은 것부터 낮은 것까지 순위를 매겨보기를 권한다.

　　결과가 어떻게 나왔는가? 다시 한 번, 인성 강점에 나쁜 것은 없다는 걸 염두에 두길. 피터슨과 셀리그먼은 자신의 최상위 강점 5~6개를 살피는 것이 좋다고 본다. 이 5~6개 강점은 '대표 강점'signature strengths이라고 부른다. 대표 강점이란 인성 강점 중 점수가 제일 높은 것으로, ① 목표를 이루거나 ② 차질이 생길 때 대응하거나 ③ 학교나 일터에서 탁월한 실력을 발휘하거나 ④ 개인과 사회의 행복을 확대하는 데 자신이 가장 편하게 이용하는 강점을 의미한다. 자신의 대표 강점들이 한두 가지 윤리적 덕목에 몰려 있는지, 아니면 6개 덕목 전체에 걸쳐 고루 흩어져 있는지 살피며 큰 통찰을 얻을 수 있다.

가장 점수가 낮은 인성 강점을 살펴보는 것 역시 도움이 된다. 자신이 가치 있게 여기는 인성 강점이 하위권에 있다 해도 낙담할 필요는 없다. 다른 사람들에 비해 내 강점이 전체적으로 점수가 높더라도 그 안에서 꼴찌가 있을 수밖에 없기 때문이다. 가령 자신이 귀중하게 여기는 '영성'의 순위가 낮더라도 다른 사람들의 순위보다 전반적으로는 더 높을 수도 있다는 사실을 기억하자.

자신의 인성 강점 전체의 윤곽에 관해 고려할 점 또 하나. 우리는 누구나 자신이 처한 상황에 따라 특정한 인성 강점에 직관적으로 의지한다. 영성은 여러분의 대표 강점이 아닐 수 있지만 인생의 특정 시점, 특정 상황에서 대단히 중요해질 수 있다(전투에는 불문율이 하나 있다. "전쟁을 치르는 참호에 무신론자는 없다"라는 것이다). 적응에 능해지고 성공을 거두려면 자신의 인성 강점을 잘 아는 것도 중요하지만, 무엇보다 인생이라는 여정에서 마주하는 상이한 난관에 그 강점을 적절히 활용할 수 있어야 한다. 자신의 강점을 일종의 연장통으로 간주하라. 목표는 올바른 인성을 올바른 과제와 짝지어주는 일이다.

인성은 성장한다

이제 여러분은 자신의 인성 강점을 더욱 잘 파악하게 되었다. 이 정보에는 어떤 쓸모가 있을까? 이 책의 주요 주제는 인성은 키울 수 있다는 것, 인성은 성장한다는 것이다. 자신이 현재 어떤 인성을 지녔든 그건 불변의 것이 아니다. 우리는 웨스트포인트에서 이 진실을 수도 없이 확인했다. 웨스트포인트의 학업과 군사교육, 신체 단련 과정은 모든 생도들이 자신의 인성을 파악하고 전투에서 병사들을 지휘하는 데 필요한 인성들을 연마할 수 있도록 명시적으로 설계되어 있다. 부모들은 자신이 자식의 인성 발달에 어마어마한 영향을 끼칠 수 있다는 걸 안다. 유치원부터 고등학교에 이르기까지, 학교에서 '시민의식'과 인성은 온전한 교육의 중요한 부분이다. 학계에서도 일선 현장에서도 리더와 부모와 교사들의 행동이 인성 발달에 매우 중요하다는 데 동의한다.

인성, 문화 그리고 리더십

인성은 바꿀 수 있다. 인성은 각자의 내면에 있을 뿐 아니라 주변 문화에 영향을 받는다. 그 문화를 책임지는 사람은 지휘관, 교장, 최고경영자 등등 여러 이름을 가진 리더들이다.

책을 시작하며 이야기했던 더비 중령 같은 신망 두터운 군 지휘관들은 무엇보다 자기 직무에서 최고의 역량을 보인다. 전략과 전술, 이를 실행하는 절차를 잘 알며, 전투 전반의 전문가이다. 그러나 전투를 효과적으로 이끄는 데는 유능함만으로는 부족하다. 최고의 성과를 내는 리더는 인성 수준 또한 매우 높다. 이들은 정직하고 용감하며 진실하다. 휘하 병사들의 안녕과 복지에 진정으로 관심을 기울인다는 인정을 받는다. 그리고 병사들을 중시하는 태도에는 진정성이 있다. 거짓된 태도는 금세 발각된다.

애석하게도 일부 지도자들은 인성 면에서 실패한다. 이미 앞에서 전문적인 역량은 출중하나 인성이 나빠 신뢰와 리더십을 발휘하지 못한 대대 지휘관의 사례를 살펴보았다. 병사들 대부분은 인성 수준이 높지 않고 병사들을 배려하지 않는 유능한 지휘관보다 능력은 보통이지만 인성 수준이 높고 자기 부대원들을 돌보고 챙기는 배려 깊은 지휘관을 선호한다. 인성과 배려는 유능함보다 눈에 덜 띄지만 신뢰받는 효과적인 리더십에는 능력 못지않게 필요하다.

조직은 기준을 세워야 한다

짐 프레더릭Jim Frederick은 『검은 심장』Black Hearts이라는 전쟁 체험을 담은 책에서 제502 보병연대 제1대대 브라보 중대 제1소대의 작전을 기술한다. 2005년 말 병력도 장비도 모자란 상태로 이라크에 배치된 제502 보병연대는 바그다드 남부의 소위 '죽음의 삼각지대'Triangle of Death 임무를 맡았다.¹⁰ 병력은 부족하지, 전방에는 거의 매일 포화가 쏟아지지, 제대로 먹지도 자지도 못하지, 전우들의 죽음과 부상은 끝도 없지…… 병사들은 적으로부터 안전하며 보호받고 있다는 느낌을 거의 받지 못했다. 이 부대는 작전 본부로부터 고립된 상태에서 곧 나름의 규범과 일처리 방식을 세웠으나, 급조된 것인지라 통상적인 육군의 행동 및 훈련 기준을 반영하지 못했다. 2006년 3월 12일, 제1소대 병사 넷은 주둔 지역 이라크인 가족에게 자신들이 겪고 있는 시련에 대한 보복을 자행했다. 분노와 좌절에 떠밀리고 신뢰할 수 없는 명령의 분위기에 고무된 이 군인들은 열네 살 여자아이를 잔인하게 강간한 다음 아이를 죽이고 시체를 태웠다. 아이의 부모와 열여섯 살인 언니까지 살해했다. 이 사건으로 병사 다섯 명이 기소되었고 유죄판결을 받거나 유죄를 인정했다. 여섯 번째 병사는 증언한 덕분에 혐의가 기각되었고 대신 그는 제대 조치를 받아들였다.

『검은 심장』에 담긴 일화는 지휘관들이 자기 부대원들의 긍정적 가치와 인성을 충분히 감시하고 포용하고 강화하지 못할 때 얼마나 끔찍한 일이 벌어질 수 있는지를 보여주는 극단적 사례다. 긍정적인 인성은 모든 조직의 리더가 관심을 기울이는 문제여야 한다. 이에 못지않게 중요한 점은 조직이 가치를 명확히 제시하는 강령을 문서로 갖추고 있어야 한다는 것, 긍정적인 인성을 기르고 그 인성에 보상을 제공하는 명시적인 구조 및 지원책까지 갖춰야 한다는 것이다. 가령 육군은 전투를 치르고 전쟁에서 이기는 데 필요한 7가지 가치를 공식적으로 제시한다. 군에서는 공식 훈련을 통해서나, 이 덕목들을 열거한 열쇠고리·포스터 같은 물품으로 이 가치를 끊임없이 각인시킨다. 군의 7가지 덕목이란 충성, 의무, 존중, 봉사, 명예, 진실 및 청렴, 용기다. 『검은 심장』속 병사들이 이 가치를 제대로 교육받아 실천했더라면 제1소대가 다른 소대와 군에 남긴 유산은 전혀 다른 양상이었을 것이다.

수준 높은 인성을 갖춘 조직은 자기 조직의 가치가 문화에 스며들도록 이를 각인한다. 리더들은 누구나 자신의 지위에서 이 가치들을 내면화하고 그에 맞추어 삶을 영위해야 하며 그럼으로써 조직 내 다른 이들에게 모범을 보여야 한다. 이 문제는 아주 중요하기 때문에 한 장 전체를 할애할 예정이며, 긍정적인 직무 풍토와 문화를 지속적·일관적으로 조성하는 방법과 관련해 다양한 조직들의 구체적 사례를 기술할 것이다. 긍정적인 인성은 개인의 내면뿐 아니라 외부에서도 온다. '외부에서 온다'는 건 긍정적 인성을 모범으로 제시하고 가치 있다고 간주하는 환경에서 살며 일함으로써 이러한 인성을 후천적으로 기를 수 있다는 뜻이다. 조직 내 긍정적 풍토 조성 방법을 배우는 일이야말로 리더가 직원, 학생, 조직 구성원 개개인의 긍정적 인성을 기르기 위해 실행해야 할 가장 중요한 과업이다.

인성은 전문 분야 안팎을 가리지 않는다

매년 메이저리그 시즌이 끝나면 30개 팀에 속한 선수 수백 명 가운데 단 한 명만이 로베르토 클레멘테 상Roberto Clemente Award을 받는다. 야구선수에게는 크나큰 명예다. 이 상은 홈런을 가장 많이 친 타자나 삼진아웃을 가장 많이 잡은 투수에게 수여하는 상이 아니다. 이 상을 수상하는 선수는 "야구장 안팎에서 탁월한 인성, 공동체 참여, 이타적인 행동과 긍정적인 공헌을 통해 야구계를 대표하는" 인물이어야 한다.[11]

야구팬들이 아는 바, 클레멘테를 이 상으로 기리는 이유는 그가 야구 명예의 전당에 입성한 선수여서만이 아니다. 그가 자신의 안전과 필요보다 공동선을 우위에 두었던 인물이기 때문이다. 로베르토 클레멘테는 1972년 야구 시즌이 끝나고 불과 몇 주 뒤 니카라과 지진 피해자들에게 전할 구호물자를 운반하던 중 비행기 추락 사고로 사망했다.

2018년 로베르토 클레멘테 상을 수상한 선수는 세인트루이스 카디널스 팀 소속 포수인 야디어 몰리나Yadier Molina였다. 기량이 탁월하니 선수 생활을 마감하면 몰리나의 이름은 쿠퍼스타운 명예의 전당에 반드시 오를 것이다. 그렇다고 그가 그저 놀라운 재능을 갖춘 포수이기만 한 것은 아니다. 푸에르토리코 출신인 몰리나는 야구에 열광하는 가정에서 자라 어릴 때부터 아버지가 위대한 로베르토 클레멘테에 관해 이야기하는 것을 늘 들었다. 집에는 클레멘테의 사진이 자랑스레 걸려 있었다.[12] 몰리나의 아버지는 클레멘테가 위대한 선수였다고, 더 나아가 그가 "야구장 밖에서 훨씬 더 훌륭한" 인물이었다고 말해주었다. 몰리나는 아버지의 말씀을 틀림없이 가슴에 새겼을 것이다. 야구장 밖에서 보인 그의 선행은 인간애라는 인성 강점을 여실히 드러낸다. 여러 해 전 몰리나는 '재단4'Foundation 4라는 이름의 자선재단을 설립했다. 빈곤, 학대, 암 등의 역경에 시달리는 청소년들을 지원하는 단체다. 재단4는 아동을 위한 안전 가옥을 지었고 심각한 질환을 앓는 아이들이 푸에르토리코 병원에서 치료를 받을 수 있도록 첨단 장비를 구입한다. 몰리나는 허리케인 마리아로 인한 피해 복구 원조에서도 솔선수범했다. 그가 조성한 구호 금액은 80만 달러가 넘었다. 허리케인이 닥친 직후 14일 내내 푸에르토리코 현장에서 새벽부터 해질녘까지 복구 노력에 힘쓰면서 피해자들에게 도움과 위안을 주기도 했다.

야구 팀이건 군이건 다른 조직이건 진정한 리더가 되려면 자신의 직무만 수행해서는 안 된다. 몰리나의 행동이 바로 신뢰받는 리더의 행동이다. 그는 야구장에서뿐 아니라 야구장 밖에서도 유능하며, 친절과 사랑하는 능력이라는 인성 강점을 삶의 모든 측면에 적용한다. 스포츠 팀의 팀원들도 다른 구성원들의 지지와 보살핌과 도움에 기대어 자신의 잠재력을 온전히 실현한다. 몰리나가 바로 이러한 지지와 보살핌과 도움을 주는, 의지할 수 있는 사람이다. 그는 긍정적 인성을 통해 팀원들을 성장시킨다. 팬이라면 누구나 좋은 롤모델과 나쁜 롤모델 모두 팀의 사기와 실적에 깊은 영향을 끼친다는 걸 잘 안다.

리더의 인성이 _ 조직의 전부다

앞으로 나올 장에서는 리더십에서 가장 중요한 인성 속성이 무엇인지 더 깊이 탐색할 것이다. 효과적인 리더십에 중요한 개인의 인성 속성과 조직의 인성 속성을 모두 살펴볼 것이다. 이러한 속성들을 우리는 배짱, 두뇌, 마음으로 분류했다. 탁월한 사고와 관련된 인성 강점이 '머리의 힘'이고, 타인들에 대한 연민과 관련된 인성 강점이 '마음의 힘'이며, 용기와 관련된 인성 강점이 '배짱의 힘'이다. 그다음에는 신뢰에 주력하는 장과 관련된 생각들을 확장하는 장, 긍정적인 인성을 촉진하고 그 인성에 영향을 끼치며 이를 유지하는 데서 조직이 하는 역할에 관한 장 순으로 논의를 이어가려 한다.

우리를 더 나은 지도자로 만들어주는 인성의 속성들에 관한 이야기를 더 확장해 기술한 다음, 유능함과 인성을 두루 갖춘 사람들을 조직에 선발하는 방법을 검토할 것이다. 그다음에는 개인의 긍정적 인성을 함양하는 방법에 초점을 맞추어, 웨스트포인트 리더 양성 시스템 등 최신 접근법들을 살펴볼 것이다. 인성 발달에 도움이 되는 역경과 난제를 통한 배움을 성취하는 방식, 사람들이 긍정적인 인성을 보여주지 못하는 이유, 인성의 실패에 맞서 이를 완화하는 방안 등도 논의할 것이다. 아무리 훌륭한 사람도 때로는 명예로운 삶이라는 목표에 도달하지 못하므로, 이러한 실패에 맞서는 보호책으로서 각 개인이 활용할 수 있는 전략도 찾아보려 한다.

마지막으로 결론을 다루는 장의 제목은 '올바른 승리'이며, 삶의 모든 측면에서 인성이 차지하는 중요성을 다시 한 번 명확히 강조하고 이 목적을 이루기 위한 통합적 접근법을 제시한다. 『인성의 힘』 전체에 걸쳐 우리가 강조하고 예시하는 바는 인성과 리더십의 관계이다. 독자 여러분이 이 탐색을 끝까지 마치도록 이끌고 싶다. 인성은 독자 여러분 개개인의 행복과 건강에도 중요하거니와 여러분이 이끌거나 가르치는 사람들, 혹은 여러분이 따르는 이들에게도 중요하다. 인성을 기르고 유지하는 법을 배움으로써 여러분은 인생을 성공적으로 영위해나갈 힘을 얻을 수 있다.

용기, 배짱의 힘

나는 용기란 두려움의 부재가 아니라 두려움의 극복임을 배웠다.
용감한 사람은 두려움을 느끼지 않는 자가 아니라 두려움을 정복하는 자다.

넬슨 만델라Nelson Mandela[1]

02

노스캐롤라이나주 블레이던버러Bladenboro의 애국심은 하늘을 찌른다.
제2차 세계대전 후 몇 년 동안이 특히 그러했다. 1945년 배리 브리저Barry
Bridger를 입양한 H.C. 브리저 2세는 블레이던버러의 창시자다. 전쟁에
대한 기억은 희미했지만 브리저는 성장하면서 자신이 사랑했던 어른들
이 그랬던 것처럼 조국에 봉사하고 싶어졌다. 그의 이복형 매크리 브리
저McCrea Bridger는 2차 세계대전 때 항공기 수송 사령부에서 비행기를 조
종했고, 배리의 장래희망에 영향을 주었다. 배리는 테네시주 스와니 소
재 스와니 육군사관학교Sweanee Military Academy 병설 고등학교에 들어갔

다. 군 복무에 대한 배리의 관심은 고등학교 때 더욱 커졌다. 바야흐로 제트기 시대이자 초창기 우주 탐사의 시대가 도래하고 있었다. 1958년 고등학교를 졸업하고 노스캐롤라이나대학교에 입학한 배리는 공군 학군단Air Force Reserve Officer Training Corps(ROTC)에 적극 가입했고, 1962년 대학을 졸업하자마자 미 공군 소위로 임관되었다. 비행 학교를 나온 뒤 곧장 작전 공군 전투 비행대에 배치되었다. 미국의 베트남전 참전 규모가 급속히 확대되던 때였고, 배리 브리저는 대위로 임관하여 남·북베트남에서 공군 전투 임무를 수행할 참이었다.

1967년 1월 23일. 배리 브리저 대위에겐 결코 잊을 수 없는 날이다. 제497 전술비행대대와 함께 날던 브리저의 F-4 팬텀 전투기의 기체에 이상이 생겼다. 근거지는 우본 로열 타이 공군기지Ubon Royal Thai Air Force Base였고, 북베트남 상공이었다. 비행기를 버리고 탈출해야 했던 배리는 북베트남군에게 포로로 잡혔고 곧이어 악명 높은 호아로 형무소에 갇혔다. 미국인 포로들 사이에서 '하노이 힐튼'Hanoi Hilton 호텔로 불린 곳이었다. 전쟁포로가 된 배리에게 시련의 나날이 시작되었다. 1973년 3월 4일의 포로 송환으로 끝날 때까지 장장 2,232일이나 지속될 포로 생활이었다. 부모와 그를 키워준 다정한 공동체 덕분에 어릴 때부터 다듬어진 브리저의 인성은 이제 시험대에 들게 되었다.

하노이 힐튼의 환경은 끔찍했다. 브리저와 동료 포로들은 만성 영양 부족에 시달렸다. 건기의 비교적 온화한 날씨였지만 입은 옷이 형편없어 포로들은 늘 추웠다. 우기가 닥치면 상황은 더욱 열악해졌다. 하노이의 평균 온도는 높을 때는 32도가 넘고 낮아도 27도 아래로는 절대로 떨어지지 않았다. 최악인 것은 습도였다. 우기의 평균 습도는 85퍼센트였고 지독한 습기 때문에 수일 동안 체감온도는 54도가 넘었다. 쥐 같은 설치류, 벌레에다 뱀도 흔했다. 질병에 걸릴 수 있는 최적의 상태였다. 많은 포로들이 만성 장 질환 등 다양한 만성질환으로 고통을 겪었다.

게다가 포로들은 빈번한 고문과 학대를 받았고, 정도가 심한 때는 여러 주 또는 여러 달 운신하지 못했다. 보초들은 경고도 없이 아무 때나 들이닥쳐 포로들을 괴롭혔다. 쉬고, 다치거나 아픈 몸을 치유하고, 냉정히 생각할 수 있는 안전한 시간이란 전무했다. 포로 생활이 언제 끝날지는 예측조차 안 됐다. 방면된 브리저가 포로로 지낸 세월은 무려 6년하고도 40일이었다. 훨씬 더 오래된 군인도 있다. 육군 대위 플로이드 제임스 톰슨Floyd James Thompson은 1964년 3월 26일 정찰기 격추 후 포로로 잡혔다. 정확하지는 않지만 그가 베트남전 당시 가장 오랫동안 포로로 지낸 미국인일 것이다. 그 기간은 거의 9년(3,278일)이었고, 그중 후반부 6년을 하노이 힐튼에서 지냈다. 언제 풀려날지, 심지어 풀려날 수는 있을지조차 불확실했다. 공포는 더욱 가중되었고, 일부 포로들은 절망하고 체념했다.

수년 뒤 공군 중령으로 전역하고서도 긴 세월이 지나, 브리저는 다음과 같이 회고했다.

북베트남인들에게 포로로 잡히면 콘크리트 상자에 갇힌 신세와 마찬가지였다. 무슨 일이 일어날지 도무지 알 수 없었다. 완전히 홀로 남는다. 함께 있는 것이라고는 자신의 생각과 가치관뿐이다. 심문에 불려나가면 두 가지 선택지를 받았다. 북베트남 수용소 당국에 온전히 협조하거나, 아니면 고문실로 가는 것이었다.[2]

브리저는 조국에 봉사한 공로와 경력으로 수많은 포상과 훈장을 받았다. 그중 하나는 은성훈장으로, 미 공군에서 세 번째 가는 무공훈장이다(최고는 명예훈장이다). 은성훈장의 표창장에 적힌 문구는 직무에 대한 헌신을 통해 이러한 엄혹한 환경에서 버틸 수 있게 해주었던 배리의 인성의 힘을 인정하는 동시에 그가 무엇을 견뎌냈는지 잘 드러낸다.

귀관은 북베트남의 전쟁포로로 있는 동안 적군에 맞서는 군사 작전 활동에서 탁월한 용맹성과 대담성을 보여주었다. 적들은 포로 처우에 대한 국제 협약을 무시하고 정보와 자백, 선전 자원을 얻기 위해 갖은 정신적·신체적 잔학 행위를 했다. 자랑스러운 미국인인 귀관은 가장 깊은 내면의 힘에 의지함으로써 적들의 요구에 맞섰다. 귀관의 저항은 의무에 대한 헌신, 그리고 자신과 미 공군을 향한 커다란 신뢰를 반영하는 것이었다.[3]

배리 브리저 사연의 결론은 그가 했던 말로 대신하려 한다. 그의 인성뿐 아니라 전쟁포로로서 그가 수행했던 명예로운 복수가 집약된 말이다. "이제 나는 명예롭게 복무했음을 알고 만족하면서 집으로 돌아왔습니다."

용기를 _ 이루는 것들

고맙게도 우리는 대부분 전투 임무를 띠고 적지까지 날아갈 필요가 없다. 앞으로도 별로 없을 것이다. 그럼에도 인간이기 때문에 우리는 각자 도덕적 용기, 그릿, 진실성 그리고 아마 가장 예상치 못한 순간 물리적 용기를 발휘해야 하는 상황에 어쩔 수 없이 내몰리게 된다. 생명을 위협하는 질병에 대처하는 데는 옳은 선택을 하는 용기가 필요하다. 진실성과 정직함도 중요하다. 많은 측면에서 물리적으로 용기를 발휘해 무언가를 하는 일은 정직성, 진실성, 청렴성을 높은 수준으로 꾸준히 유지하는 일보다 오히려 쉽다. 무장한 용의자를 추적하는 경찰관은 용맹성을 발휘할 수 있는 신체적 능력을 갖추고 있어야 한다. 그렇다고 용맹성을 늘 발휘해야 하는 것은 아니다. 용의자를 추적한 다음에는 다른 일을 할 수 있다. 그러나 진실성과 정직에 대한 도전은 매일 마주하는 난관이다. 이 난관 앞에서 자신을 방어하는 일은 내려놓을 수 없다. 단 한 번이라도 진실하지 못하거나 단 한 번이라도 부정직하면 타인들의 신뢰와 믿음을 회복하는 데 많은 시간이 걸릴 수도 있다.

이러한 정신에 입각해서 웨스트포인트 생도들은 '쉬운 악행'보다 '어려운 선행'을 선택하라고 배운다.[4]

손해를 입더라도 올바른 편에 선다는 도덕적 용기는 브리저와 그의 동료 포로들이 버티고 인내하도록 뒷받침한 토대였다. 이들의 주안점은 자신이 아니라 타인들이었다. 수개월 혹은 수년 동안 포로 생활을 하면서 이러한 집중력을 흐트러뜨리지 않기 위해 결단력이 얼마나 필요했을지 상상하기조차 어렵다. 브리저의 다음 주장대로다.

미국의 베트남 전쟁포로였던 우리의 육신과 정신은 주변의 악과 타락으로 황폐해졌다. 그러나 선한 마음의 가치들, 우리의 정신력을 강화해준 것은 나 자신보다 더 큰 어려움에 처한 사람들을 위한 우리 각자의 이타적인 행동이 결집해 이룬 커다란 선이었다. 적들이 동지들을 해칠 수 없도록 가능한 한 오래 고문실에서 버티는 것은 명예의 문제였다.[5]

용기의 세 가지 요소

배짱의 힘을 이해한다는 것은 물리적 용맹성과 도덕적 용기를 구분해 인식하는 것 이상의 문제이다. 심리학자 폴 레스터Paul Lester와 신시아 퓨리Cynthia Pury는 특정한 행동을 용기 있다고 간주하기 위한 조건에는 세 가지 요소가 있다고 지적한다.[6]

1 | 자유로운 선택(자유의지)

용감한 행동은 의도적이고 의식적인 결정에서 비롯되어야 한다. 브리저 대위의 공군 복무 결정은 자발적인 것이었고 전투기 조종사가 되는 것 역시 본인의 선택이었다. 그는 자발적으로 선택해 위험한 길로 나섰다. 도덕적 용기에도 똑같은 요소가 적용된다. 마틴 루터 킹 2세 또한 자신의 가치를 지키기 위해 위험과 죽음을 감수했다. 타인들이 더 나은 삶을 영위하도록 하기 위해서다. 루터 킹 목사는 물리적 용기 또한 남달랐으나, 동세대 사람들과 후세들에게 진정한 영감을 준 것은 그의 도덕적 용기였다.

역사는 이렇듯 도덕적 용기를 갖춘 위대한 인물로 가득하다. 플로렌스 나이팅게일이나 더 최근의 마더 테레사처럼 유명한 인물도 있고, 소피 숄Sophie Scholl처럼 잘 알려지지 않은 인물도 있다. 소피 숄의 이야기는 도덕적 용기란 무엇인지 큰 영감을 주는 감동적인 사례다. 소피 숄은 2차 세계대전 당시 오빠인 한스 숄 및 친구들과 함께 나치에 저항하는 지하 운동을 조직한 뮌헨대학교 학생이다. 1943년 나치에 의해 체포당한 뒤 그는 1943년 2월 22일 단두대에서 처형당했다. 당대 다른 젊은이들과 마찬가지로 숄 역시 나치 선전에 세뇌당했지만 아버지와 오빠인 한스가 지녔던 반 나치 신념으로 빠르게 기울었다. 동부 전선에서 자행된 러시아 전쟁포로 및 유대인 대량 학살 소식을 접하고 분노한 숄과 그의 작은 저항 조직은 나치 정권에 반대하자고 호소하는 팸플릿을 만들어 배포했다. 숄은 이 팸플릿을 배포했다는 이유로 체포되어 반역 혐의로 유죄 판결을 받았으며, 오빠인 한스와 크리스토프 프로브스트Christoph Probst라는 학생과 함께 형장의 이슬로 사라졌다. 소피가 남긴 말은 나치 정권의 악과 맞서 싸우는 일에 대한 그의 절대적 헌신을 드러내며 오늘날까지 깊은 울림을 준다. "우리를 계기로 수천 명이 각성하여 행동하고자 하는 의지를 갖게 된다면 나의 죽음은 헛되지 않다."[7]

도덕적 용기는 우리가 영위하는 삶의 질에 매일매일 엄청난 영향을 끼친다. 학교의 폭력에 맞서 싸우는 학생들의 행동은 신문의 표제 기사가 되거나 역사책에 수록되지 못하더라도 시민사회의 근간이 되는 매우 중요한 행동이다.

2 | 고귀하거나 가치 있는 목표

용기 있다고 간주되는 행동은 사회가 가치 있다고 여기는 목표를 추구한 결과여야 한다. 브리저 대위가 발휘했던 물리적 용기와 도덕적 용기의 동기는 동료 포로들과 조국을 향한 애정이지 개인적인 이득이 아니다. 반면 더 높은 목표에 전혀 도움이 안 되는 아둔하고 위험한 행동을 하는 사람들도 일부 있다. 잠시 동안만 〈아메리카 퍼니스트 홈 비디오〉America's Funniest Home Videos(ABC 방송국의 리얼리티 프로그램으로, 시청자가 직접 찍은 웃긴 홈비디오를 연달아 보여주는 형식)를 보거나 유튜브 영상을 시청해보라. 요즘 10대들 사이에서는 '버드박스 챌린지'Bird Box challenge라는 것이 유행한다. 눈을 가리고 운전하면서 이를 생중계하거나 소셜미디어에 올리는 놀이다(생존을 위해 주인공들이 눈을 가려야 했던 영화 「버드박스」를 따라 눈을 감고 다양한 활동을 하는 놀이). 눈을 가린 채 운전하는 건 용기 있는 행위가 아니라 그저 바보짓에 불과하다!

3 | 개인적으로 감수해야 하는 중대한 위험

당사자가 용기 있는 행동에 직접 개입하고 연루된 것이어야 진정한 용기라 할 수 있다. 이러한 개입이나 연루는 신체적·물리적인 것일 수도 있고 도덕적인 것일 수도 있으며 둘 다일 수도 있다. 브리저 대위는 민감한 군사 정보를 폭로하거나, 조국의 명성에 먹칠할 말을 하라는 적들의 요구에 협조하기를 거부했다. 그의 선택지는 둘 중 하나였다. 적에게 협조하기 위해 미국 헌법을 수호하겠다는 맹세를 어기거나 아니면 이를 거부하고 고문실에 가는 것. 그는 자신이 믿는 가치를 희생하느니 고문, 심지어 죽을 가능성을 선택했다.

용기를 보여주는 또 다른 사례는 '일본의 쉰들러'로 칭송받는 스기하라 지우네라는 인물이다. 스기하라는 1939년 리투아니아 영사관에서 근무했던 일본 외교관이다. 나치 치하에서 많은 유대인들은 리투아니아로 왔다. 리투아니아에서 피신처를 찾거나 다른 목적지로 가기 위해서였다. 비자 없이 돌아다니는 것은 거의 불가능했고, 유대인은 더욱 그랬다. 유대인들이 박해당하는 것을 보면서, 훨씬 더 가혹한 일이 벌어지리라 예상한 스기하라는 상관들에게 유대인 개인과 가족들이 도망칠 수 있도록 비자를 발급해달라고 수차례 요청했다. 그러나 그의 요청은 매번 거부당했다.

스기하라는 자신의 신상에 큰 위험을 초래할 수 있는 행동을 선택했다. 고귀한 명분을 위해 스스로 선택한 행동이었다. 그는 상사들의 뜻에 맞서 자신의 능력이 닿는 한 신속하게 비자 문서를 써서 유대인들에게 발급해주었다(당시 비자는 수기로 작성해야 했다). 시간만 났다 하면 밤낮없이 비자를 작성했다. 그가 이 일을 한 것은 1940년 7월 31일부터 9월 4일까지였다. 9월 4일 리투아니아 영사관이 폐쇄되어 떠나야 했기 때문이다. 떠날 때도 스기하라는 난민 한 사람에게 비자 도장을 건네 더 많은 비자가 발급될 수 있게 조치했다. 스기하라의 의로운 행동 덕분에 6천 명의 유대인들이 나치를 피할 수 있었던 것으로 추정된다. 이들의 후손 약 4만 명은 스기하라의 이타적인 행동 덕분에 세상에 태어날 수 있었다.

스기하라는 왜 그랬을까? 그는 상부의 지시를 거역한 죄로 일본 정부에 의해 투옥되거나 심지어 사형을 당할 수도 있었다. 그의 가족들이 고통을 받을 수도 있었다. 그는 왜 그랬냐는 질문을 받았을 때 간단히 대답했다. "수천 명이 우리 영사관 창문마다 매달려 있었습니다. 다른 방법은 없었어요." 사망하기 9년 전인 1977년에는 이렇게 말했다. "당시 저는 외교부에 유대인 비자 문제가 인류애에 관한 문제라고 말했습니다. 직장을 잃어도 상관없었어요. 누구든 다른 사람이었어도 내 입장이었다면 똑같은 일을 했을 겁니다."[8]

1984년 이스라엘의 홀로코스트 공식 추모기념관인 야드바셈Yad Vashem은 스기하라를 '의로운 이방인'Righteous Among the Nation으로 지정했다. 의로운 이방인은 2차 세계대전 동안 생명의 위험을 무릅쓰고 유대인을 도왔던 비유대인에게 주어지는 명예다. 스기하라는 오늘날까지 이 명예로운 칭호를 받은 유일한 일본인이다.

용기의 세 가지 조건은 중요하게 고려할 만한 요소지만 그 외에도 더 많은 요소들이 있다는 것이 우리의 생각이다.

용기는 지속적으로 나타난다

브렌든 마로코Brendan Marrocco 일병의 사례를 보자. 이라크에 주둔한 미군 병사들에게 가장 치명적인 위협은 폭발형 발사체EFP였다. 일종의 성형 폭약인 폭발형 발사체는 철갑판을 변형시켜 탄환으로 만든 것으로, 철갑을 관통하도록 설계되어 있다. 급조 폭발물IEDs이라 불리는 다른 사제 폭탄과 함께 자주 사용된다.

2009년 4월 11일 저녁은 부활절 일요일 전날이었다. 이날 이라크의 살라 아드딘Salah ad Din 지역 정찰대는 본부로 귀환 중이었고, 정찰대의 두 번째 차량에서 폭발형 발사체가 터졌다. 발사체는 즉시 지뢰방호차량 Mine－Resistant, Ambush－Protected Vehicle(줄여서 MRAP라 한다)으로 제작한 정찰 차량의 문을 관통했다. 사제 폭탄으로부터 차량에 탄 이들을 보호하도록 외장한 문이었다. 전쟁이 계속되면서 적군은 사제 폭탄에 폭발형 발사체를 집어넣어 폭탄이 지뢰방호차량의 문을 뚫고 들어가 치명적인 금속 파편으로 탑승자들에게 심각한 부상을 입히도록 무기를 개량했다. 파편은 운전병의 팔다리를 뚫고 들어갔고 포수와 차량 지휘관에게도 큰 부상을 입혔다.

당시 발사체의 공격을 받은 차량의 운전병은 뉴욕주 스태튼아일랜드 출신의 브렌든 마로코 일병이었다. 브렌든의 부상은 위중했다. 양쪽 팔다리가 심하게 짓뭉개졌고, 목 쪽 동맥도 절단되었다. 얼굴에도 큰 부상을 입어 안와골절에 코가 부러졌고, 치아 여덟 개를 잃었다. 눈과 얼굴에는 파편상과 심각한 열상이 여러 군데였고, 목과 얼굴에 화상도 입었다. 왼쪽 고막도 찢어졌다. 공격이 발생했을 때 차량 부대는 전투지원병원Combat Support Hospital(CSH)이 위치한 티크리트Tikrit로 헬기를 수송할 것을 즉시 요청했다. 불행히도 황사가 있는 동안에는 기상 상태 때문에 헬리콥터를 띄우라는 허가가 내려오지 않았다. 헬기 수송대 조종사들은 공격의 심각성을 알았고, 이들을 최대한 신속히 운반해 제대로 된 치료를 받도록 하는 데 세 명의 목숨이 달려 있다는 것도 알았다. 결국 조종사들은 비행하는 것이 위험하다는 걸 알면서도 지체 없이 헬리콥터를 띄워 밤중에 모래 폭풍을 뚫고 공격지까지 45분간 비행했고, 브렌든을 포함한 부상병을 실어 병원으로 호송했다.

병원에 도착했을 때 병사 한 명은 이미 사망한 상태였다. 의료 팀은 운전병이었던 브렌든 마로코를 살리기 위해 최선을 다했다. 기지 전체에 부상병들에게 수혈이 필요하다는 소식이 들어왔고, 150명 넘는 병사들이 전우들을 살리기 위해 줄지어 헌혈을 했다. 의료 전문가들은 브렌든의 생명을 구하기 위해 사력을 다했다. 두어 시간 뒤 의료진은 브렌든을 회복실로 보냈다. 브렌든은 목숨을 건졌지만 극단적인 치료 조치로 인해 팔다리를 모두 잃었다. 머리는 거즈로 감싸고 체온을 유지하기 위해 담요를 덮어놓았다. 브렌든은 며칠이 지나도록 의식을 찾지 못했다. 전투지원병원 의료 팀의 치료와 연민 어린 애정은 압도적이었다. 밤새도록 브렌든은 39리터에 달하는 혈액을 수혈 받았다. 전우들이 헌혈한 피였다.

회복실에 있는 동안 의료 팀은 브렌든이 바그다드 외부의 다른 병원에서 더 수준 높은 치료를 받아야 한다는 결정을 내렸다. 모래 폭풍이 여전해 가시거리가 제로인 상황에서 항공 관제소는 병원이 있는 발라드까지 비행을 허가하지 않았다. 그럼에도 헬기 수송 팀과 수송 팀 간호사는 브렌든을 헬리콥터에 태워 발라드까지 이송했다. 그곳에서 브렌든은 즉시 9리터 가량의 수혈과 추가 치료를 받았다. 그 직후 브렌든은 다시 독일의 란트슈툴Landstuhl로 이송된 다음 본국의 월터리드 국립 군사의료센터Walter Reed National Military Medical Center로 옮겨, 그곳에서 마침내 의식을 되찾았다.

2009년 11월로 시간을 돌려보자. 캐슬런에게 소식 하나가 날아든다. 부상당한 브렌든과 그의 가족이 비행기를 타고 하와이까지 가서 제25사단의 귀향 행사에 참가한다는 것이었다. 브렌든의 소대는 그가 비행기를 타고 오기로 한 날보다 이틀 먼저 귀국했다. 소대원들이 기다렸다가 브렌든이 월터리드 의료센터에서 하와이에 도착하면 맞이하기로 했다. 약 25명의 소대원들이 브렌든이 탄 비행기가 도착하는 호놀룰루 공항 게이트까지 갈 수 있도록 조치됐다.

비행기가 도착했을 때 마지막으로 내린 승객은 다름 아닌 브렌든이었다. 그의 도착을 학수고대하던 소대원들이 모두 팔을 뻗어 환호성을 지르는 가운데, 브렌든은 보철로 된 두 팔과 두 다리를 써서 누구의 도움도 받지 않고 비행기에서 걸어 내려와 전우들의 품에 안겼다. 그야말로 눈물바다였다. 대원들은 온갖 역경을 딛고 부상당한 전우와 다시 만난 일을 축하했다.

2012년 12월, 브렌든은 시신 제공자의 두 팔을 이식 받는 13시간짜리 대수술을 받았다. 절단 부위만 남아 있던 두 팔에 다른 팔을 접합해 일부나마 쓸 수 있게 되었다. 브렌든의 사연은 용기라는 인성 강점의 탁월한 실례다. 가장 끔찍한 상황에서 오랜 기간 끈기 있게 버텨내는 사람들은 계속 전진하면서 이 강점을 끌어낸다. 삶이 자신에게 던진 시련에 맞서 이들은 몸과 정신의 강인함과 투지로 시련을 돌파하는 길을 찾아내 장애를 극복한다.

용기는 용두사미가 아니다. 브렌든의 경우에서 알 수 있듯 용기라는 인성의 힘은 장기간에 걸쳐 펼쳐진다. 브렌든이 감내했던 시련처럼 극단적인 난관을 여러분이 버텨낼 일은 결코 없었으면 한다. 삶을 살아내고 성공하는 인생을 꾸려가기 위해 필요한 일상의 용기 또한 용기라는 도덕적 가치가 의미하는 바를 모범적으로 드러낸다.

진정한 용기를 경험하다

스티븐 E. 앰브로즈Stephen E. Ambrose의 소설 『밴드 오브 브라더스』 Band of Brothers의 끝머리에서 마틴 래니Martin Ranney 하사의 손자가 할아버지에게 묻는다. 할아버지는 전쟁영웅이었어요? "아니, 하지만 영웅들이 있는 부대에서 복무했지."⁹ 우리 대부분은 래니 하사의 이런 대답에 동의하지 않겠지만(래니 하사는 분명 영웅이었으니까 말이다) 그의 대답이 어마어마한 용맹성을 보이는 사람들의 전형적인 대답인 것은 맞다.

다른 사례도 있다. 허드슨강에 비행기를 비상 착륙시켜 승객을 구한 영웅 설렌버거Sullenberger 기장의 사연이다. 설렌버거 기장은 자신이 조종하던 에어버스A 320 1549편이 이륙했다가 조류와 충돌한 뒤 엔진 이상이 생기자 허드슨강에 비행기를 비상 착륙시킨 다음, 승객들과 승무원들이 구명 뗏목과 구조정에 모두 타도록 돕고서야 마지막으로 비행기에서 내렸다. 이후 조종사 및 항법사 협회Guild of Air Pilots and Air Navigators는 설렌버거 기장과 승무원 전원에게 명예훈장을 수여했다. 뉴욕 시장 마이클 블룸버그도 이들에게 뉴욕시 명예 열쇠를 수여했고, 뉴욕주 주지사 데이비드 패터슨과 버락 오바마 대통령 역시 이들을 치하했다. 2016년 톰 행크스는 〈설리: 허드슨강의 기적〉Sully: Miracle on the Hudson이라는 영화에 주연으로 출연해 설렌버거 기장 역을 연기했다. 할리우드의 전설적인 감독 클린트 이스트우드가 제작한 영화는 엄청난 성공을 거두었다.

그렇다면 설렌버거 기장은 그날의 행동에 대해 뭐라고 말했을까? 그는 비상 착륙을 하던 순간에 발휘했던 자신의 용기를 대단찮은 것으로 치부하면서 이렇게 말했다. "평범한 사람들이 평범하지 않은 상황에 처하게 되는 이야기는 흔히 듣습니다. 그들은 용감하거나 책임감 있는 행동을 하지요. 이들의 노력을 전하는 이야기를 들어보면 이들이 마치 그 순간 충동에 휩싸여 그런 행동을 하기로 선택한 것 같다고들 합니다…… 하지만 제 생각에 그런 상황에 처한 많은 사람들은 사실 벌써 오래전에 결정을 내렸던 겁니다."[10] 요컨대 설렌버거 기장은 그 행동을 용기의 돌연한 분출이 아니라 다년간의 훈련과 경험 덕으로 돌린 것이다.

미군은 전장에서 가장 큰 용기를 보여준 육·해·공군에게 명예훈장을 수여한다. 상을 타게 된 용맹스러운 공훈을 적은 표창장도 훈장과 같이 수여된다. 심리학자 박난숙은 제1차 세계대전부터 현재의 전투에 이르기까지 명예훈장 수상자 123명의 표창장 내용을 분석했다. 그는 표창장에 일관되게 언급된 인성 강점을 다수 찾아냈다. 여기에는 용기(당연하다), 자기 절제, 그릿, 리더십, 팀워크, 창의성, 친절이 포함되어 있었다. 박난숙은 무엇보다 겸허함이야말로 표창장 문구들마다 스며들어 있는 인성의 강점임을 발견했다. 『밴드 오브 브라더스』의 래니 하사처럼 명예훈장 수상자들은 예외 없이 자신이 영웅이라는 것을 부정하고 자신과 함께 복무한 전우들을 진정한 영웅으로 칭한다.

겸허함은 놀랍게도 용기 있는 사람들의 일관된 특징이다. 이들은 훈련이 결정적 순간에 자신을 도와주었다는 것, 그리고 타인에 대한 애정이 자기 행동의 동기였다는 것을 쉽게 인정한다. 자신이 영웅이라거나 대단한 용기의 소유자라고 자화자찬하는 사람을 만나면 다시 생각해보라. 그는 용기 있는 사람이 아닐 확률이 높다.

그릿으로_ 알 수 있는 것

앤절라 더크워스는 펜실베이니아대학교에서 저명한 심리학자 마틴 셀리그먼의 지도 아래 심리학 박사 과정을 시작하면서 재능이 뛰어난 사람들이 자기 분야에서 최고의 자리에 오르지 못하는 경우가 많은 이유가 무엇인지, 오히려 재능이 부족한 사람들이 어째서 위대한 업적을 일구어 내는지 질문을 던졌다. 마셜 장학금을 받아 연구하던 시절을 떠올리면서 더크워스는 이렇게 주장했다. "마셜 장학금을 받은 내 동료 연구자들은 하나같이 아주 똑똑한 사람들이었지만 모두가 특별한 업적을 성취하지는 못했다."[11] 그릿이 정의하는 바대로 장기적인 목표를 열정적으로 추구하지 않았다고 판단한다.

더크워스의 첫 과제는 그릿을 믿을 만하게 측정하는 방법을 개발하는 것이었다. 점수 범위를 최하 1점에서 최고 5점까지 정해둔 다음 상이한 유형의 사람들을 테스트하기 시작했다. 그릿이 어려운 과제 완수에 어떻게 기여했는가 알아보기 위해서였다. 여러분도 angeladuckworth. com/grit‒scale 사이트에 가서 간단한 문항 10개에 답하면 자신의 그릿 점수를 알 수 있다. 내용을 더 읽기 전에 지금 가서 테스트를 해보라. 결과는 바로 나온다. 테스트한 다양한 연령대와 각계각층의 사람들 수십만 명 중에서 자신의 순위가 어느 정도인지도 알 수 있다.

그릿은 용기라는 윤리 덕목 중 특별한 형태의 덕목이다. 앞에서 논한 다른 형태의 용기와 마찬가지로 그릿 역시 장기간에 걸쳐 나타난다. 그릿은 대학이나 의대를 (최선을 다해 공부한 뒤) 졸업하는 일처럼 수개월이나 수년이 지나야 완수할 수 있는 과제에 가장 잘 적용된다. 음악이나 스포츠에서 일정 정도의 우수성을 성취하는 데 필요한 장시간의 연습을 게을리하지 않는 것, 혹은 신체적으로나 정서적으로 힘이 드는 상황을 오랜 기간 극복하는 일에도 적용된다. 브리저 대위는 베트남전 당시 하노이 힐튼에서 감금과 고문을 당하면서도 6년 이상 버티고 살아남았을 뿐 아니라 동료 포로들이 포로 생활을 견디도록 도움으로써 그릿을 보여주었다. 브렌든 마로코는 여러 해 동안 수술과 기타 치료들을 모두 견뎌내고 '뉴 노멀'에 적응함으로써 경이로운 그릿을 보여주었다.

그릿에 대한 초기 연구에서 더크워스는 그릿과 교육의 관계를 살펴보았다.[12] 고졸자와 대졸자 중 누가 더 그릿을 많이 보여줄까? 그릿이 많은 사람들은 적은 사람들보다 교육 수준이 높을까? 더크워스는 1천 5백 명 넘는 25세 이상 성인들의 그릿 점수를 조사한 다음 교육 수준에 따라 분석했다. 고등학교 재학, 고등학교 졸업, 전문대학 졸업(2년제 커뮤니티칼리지 졸업 학위), 대학 졸업, 대학원 학위(석사, 박사 등)로 교육 수준을 분류했다. 여러분 생각에는 어떤 결과가 나왔을 것 같은가? 교육 수준이 올라갈수록 그릿 점수도 착착 올라갔을까? 정답은 '거의 그렇다'는 것이다! 교육 수준이 높아질수록 그릿 점수는 상당히 올라갔다. 단, 한 가지 예외는 있었다. 전문대학 졸업 학위를 딴 사람들은 교육 수준이 더 낮은 이들보다 그릿 점수가 높았을 뿐 아니라 4년제 대학 학사 학위를 받은 사람들보다도 높았고, 대학원 석사 과정을 마친 사람들과는 똑같았다.

이러한 결과는 그릿이 의미하는 바의 핵심을 건드린다. 독자 여러분 중에는 전문대학 학위를 땄거나, 전문대학에서 가르쳐본 강사나 교수가 있을 수도 있다. 그렇다면 전문대학 졸업생들과 보통 대학생의 큰 차이를 알 것이다. 전문대학 졸업장을 받은 이들은 대개 나이가 더 많고 일부는 가정이 있으며 많은 이들이 학위를 따려고 공부하는 동안 정규직으로 일한다. 아이들을 기르면서 일주일에 40시간이나 그 이상 노동을 하는 동시에 학위를 따기 위해 꾸준히 학업을 이어가는 데는 높은 지능을 훨씬 뛰어넘는 것이 필요하다. 이 많은 일을 다 해내려면 전공에 대한 열정, 대개 2년 이상이 걸리는 과제를 완수하기 위한 끈기가 필요하다. 만일 전문대학 졸업장이 있다면 여러분은 친지들 가운데 그릿 점수가 가장 높은 사람일 수 있다!

더크워스의 다음 주제는 그릿과 연령 간의 상관관계였다. 동일한 표본을 이용하여 25~34세, 35~44세, 45~54세, 55~64세, 65세 이상의 평균 그릿 점수를 계산했다. 그러자 나이가 많아질수록 그릿 점수도 올라간다는 결과가 도출되었다. 흥미롭게도 그릿 점수가 가장 높은 연령대는 55~64세와 65세 이상이었다. 더크워스는 또한 그릿과 직업 변화 빈도 사이의 상관관계도 살폈다. 그릿 점수가 가장 높은 사람들은 낮은 사람들에 비해 직업을 바꾸는 빈도가 현저히 낮았다. 이 결과가 중요한 이유는, 큰일을 해내는 데는 시간이 걸리기 때문이다. 일관된 노력을 오래 투입해야 하는데, 직업을 자주 바꾸면 초기 상태로 되돌아가 버린다. 반면에 한 가지 직종에 오래 종사하는 사람 혹은 변화가 거의 없는 사람들은 그릿으로 장기적 목표를 더욱 잘 완수한다.

좋다. 나이가 더 많을수록, 대체로 교육 수준이 더 높을수록 그릿이 높다고 봐야 한다. 하지만 그래서 뭐가 어쨌단 말인가? 그릿이 어려운 과제의 성공 가능성을 예측할 때 정말 중요할까? 10년 이상의 심리학 연구는 이 질문에 대한 대답이 '그렇다'임을 입증한다. 가령 펜실베이니아대학교의 심리학과에 등록한 학생들 가운데 그릿 점수가 높은 학생들은 성적도 더 좋았다. 그릿은 심지어 성적 예측에서 대입 자격시험SAT 점수보다 예측력이 훨씬 탁월했다.[13] 더 흥미로운 점은 SAT 점수가 낮은 학생들이 그릿 점수가 더 높은 경향을 보였다는 사실이다. 아이비리그 대학에 다니는 똑똑한 학생들이 재능이 부족한 학생들보다 그릿이 낮을 수 있다는 이야기다. 재능이 부족한 경우 목표를 이루기 위해 타고난 지능에 기대기보다는 불굴의 투지(그릿!)에 기대기 때문일 수 있다.[14]

매혹적인 발견 하나. 전미 영어 철자 맞히기 대회에 참가하는 아동들 가운데 그릿 점수가 높은 참가자들일수록 높은 라운드로 올라갈 확률이 높았다. 이 대회에 참가하는 아동들은 명석하지만, 그릿과 지능 사이의 상관관계는 없었다. 다시 말해 참가자의 지능지수를 알았다고 해도 그릿 점수에 대한 정보는 전혀 알 수 없었다는 뜻이다. 그릿 점수가 높은 참가자일수록 대회를 준비하는 데 더 많은 노력을 쏟았다. 명석한 두뇌는 도움은 되었지만 결국 최고의 자리까지 올라가는 경향을 보인 건 공부를 열심히 한 학생이었던 것이다.[15]

2004년 7월 더크워스는 2008년 웨스트포인트에 입학한 신입생 전원에게 그릿 테스트를 실시했다. 웨스트포인트는 미국 최고의 대학 중 하나로 꾸준히 손꼽히지만 최고의 대학이라는 명칭만으로는 담을 수 없는 독보적인 특징이 있다. 신입생도들은 '이 독보적인 특징'을 금세 터득하게 된다. 그 특징 중 하나가 이들이 입학한 첫 해 여름에 버텨내야 하는 힘들고도 지독한 프로그램이다. 이름 하여 신입생도 기초 훈련, 생도들 사이에서는 '비스트 배럭스' 혹은 줄여서 '비스트'라 불리는 프로그램이다. 이 훈련을 치르는 6주 동안 신입생들은 민간인의 탈을 벗고 군인으로 변모한다. 새벽 5시에 일어나(여러분에게 10대 자식이 있다면 이런 수면 시간 변화가 주는 고통을 상상할 수 있을 것이다!) 군 관례와 예절을 배우고 엄혹한 야외 훈련에 참가한다. 뉴욕주의 여름 날씨는 언제나 너무 덥거나 춥거나 습하다. 가족과 친구들을 멀리 떠나 휴대전화까지 압수당한 채 훈련을 받아본 많은 생도들은 이 '야수 같은' 훈련을 자기가 마주했던 가장 어려운 시련 가운데 하나로 꼽는다. 대부분의 생도들은 훈련을 성공적으로 마친 뒤 최고의 학과 공부, 군 및 지도자 교육, 신체 단련으로 채워진 4년간의 학업을 시작한다. 그러나 모두가 성공하는 것은 아니다. 더크워스는 이 훈련을 성공적으로 마치는 데 그릿이 영향을 끼치는지 알고 싶었다. 그 결과 짐승 같은 훈련을 마치는지 예측할 수 있는 유일한 요인은 그릿인 것으로 밝혀졌다. 그릿과 대입시험 점수는 상관관계가 없었다.

웨스트포인트에서의 연구는(나중에 되풀이하겠지만) 그릿이 무엇을 예측해주는지에 관해 시사점을 던진다. 군 훈련에 적응하고 혹독한 훈련에서 살아남는 것은 두뇌의 힘(지성)과는 거의 상관이 없으며 배짱의 힘(용기)과 거의 전적으로 상관 있다는 것이다. 지능지수가 아무리 높다 해도 춥거나 고단하거나 온몸이 젖어 있을 때는 전혀 도움이 되지 않는다. 결코 포기하지 않는다는 단순한 행동이 쌓이면 길고 어려운 과제를 마칠 강인한 투지와 결단력을 갖게 되는 것이 그릿의 정수이다. 그리고 그릿은 웨스트포인트 생도들 사이에서만 중요한 덕목이 아니다. 미 육군 특전부대 대원들(일명 그린베레)을 대상으로 한 후속 연구 또한 그릿이 극도로 힘든 다른 훈련 상황에서도 매우 중요하다는 것을 증명한다.[16]

그릿 이야기를 끝내기 전에 독자 여러분의 그릿 점수가 어디쯤에 있는지 살펴보자. 그릿 설문지를 완성하면 그릿 점수를 알게 된다. 자신이 더크워스가 연구했던 사람들 가운데 어느 지점에 있는지 궁금할 수 있다. 아래에 더크워스의 그릿 연구에서 추출한 점수 일부를 수록해놓았다.

25세 이상 성인(연구 1)	3.65
25세 이상 성인(연구 2)	3.41
아이비리그 대학생들	3.46

웨스트포인트 2008년 신입생	3.78
전미 철자대회 결승전 출전자들	3.50

이제 우리가 배워야 할 핵심은 무엇일까? 그릿은 벅찬 과제를 완수할 때 인성의 힘을 제공한다는 것. 최상의 조합은 명석함과 그릿을 모두 갖추는 것이다. 토머스 에디슨의 유명한 말을 떠올리지 않을 수 없다. "천재는 1퍼센트의 영감과 99퍼센트의 땀으로 만들어진다."[17] 증거가 필요하다면 철자대회 참가자들이나 웨스트포인트 생도들을 보라!

용기를 _ 기르는 방법

용기라는 힘을 길러 원래 지니고 있던 힘에 더 잘 적용할 방법을 배울 수 있다. 여기 몇 가지 방법을 제안한다.

1 | 자신을 알라. 첫째, 자신을 평가해보자. 1장에서 소개한 24개 인성 강점의 점수를 살펴보고 그릿 점수도 알아보자. 자신의 중요한 강점 가운데 뭐든 용기에서 오는 것이 있는가? 자신의 그릿은 대학생, 웨스트포인트 생도, 다른 사람들과 비교할 때 어느 정도 위치에 있는가? 자신의 경험을 곰곰이 생각해보자. 언제, 어디서, 어떤 환경에서 용기를 발휘했는가(신체적 용기)? 또는 옳은 것을 지지했는가(도덕적 용기와 진실성)? 아니면 수개월이나 수년 동안 목표를 이루기 위해 열심히 노력했는가(그릿)? 일단 자신의 용기 덕목을 스스로 평가한 다음에는 어려운 일에서 성공하는 데 필요한 강점 가운데 한 가지나 그 이상을 사용할 수 있는 상황을 체계

적으로 찾아보자. 신체적 용기를 요구하는 상황을 예상하기는 어려울 수 있으나, 진실성과 정직, 그릿 혹은 열정과 활기를 사용할 수 있는 상황은 생각해낼 수 있다. 이 시나리오를 고려해 이 강점들 가운데 하나 이상을 사용할 수 있는 계획을 세워보자. 이런 작업을 통해 해당 과제의 성공을 촉진할 수 있을 뿐 아니라 용기를 실천하고 기량을 강화하는 연습도 해볼 수 있다. 그 덕에 기분이 흡족해지는 것은 덤이다.[18]

2 │ 용기를 실천하라. 어려운 과제와 마주하거나 과제를 완수해야 할 때 용기라는 강점을 사용하는 계획을 개발하고 이를 습관으로 삼으라. 두려운 과제는 어떤 것인가? 다양한 과제에서 실천해보자. 신체적으로는 행동을 통해, 정신적으로는 상상과 예행연습을 통해 훈련할 수 있다. 이 강점을 반복적으로 상이한 상황에서 활용해보는 경우 예상치 못한 난제가 발생할 때 강점을 불러내기가 더 용이해진다. 심리학자 레스터와 퓨리는 "용기를 직접 실천해보라"고 조언한다.[19]

3 │ 역할모델을 찾고 스스로 역할모델이 되어라. 가정·직장·학교에서 용기라는 덕목을 모범적으로 보여주는 사람이 누구인가? 그들의 행동과 말을 연구하라. 그들이 하는 일을 따라하려고 노력하라. 용기 있는 사람들에 대한 글이나 책을 읽어 대리 학습 할 수도 있다. 저명한 심리학자 앨버트 반두라Albert Bandura는 관찰을 통해 배우는 것이 자신의 행동과 신념과 태도와 인성을 바꾸는 가장 흔하지만 강력한 방법 중 하나임을 가르쳐준 바 있다.[20]

4 | 설득과 피드백을 활용하라. 내 행동을 관찰하고 평가해 피드백을 줄 수 있는 사람들을 찾아보자. 가령 책을 써야 하는데 이메일 작성이나 다른 일에 집중력을 빼앗겨 집필에는 진전이 전혀 없는 경우. 과제에 지속적으로 집중하려면 타인들의 피드백, 혹은 자신에 대한 정직한 통찰이 필요하다. 타인들에게 피드백을 줄 때는 건설적이되 정직하라. 아이가 바이올린을 기막히게 연주하고 싶어하면서도 정작 동작만 따라할 뿐 딴 곳에 정신을 팔고 있다면? 부드럽지만 정직한 피드백으로 아이가 연습에 계속 집중할 수 있도록 동기를 부여해줄 수 있다.

5 | 스트레스가 많은 환경을 포용하라. 스트레스란 본디 해롭고 손해만 끼치는 것이라고 생각하지 말고 기회와 나란히 가는 것이라고 프레임을 입력해두면 어려운 일을 하는 데 필요한 주의력과 동기를 잘 유지할 수 있다. 신체적·정서적 스트레스를 주는 환경에서 효과적으로 일하는 법을 배우면 압력을 견디는 능력을 강화할 수 있다. 스트레스를 견디는 역량이야말로 용기의 특징이다. 군인들은 이를 '싫어도 받아들이기'라고 한다.

6 | 용기 있는 사람들을 주변에 많이 두라. 명예훈장 수상자에 관한 박난숙의 연구는 용기 있는 행동에는 사회적 유대가 매우 중요하다는 것을 보여주었다. 자신과 관계 맺은 사람들이 세워놓은 기준에 부응해 살 수도 있고 그렇지 못할 수도 있다. 가족을 바꿀 수는 없지만 친구를 선택할 수는 있다. 용기라는 중요한 덕목에서 실패한 친구들이 있다면 과감히 그들을 떠나 새로운 우정을

만들 때다. 직장 동료들이 그렇다면? 직장을 바꾸어야 할 시기가 온 것일 수 있다.

리더는 _ 타인의 용기를 길러준다

이 장의 결론은 웨스트포인트 미식축구 팀에 얽힌 일화로 대신하고 자 한다. 웨스트포인트 팀이 미식축구에서 참패한 뒤에 다시 미국 최고의 팀으로 변모한 과정에 대한 일화다. 용기, 즉 배짱의 힘은 커다란 차이를 만들어냈다. 이들의 사연을 읽으면서, 웨스트포인트의 리더들과 군 미식 축구 코치들이 어떻게 용기가 깃든 풍토를 조성해나갔는지 알아보자.

웨스트포인트 팀에는 무슨 일이 생겼을까?

로버트 캐슬런 중장이 웨스트포인트 교장 직에 올랐을 때 그의 상 관인 육군 참모총장 레이먼드 오디어노Raymond Odierno 장군은 취임식에 서 공개적으로 지시했다. 해군사관학교를 이기라는 지시였다. 2013년 캐슬런이 육사에 취임했을 당시 육군은 그 유명한 육사 – 해사 미식축구 대항전에서 12년째 연패를 기록하고 있었다. 코치를 다섯 명이나 갈아 치웠지만 17시즌 중 16시즌을 패한 기록 때문에 속만 끓이고 있는 상황 이었다. 웨스트포인트 미식축구 선수 출신인 오디어노 장군은 육사 축구 팀을 승리를 맛보았던 영광스러운 전통으로 되돌리기 위해서는 개혁이 필요하다는 것을 잘 알았다.

국민이 자국 군대를 위험한 전장으로 보낼 때 기대하는 것은 군대 가 '잘하거나' '최선을 다하는 것' 정도가 아니다. 국민은 군이 임무를 완 수하고 승리하기를 기대한다. 그렇다고 수단과 방법을 가리지 않는 승리를 원하는 것은 아니다. 군은 국가와 군의 가치를 지키는 가운데 승리를 거두어야 한다. 국민이 군에 기대하는 것은 올바른 방식의 완전한 승리이다. 12월에 벌어지는 육사와 해사의 경기를 지켜보는 2천5백만 명은 대학 간 스포츠 경기가 아니라 미국 군과 국가를 이끌어갈 미래의 지도자들을 본다. 국민은 자국의 차세대 군 지도자들이 그릿과 끈기와 기강, 신체적·정신적 강인함으로 전투에 임해주기를 바란다.

2013년 육사－해사 대항전이 벌어지는 동안 캐슬런은 왜 육사 팀이 평범한 성적을 내는 데 그치는지, 왜 이들이 미국 국민이 미래의 육군 지도자들에게 기대하는 수준의 인성을 보여주지 못하는지 단박에 통찰할 수 있는 사건을 목격했다. 눈이 번쩍 뜨이는 사건이었다. 미식축구 경기가 열리는 곳은 춥고 눈이 많이 오는 어느 오후의 필라델피아였다. 경기를 하는 동안 육사 선수들은 대부분 사이드라인에 켜놓은 히터 주변에 옹송그린 채 모여 있었다. 경기장의 선수들을 주시하며 경기를 따라잡는 일보다는 몸을 덥히는 일이 더 걱정이었던 것이다. 오디어노 장군 역시 사이드라인에서 게임을 지켜보면서 캐슬런과 같은 생각을 했다.

경기 중반부 육사는 17대 0으로 지고 있었다. 방송 기자가 라커룸에서 돌아온 각 팀의 코치와 인터뷰를 했다. 기자는 해사 코치인 켄 니우마탈롤로Ken Niumatalolo에게 해사 선수들이나 경기 운영 계획에 날씨가 영향을 주느냐고 물었다. 켄은 전혀 아니라고 대답했다. 그는 경기 당일 춥고 습기가 많아 질척할 것이라는 일기예보를 보고 팀 선수들이 그전 일주일 내내 악천후에서 연습하도록 대비를 시켰다는 것이다. 해군사관학교의 차세대 지도자들은 달랐다. 육사 선수들은 경기장에서 벌어지는 경기에는 아랑곳없이 난로 주변에 모여 있었던 반면 해사 선수들은 악천후 대비가 철저했을 뿐 아니라 경기도 적극적으로 이끌어나갔다. 최종 스코어와 승자를 추측하는 일은 누워서 떡 먹기였다. 해군사관학교는 2013년에도 승리를 이어갔다. 스코어는 34대 7이었다.

캐슬린 교장은 육사 축구 팀의 문화를 평범한 문화에서 비범한 문화로 완전히 탈바꿈해야 한다는 것을 깨달았다. 그러려면 짐 콜린스Jim Collins가 『좋은 기업을 넘어 위대한 기업으로』에서 주장한 바대로 개혁에 적합한 인물을 목표 지점까지 가는 버스에 태워야 했다.[21]

캐슬린 교장은 목표를 위해 사관학교를 잘 알면서도 승리하는 프로그램을 만들어본 입증된 기록이 있는 코치를 고용했다. 제프 멍큰Jeff Monken이라는 인물이었다. 육사 생도들은 군사 훈련을 받아야 하고 졸업 후에도 5년간 의무적으로 군 복무를 해야 하기 때문에 최고의 축구 실력을 갖춘다는 자체는 신입생들에게 그다지 매력적이지 않았다. 육사는 미국 최고의 선수들을 선발하는 데서는 불리한 입지인 것이다. 육사 소속 팀 선수들은 상대하는 대부분의 팀 선수들보다 몸무게도 몇 킬로그램 덜 나가고 속도도 약간씩 느리다. 그러나 승리와 우수성은 단지 중량과 속도의 문제가 아니다. 그것은 배짱과 용기라는 인성의 특징, 즉 단련, 정신적·신체적 강인함, 집요한 끈기, 탁월함을 위한 맹렬한 노력을 갖추느냐 아니냐의 문제다.

한 팀의 공격 횟수는 보통 한 경기당 8~10회 정도이며, 이기려면 통상 30점 정도를 따야 한다. 그러려면 공을 차지하고 있을 때 약 절반 정도 확률로 득점해야 한다. 훈련이 안 된 팀은 볼을 잡아 이리저리 돌리다가 득점할 기회를 놓친다. 공을 놓치거나 인터섹션에 뺏기는 것은 훈련과 기강이 부족하다는 것을 드러내는 실책이다. 게다가 반칙 판정이라도 받으면(반칙 판정이야말로 훈련 부족을 드러내는 실책이다) 궤도에 오른 공격의 기세가 꺾여버릴 수 있다. 그러나 기강은 지도와 교육이 가능하다. 기강을 잡으면 득점 기회가 늘어난다. 단련을 통해 기강이 잡힌 경기는 흔히 저지르는 실수를 줄이므로 승리에 꼭 필요하다. 기강은 팀의 탁월성을 입증하는 확실한 징후다.

팀이 강인한지 측정하려면 각 경기의 4쿼터 때 점수를 보라. 4쿼터에서는 가장 끈질기고 강인하며 신체적으로 튼튼한 선수들이 버텨내면서 경기를 주도한다. 상대 선수보다 신체와 정신력 면에서 더 강해야만 경기 전체의 분위기를 바꾸어놓을 수 있다. 게임 후반부에는 상대편의 체중이나 스피드와는 상관없이, 신체와 정신의 강인함이야말로 동점골을 만들 수 있는 중요한 조건이다.

탁월함이 지배하는 팀의 풍토를 조성하기 위해 육사 팀은 용기라는 인성의 자질에서 출발해야 했다. 강인함, 조건 형성, 훈련이 중요했다. 탁월함이 지배하는 문화를 좌우하는 또 한 가지 조건은 개별 선수들이 지닌 잠재력 수준에 맞추어 경기하는 법을 배우는 것이다. 개인의 경기 성적을 종 모양의 곡선이라고 생각해보자. 때로는 자기 평균치보다 경기를 잘하기도 하고 못하기도 하지만, 대부분은 평균치다. 그러나 평균 성적을 내는 것만으로는 향상될 수 없다. 탁월함은 경기를 하는 동안만이 아니라 연습할 때, 교실에서, 밤에 공부하는 공간에서, 그리고 공적 생활뿐 아니라 사생활에서도 자기 역량의 상위 수준에서 행동할 때 나온다. 탁월함은 개인의 종형 곡선의 가장 위쪽 부분에 맞추어 경기를 펼치는 것이다. 그러면 어떻게 될까? 종형 곡선 위쪽 부분에서 일관되게 성적을 낼 경우 그것이 새로운 평균이 되고 '탁월함' 수준에 올라선 자신의 모습을 발견하게 된다. 듀크대학교의 농구 코치이자 웨스트포인트 졸업생인 마이크 크루지제프스키Mike Krzyzewski는 탁월함의 핵심을 가장 잘 요약한다. "내가 굶주려 있는 것은 성공이 아니라 탁월함이다. 탁월함을 갖추면 성공은 자연스레 따라온다."[22]

육사에 새로 부임한 제프 멍큰 코치는 먼저 팀의 라커룸으로 들어가 각 선수의 장비를 검사했다. 장비가 팀의 표준에 맞추어 정확히 정렬되어 있지 않은 선수는 누가 됐건 멍큰 코치에게 보고하고, 세세한 모든 것에 주의를 기울이는 기강이 승리에 왜 중요한지 배워야 했다. 봄 연습 두 주 전, 멍큰 코치는 새벽 5시 30분에 경기장에서 매트 훈련을 실시했다. 매트 훈련은 가장 강력한 신체 훈련 중 하나로서 팀원 100퍼센트에게 매 분, 매초의 노력을 100퍼센트 요구한다. 만일 한 명이라도 100퍼센트 노력을 기울이지 않는 것이 관찰되면 팀 전체가 처음부터 다시 해야 한다. 그 덕에 팀원들은 정신적·신체적 강인함과 기강의 중요성을 단기간에 배울 수 있었다. 팀의 성공에 이타심이 얼마나 중요한지도 배웠다. 팀은 이제 용기라는 인성의 강점을 배우고 있었다. 기강, 강인함, 이타심, 의리, 그리고 팀워크 같은 자질들이 새로운 의미와 중요성을 띠게 되었다.

부임 첫 해 멍큰의 팀은 4게임에서 승리했고 8게임에서 패배했다. 패배는 모두 뼈아팠지만 멍큰은 선수마다 패배에서 배우는 바가 있다는 확신을 심어주었다. 이듬해의 성적은 승리 두 번에 패배 열 번이었지만 육사 팀이 더 강인해지고 경쟁력을 높였다는 것을 확인할 수 있었다. 패배 여덟 번 중 7회는 7점 차나 4점 차로 지는 등 점수 차이가 줄었고 승패도 경기 막판이나 되어서야 갈라졌다. 2016년이 되자 육사는 승리 8회에 패배 5회의 성적을 거두었다. 심지어 해사를 상대로 1회는 승리하기까지 했다. 해사를 상대로 15년 만에 처음 이긴 것이었다. 그 뒤로는 볼게임(매년 1월 시즌 후에 열리는 미식축구의 선발 경기. 우수한 선수나 팀을 모아서 실시한다. 미식축구가 사발bowl 모양의 원형 경기장에서 거행되기 때문에 이와 같이 불림) 승리가 이어졌다. 2017년 육사는 10경기를 이기는 시즌을 맞이했다. 해사를 상대로 또 한 번 승리를 거두었으며, 상위 25위 팀을 상대로 볼게임 마지막 경기에서 승리를 거두었다. 2018년의 성적은 훨씬 더 향상되어, 총 11회의 승리를 거두었다. 육사 역사상 가장 많은 승리를 거둔 시즌이었다. 이들은 다시 한 번 해사 팀을 꺾었고 3년 연속 승리를 이어갔으며, 군 볼게임Armed Forces Bowl에서도 휴스턴을 70 대 14로 꺾고 승리를 거두었다.

2018년 미식축구 시즌 동안 공사를 상대로 한 육사의 경기는 특히 중요했다. 승자는 누구나 염원하는 최고사령관 트로피를 받게 되기 때문이다. 백악관 로즈가든에서 대통령이 트로피를 수여한다는 뜻이었다. 4쿼터 막바지에 이르러 육사는 3점차로 리드하고 있었다. 공이 50야드 라인에 가 있을 때 공격 네 번 중 마지막 공격만 남아 있었다. 퍼스트다운(네 번의 공격 동안 10야드 이상 전진하는 것을 퍼스트다운이라고 한다. 퍼스트다운을 성공하면 공수 교대 없이 계속 공격 기회를 얻음)을 하기 위해서는 1야드가 더 필요했고 경기 시간은 45초 정도 남은 상황이었다. 여기서 육사 팀은 중대한 결정을 내린다. 퍼스트다운을 하면서 시간을 끌거나, 공사 팀이 공격권을 가져가 필드 골로 동점을 딸 위험을 감수하더라도 펀트(상대방 진영 깊숙이 엔드라인 근처에 공을 차는 것. 공수가 교대되지만 공격 라인을 뒤로 물리기 위한 선택)를 하거나, 아니면 터치다운으로 완전히 이겨버리거나. 선택지는 셋이었다. 퍼스트다운을 놓치면 공사 팀에게 유리한 필드 포지션을 내주기 때문에 상대에게 경기에서 이길 기회를 갖다 바칠 상황이었다.

대부분의 코치들은 이 경우 볼을 펀트한다. 퍼스트다운은 너무 위험하기 때문이다. 그러나 멍큰은 달랐다. 그는 퍼스트다운으로 1야드를 더 전진해 육사 팀이 공격권을 갖고 시간을 끌게 만든 것이다. 멍큰의 팀은 결국 승리했다. 퍼스트다운을 하도록 한 멍큰 코치의 결정은 승리 프로그램을 만드는 데 필요한 탁월함과 그릿의 문화를 보여준다. 경기 후 인터뷰에서 왜 퍼스트다운을 택했느냐는 질문에 그는 명쾌하게 대답했다. "네 번째 공격에서 1야드도 못 가서 공격권을 빼앗긴다면 승리할 자격 자체가 없는 거죠."[23]

시간의 시련을 거쳐, 승리하되 명예롭게 승리하는 멍큰 코치의 전략이 입증되었다. 이 놀라운 변화에서 중요한 역할을 수행한 것은 최고 수준의 리더들이었다. 우선 육군 참모총장인 오디어노 장군은 웨스트포인트의 신임 교장인 로버트 캐슬런 중장에게 평범한 경기는 수용할 수 없다는 것, 그것이 웨스트포인트 생도들의 성장에(풋볼 선수들에다 육군의 다른 군인들에게까지) 부정적 영향을 끼친다는 분명한 메시지를 전달했다. 캐슬런 중장은 상황을 판단했고, 승리를 최우선으로 삼았으며, 그릿과 결단력과 강인한 의지의 풍토를 새로 만들 역량과 능력을 갖춘 코치를 고용했다. 대표 코치로 있던 첫 해 멍큰은 선수들에게 그릿이 전혀 없다는 것을 간파했다. 선수들은 장비 문제에서도 태만했다. 이들은 경기에서 이기는 것보다 자기 몸을 덥히고 육신의 불편함을 피하는 데 관심이 더 쏠려 있었다. 멍큰은 선수들이 규칙을 따르고 엄격한 표준을 고수함으로써 그릿을 향상시키도록 만들었다. 그가 고안해낸 혹독한 훈련들은 모든 팀원들이 최선을 다해야만 완수할 수 있는 것이었고, 팀원들은 훈련을 통해 인내를 키웠다. 멍큰은 훌륭한 팀원이 되는 것, 인기 많고 친근한 동료가 아니라 최고의 노력을 기울여 연습하고 경기를 하도록 서로에게 의지하는 것이 중요하다는 것을 팀원 전원이 인식하는 풍토를 조성했다.

지금까지 펼친 이야기가 웨스트포인트의 미식축구에만 중요하다면 말할 가치가 없을 것이다. 다른 조직 또한 승리가 필요하다. 기업들도 생존하려면 우수함을 발휘해야 한다. 경찰 조직 역시 지역사회에 용감하고 명예롭게, 그리고 진실하게 봉사하기 위해 유사한 결연함의 풍토를 조성해야 한다. 일선 학교와 대학들도 다르지 않다. 용기라는 미덕을 갖춘 교사와 행정가들이 동일한 미덕을 갖춘 학생들을 키워낸다.

교훈은 간단하다. 효과적인 리더십을 발휘하면 용기에 속하는 강점들을 향상시킬 수 있다는 것이다. 명확한 기준, 높은 기대, 높은 성적에 대한 보상, 실패에 대한 징벌은 온갖 형태의 용기를 가능하게 한다. 이를 통해 모든 유형의 개인과 팀과 조직은 올바른 승리를 결실로 얻을 수 있다.

지성, 두뇌의 힘

지혜 없는 권위는 날이 예리한 칼이 아니라 뭉툭하고 무거운 도끼에 불과하다.

앤 브래드스트리트Anne Bradstreet[1]

03

두뇌의 힘은 지식과 지혜라는 도덕적 덕목을 구성하는 인성의 특징이다. 여기서 두뇌의 힘이란 지능지수 이상을 뜻한다. 마틴 셀리그먼과 크리스토퍼 피터슨 두 심리학자에게, 지식과 지혜라는 도덕적 덕목은 "지식의 습득과 활용을 수반하는 인지능력"을 가리킨다.[2] 지식과 지혜에 기여하는 인성 강점으로는 창의력, 호기심, 개방성, 배움에 대한 애정, 그리고 조망 능력이 있다. 지능지수가 110이건 140이건 상관없이 이러한 강점들은 갖출 수 있고 키울 수도 있으며 드러내 보일 수도 있다. 우리는 살면서 마주하는 많은 문제 때문에 바로 이러한 힘을 길러야 한다.

버려진 토마토 페이스트 공장의 _ 부활

유명한 이라크 '병력 증파' 작전 동안 말썽이 분분했던 지역 중 하나는 바그다드 북부의 살라 아드딘 지역이다. 이곳에는 수니파가 많고 전이라크 독재자 사담 후세인의 고향이기도 하다. 수니 종파는 내전 중이었다. 요르단 출신의 이라크 내 알카에다 지도자인 아부 무사브 알 자르카위가 이끄는 급진파 진영이 사마라에 있는 시아파의 알-아스카리 모스크를 폭격해 파괴했다. 944년에 지어진 이 모스크는 세계에서 가장 중요한 시아파 성전 가운데 한 곳이었으므로, 폭격은 수니파와 시아파 사이에 격렬한 종파 갈등을 조성하기 위해 계획된 것이었다. 사마라는 미군 기지가 있는 발라드 바로 외곽에 위치해 있고, 종파 간의 교전이 지속되는 중인 데다 미군 또한 이 폭력 사태 발발의 표적이었기 때문에 이라크 전역에서 가장 정세가 불안했다.

이런 배경에서 데이브 호드니Dave Hodne 중령은 미 기병연대US Calvary Regiment 제3대대의 유능하고 명석한 대대장으로서, 반란자들을 쳐내고 이라크 치안군의 역량을 키우고 지원하는 동시에 신출내기 지자체정부가 지역민들 사이에서 적법성을 갖춘 기관으로 신뢰를 얻도록 조력하는 임무를 맡았다. 분명 벅찬 임무였지만 호드니는 지혜를 이용하여 여러 해 동안 이 지역을 괴롭혀온 난국에서 빠져나갈 자신만의 길을 생각해냈다. 이라크의 전임 지휘관들은 대개 전투 능력에 집중했고 전투를 성공적으로 치르는 능력이야말로 결정적인 핵심이라고 믿었다. 이러한 방침 때문에 부수적인 피해와 예기치 못한 부작용이 어마어마했고, 이라크 국민은 양극화되어 일부는 연합군을 공격하던 참이었다.

호드니 중령은 임무 완수를 위해 전투력을 이용하는 대신 문제에 대처하는 참신한 방안들을 고안해내기 시작했다. 그는 부유한 이라크인 둘과 인연을 맺어 관계를 돈독히 구축한 다음 이들을 설득해 이라크 은행 하나를 설립하도록 돈을 출자하게 했다. 은행은 소규모 지역 사업자들에게 돈을 대출해주어 자기 사업을 꾸리거나 재건하도록 도왔다. 위험을 꽤 감수해야 하는 전략이었다. 사담 후세인 정권 아래 이라크 경제 체제에는 은행이 존재하지 않았기 때문이었다. 호드니는 이 일을 이루기 위해 수많은 의심을 극복하고 신뢰를 쌓아야 했다. 그러나 호드니는 평범한 지휘관이 아니었다.

첫 대출금은 수년 동안 운영이 중단되었던 낡은 토마토 페이스트 공장으로 들어갔다. 대출 덕에 공장주는 대체 부품을 사서 공장을 다시 가동할 수 있었다. 매우 중요한 조치였다. 공장이 다시 운영되니 농부들 편에서는 토마토를 팔 수 있는 시장이 열렸다. 이라크의 발라드 지역은 농업이 주된 산업이었고, 메소포타미아 지역에 위치한 이라크의 농업은 티그리스강과 유프라테스강에서 물을 끌어와야 한다. 그러자면 관개 시설이 필요하다. 4년간의 전쟁 끝이라 펌프를 돌리기 위한 전력망은 작동하지 않았고, 고장 난 수로는 토사로 가득 차 있었다.

이라크에서 관개 시설을 운영하고 유지하는 것은 국가의 책임이므로, 지역 농부들은 정부에 수로를 수리하고 전력망을 가동하라고 압력을 넣었다. 정부는 이에 대응해 필요한 조치를 했다. 펌프가 돌고 강에서 물이 흘러 수로로, 수로에서 다시 논으로 흘러들어갔다. 농부들은 다시 토마토를 재배하기 시작했다.

이 일이 중요했던 이유는 또 있었다. 기반시설을 수리해 농부들이 토마토를 재배할 수 있게 해줌으로써 필수 서비스를 제공하는 정부의 능력에 대한 지역민의 신뢰가 되살아난 것이다. 반란군을 제대로 격퇴하려면 정부의 적법성을 확립해 국민의 마음에 드는 것이 매우 중요했다.

토마토를 재배한 농부들은 작물을 트럭에 실어 토마토 페이스트 공장으로 가져왔다. 공장은 바그다드와 모술 사이의 주 고속도로와 인접해 있었다. 발라드 중심가를 가로지르는 고속도로였다. 토마토를 공장에 내려주는 트럭들이 늘면서 고속도로에 교통 혼잡이 발생했다. 해결책이 필요한 또 다른 문제가 불거졌다.

사업 수완이 좋은 이라크인 하나가 공장 근처에 주차장을 만들어 혼잡 문제를 해결했다. 트럭들이 대기하는 시간이 꽤 길었기 때문에 또 다른 이라크인이 수완을 발휘해 식당을 열었고, 하룻밤 묵어 갈 소형 호텔을 지은 사람도 있었다. 곧이어 다른 이라크인이 토마토 페이스트를 담을 캔을 만드는 공장을 운영하기 시작했고, 캔에 붙일 상표 제작 공장도 문을 열었다. 이렇게 해서 눈 깜짝할 사이에 산업이 부활했다. 전에는 반군에서 활동하던 많은 청년들이 이제 공장에 고용되었고, 정부는 국민의 신뢰를 얻었다. 더 중요한 점은 과거 이라크에서 가장 불안한 지역 중 한 곳이던 발라드가 평화로운 지역으로 변모했다는 것이다. 발라드는 반군 대처 면에서 다른 도시가 따를 수 있는 모범을 제시했다.

이라크 해방 작전을 시작할 당시 미군은 반군, 이라크 보안기관, 지역민을 가혹하게 다룬다며 비판받았다. 미군의 전략은 반군의 의지를 꺾기는커녕 많은 경우 오히려 강화시켰고, 이로 인해 목표 달성은 더 어려워지기 일쑤였다. 반군에 효과적으로 대응하려면 토착 반군들과 그 지도자들, 그리고 다른 연합군 관계자들을 비롯하여 해당 지역의 다양한 이해 당사자들 사이에 관계를 구축해야 한다는 사실을 깨닫는 데 시간이 걸렸다. 이러한 관계를 구축하려면 해당 지역의 문화를 이해하고, 한 가지 결정을 내릴 때 그것이 초래할 제2, 제3, 제4의 효과를 차례차례 이해

해야 했다. 전투 현장은 복잡다단했고 이곳에서 가장 큰 무기는 총과 탱크가 아니라 귀 사이에 위치한 6인치 정도의 기관, 즉 두뇌였다. 전쟁터의 복잡다단함에 대한 명민한 이해와 지혜가 절실했다.[3]

낡은 토마토 페이스트 공장의 사례는 리더가 복잡한 문제를 해결하기 위해 지식과 지혜로 이루어진 인성의 힘에 의지할 때 어떤 변화가 일어나는지 잘 보여주는 탁월한 사례다. 호드니는 이라크 발라드 지역의 지휘관들의 전례를 따라 무력과 강압으로 적을 굴복시키려 노력할 수도 있었다. 하지만 그는 군이 자신에게 부여한 임무를 완수하기 위해 최소 세 가지 지혜를 발휘했다. 첫째는 창의성이다. 호드니는 이라크 지역의 지도급 인사들에게 대출금을 제공함으로써 이들의 협조를 얻어낸다는 계획을 처음 생각해냈다. 둘째는 조망 능력이다. 호드니는 이라크의 발라드 지역과 지역민들의 문화 및 역사를 파악함으로써 전체를 조망하는 역량을 발휘했다. 셋째는 개방성이다. 호드니의 개방성은 타인들과 일할 때 빛을 발했다. 미국인들과 이라크 지역민들 양측의 말에 모두 귀를 기울이는 태도를 보인 것이다. 호드니가 이러한 지혜를 발휘한 결과 적대적 교전 행위와 생명 손실이 상당히 줄어들었고 해당 지역 정부는 권한과 힘을 행사할 수 있게 되었다.

토마토페이스트 공장의 사례가 제공하는 중요한 교훈은 또 있다. 호드니가 속했던 명령 계통이다. 그가 속한 명령 체계는 호드니가 창의성과 조망 능력과 개방적인 태도를 실천해 임무를 완수할 수 있도록 해주었다. 군이건 다른 조직이건 대부분의 리더들은 휘하의 사람들이 지혜와 지적 능력을 십분 활용할 수 있는 권한을 부여하지 않는다. 호드니의 경우는 달랐다. 2019년 준장이 된 호드니는 다음과 같이 회고한다. "토마토페이스트 공장을 세우던 시절 캐슬런 장군님 휘하에서 복무할 기회를 얻았다는 것에 진심으로 감사한 마음입니다. 재량권을 주었기 때문에 결국 캐슬런 장군은 휘하에 있던 장교들의 지능과 재능과 인성을 두루 활용할 수 있었습니다."4

지능에도 다양한 차원이 있다

지능을 연구하는 심리학자들은 일반 지능(지능지수로 측정하는 지적 능력의 단일한 전체 척도)과 지능의 하위 유형을 구분한다. 합당한 여러 이유로 우리는 대부분 자신의 일반 지능에 관해 생각하는 데 시간을 할애하지 않는다. 지능을 사용하느라 분주한 탓에 지능의 가치를 생각할 여유가 없는 것이다. 그러나 지능의 상이한 측면들을 알게 되면 이 구체적 역량을 문제 해결에 적용하는 법을 배울 수 있다.

심리학자 로버트 스턴버그Robert Sternberg는 일반 지능을 세 가지 하위 유형으로 나눌 수 있음을 발견했다. 세 가지 유형이란 분석 지능, 창의 지능, 실용 지능이다. 그는 이 세 가지 지능에 관한 자신의 이론에 삼원이론triarchic theory이라는 이름을 붙였다. 분석 지능, 즉 분석하고 비교하고 평가하는 능력은 문제를 판단할 때 유용하다. 창의 지능은 혁신과 발명의 능력을 통해 문제 해결책을 고안할 때 쓴다. 실용 지능은 분석 지능과 창의 지능이라는 요소를 적용하여 해결책을 실행할 때 사용한다.5

사람마다 지능의 하위 유형 중 강점을 보이는 유형이 다르다. 일부는 지식인이라(분석 지능이 높아) 뛰어난 생각을 실용적으로 활용하거나 문제를 해결하는 창의적인 방법을 고안하는 데는 약하다. 또 일부는 뛰어난 계획과 창의적인 해결책을 가져다 실용 지능을 이용해 실천으로 옮길 수 있다. 앞에서 예를 든 호드니 중령은 지능의 세 요소를 전부 발휘했을 뿐 아니라 실용 지능을 이용해 자신의 명령 계통에 있는 사람들과 이라크 현지인들 가운데서 계획을 실천할 수 있는 사람들을 찾아냈다.

또 다른 심리학자 하워드 가드너Howard Gardner는 지능의 여덟 가지 유형을 찾아냈다. 언어 지능, 논리 - 수학 지능, 공간 지능, 음악 지능, 신체 - 운동 지능, 대인관계 지능, 자기이해 지능intrapersonal, 자연탐구 지능 naturalistic이 그것이다. 대학교수는 언어 및 논리 - 수학 지능이 뛰어날 수 있고, 경찰관은 대인관계 지능이, 운동선수는 신체 - 운동 지능이 탁월할 수 있다. 찰스 다윈은 자연탐구 지능이 비범하게 뛰어났기 때문에 남들이 보지 못하는 자연의 법칙들을 간파해낼 수 있었다.[6]

두뇌의 강점을 파악할 때 우리가 전하려는 메시지는 간단하다. 종래의 지능지수 개념은 복잡하다. 우리는 각자 고유한 패턴의 지적 역량을 갖고 있다. 그중 일부는 평균일 수도 있고 일부는 예외적으로 뛰어날 수 있다. 여러분이 학교나 직장에서 혹은 사회생활에서 성공하도록 두뇌의 힘을 온전히 사용하려면 자신이 어떤 지능에 뛰어난지 알아야 한다. 탁월한 지도자들은 자신의 지능이 지닌 강점과 한계를 인식한다. 이들은 자신의 강점과 한계를 파악한 다음 자신의 지적 역량을 보완해주고 조직 전체의 성공을 가능하게 해줄 팀을 꾸린다.

1 | 창의력

창의력은 문제를 해결하는 혁신적이고 참신한 방안들을 제공한다. 창의력은 남들과 다른 방식으로 세계를 보는 능력이다. 물건이 고안된 원래 의도나 쓰임새와 다른 용도를 발견하는 일 따위가 그러하다. 매슈스 박사의 아버지가 바로 이런 창의력의 소유자였다. 그는 아들 글렌이 열여섯 살이 되자 1950년형 쉐보레 중고차를 50달러에 사서 몰아보라고 주었다. 어느 날 글렌은 쉐보레를 몰고 가던 중 액셀러레이터를 밟았다가 최고 속도에서 옴짝달싹 못하는 곤경에 빠졌다. 다행히 글렌은 기어를 중립으로 바꾸고 충돌을 일으키기 전에 차를 세웠다. 집으로 차를 몰고 돌아온 글렌의 차를 정비소까지 주행해 가기 위해 아버지는 신속히 임시방편을 써야 했다.

대공황기에 성장한 글렌의 아버지는 근검절약이 몸에 배어 있었다. 아버지는 차량을 살펴보다 액셀러레이터를 조절하는 스프링에 문제가 있다는 것을 발견했다. 돌연 미소를 지으며 차고로 들어간 아버지는 쥐덫을 들고 나왔다. 쥐덫을 가속페달에 붙이자 (최소한 얼마간은) 차가 다시 움직였다. 이런 참신한 해결책을 생각해내는 사람은 그리 많지 않다. 쥐덫을 댄 자동차는 오래전에 없어졌지만 차에 얽힌 전설 같은 사연만큼은 창의력의 힘을 입증한다.

심리학자들은 창의적인 사람들과 창의력에 관해 흥미로운 사실들을 밝혀냈다. 창의적인 사람들은 예상에서 벗어나는 사고를 이용한다. 주어진 문제에 다수의 해결책을 생각해내는 것이다.[7] 지금은 작고한 코미디 배우 조너선 윈터스Jonathan Winters에게 누군가 흔히 쓰는 물건을 하나 주었더니 그는 그 물건의 참신한 용도를 수십 가지나 읊어댔다. 가령 윈터스에게 자는 낚싯대나 총이나 수십 가지 다른 물건이 되었다. 창의적인 사람들은 이런 종류의 일에 능하다.

창의적인 사람들은 또한 몇 가지 인성 특징을 공유한다. 이들은 그릿이 높다. 문제 해결에 몰두하면 쉽사리 포기하지 않는다. 개방적이라 인종, 종교나 문화에 상관없이 타인을 포용한다. 돈이나 명성 등 외부적인 것보다 일 자체에서 동기 부여가 된다. 자기 확신이 강하며 자기 수용성도 강하다. 단점도 없지 않다. 야심이 크고 지배적인 성향을 보이며 때로는 적대적이고 남들을 참지 못하기도 한다. 창의적인 사람들 가운데 많은 이들이 엄격한 부모 밑에서 자랐고 일찍부터 자신이 선택한 분야에 열정을 보였다. 대부분은 성장 과정에서 뒷받침을 받았고 영향력 있는 멘토도 있었다.[8]

2 | 호기심

호기심은 새로운 아이디어와 가능성을 탐색하는 데서 즐거움을 찾는 특성이다. 자신의 관심사와 일상적인 행동의 폭을 잘 살펴보기만 해도 자신의 호기심 수준을 직관적으로 금세 알 수 있다. 익숙한 일만 좋아하는가(호기심 수준이 그다지 높지 않은가)? 아니면 새로운 생각과 활동에 관해 읽고 경험하기를 즐기는가? 예술적 재능이 많지 않더라도 미술관 관람이나 미술작품 감상을 즐길 수도 있다. 다양한 책과 저자와 장르에 대해 이야기 나누는 것이 풍성한 경험과 보람을 준다고 여겨 독서클럽에 가입할 수도 있다. 더 체계적으로 평가하려면 인성 강점 목록에서 자신의 호기심 점수를 매겨보자(38쪽). 나의 호기심 강점은 다른 23개 인성 강점들 가운데 어디쯤에 위치하는가?

호기심은 다양한 긍정적 결과와 연관된다. 호기심이 많은 사람들은 더 긍정적인 기분과 감정을 느끼는 경향이 있다.[9] 이들은 지루함을 덜 느끼고, 일이나 공부나 놀이에서 어려운 과제를 선호한다. 호기심과 복잡한 의사결정은 연관성이 있다. 호기심이 많은 사람들은 타인들과도 더 가깝고 의미 있는 관계를 형성하는 경향을 보인다. 심지어 한 연구 결과에 따르면 호기심 많은 노인들이 낮은 노인들에 비해 노인 질환에서 5년 이상 생존율이 높았다.[10]

3 | 개방성

개방적인 사람들은 자신과 다른 관점 및 생각에 귀를 기울이고 이들을 고려한다. 이들은 결정을 내릴 때 철저하게 판단한다. 비판적 사고력도 탁월하다. 모순된 증거 앞에서 기존의 전통적인 통념을 고수하지 않고 새로운 정보를 수용하기 위해 태도를 바꾼다.

개방성은 긍정적 결과를 낸다. 개방적인 학생들은 대학수학능력시험을 비롯한 다양한 인지 테스트에서 높은 성적을 보인다. 개방적인 태도를 유지하는 리더들은 특정 신념이나 이데올로기에 묶여 있는 사람들보다 더 나은 결정을 내린다. 좋은 리더는 자신의 휘하에 상반된 관점을 가진 사람들을 포함시키고 이들에게 자신의 생각과 상충되는 생각을 표현할 권한을 부여한다.[11]

개방성은 다양한 생각들이 고려 대상이 되도록 허용해주며, 다양한 생각을 허용함으로써 우리는 이해의 폭을 확장하고 공감능력을 키우며 더 나은 해결책에 도달한다. 편협한 사고는 편협한 해결책을 낳는다. 표준에서 벗어나는 생각을 허용함으로써 더 나은 범위의 해결책이 논의선상에 나올 수 있게 된다.

개방성을 실천하지 못하는 경우 초래되는 부정적 결과는 광범위하다. 일부 사람들은 미국의 달 착륙이 정교한 기만이라 생각한다. 지구가 평평하다고 믿는 이들도 있다. 과학적인 증거는 지구의 기후변화를 강력하게 뒷받침해주지만 일부 정치가들은 다양한 이유로 과학적 증거를 폄하하고 무시한다. 지구 온난화는 국제적 합의를 통해 힘을 모아 문제를 해결해야 한다. 온실가스 방출량의 상당 부분 책임이 있는 특정 국가가 문제가 있다는 사실을 부정하고 문제 해결을 회피할 때 고통의 여파는 모두에게 미친다.

여러분 자신은 얼마나 개방적인가? 인성 강점 목록에서 개방성 테스트를 해보자. 아니면 자신의 행동이나 태도나 신념을 곰곰이 생각해보자. 더 좋은 방법은 가까운 친구들에게 여러분이 개방적이라고 생각하는지, 그렇다면 왜 그렇게 생각하는지 물어보는 것이다. 스스로 정직해야 한다. 우리는 대부분 어떤 사안에 관해서는 개방적이지만 또 다른 사안에 관해서는 변화를 받아들이지 않는다. 선택적인 개방성을 지녔다는 뜻이다. 아이러니는 폐쇄적인 사람들은 이러한 조언을 따르지 않는다는 점이다. 뒤집어 말하면, 우리의 권고대로 자신의 개방성을 평가해본다는 것은 그가 개방적이라는 좋은 증거다!

4 | 배움에 대한 애정

배움을 사랑하는 태도는 새로운 기술과 지식을 즐겨 배우려는 태도를 의미한다. 정식으로 배우건 독학하건 상관없다. 배움에 대한 애정을 가진 사람들을 만나기는 쉽다. 이들은 최근에 읽은 새 책이나 듣고 있는 수업이나 흔한 문제에 대한 참신한 접근법에 관해 신이 나서 이야기한다. 텔레비전을 보는 것 같은 수동적 활동보다 능동적 배움을 더 좋아한다.

심리학자들은 배움에 대한 열의와 관련된 다수의 장점들을 확증해준다. 새로운 것들을 배우는 일을 향한 긍정적인 감정, 장애물에 맞서 끈기를 발휘하는 능력의 증가, 자율성 향상, 문제 해결 전략 및 자기 효능감의 향상을 장점으로 꼽을 수 있다.[12] 근본은 배움에 대한 애정이 신체 및 정신과 관련된 전반적인 행복과 관련이 있다는 것이다. 배움에 대한 열의가 노화에서 비롯한 인지 감퇴 방지에도 어느 정도 기여한다는 증거도 있다.[13]

여러분의 배움에 대한 열의는 어떠한가? 다시 한 번 인성 강점 목록의 점수를 보고 자신의 행동을 반추해보자. 교육을 받으러 다니거나, 관심을 갖게 된 작가의 작품을 보러 미술관에 가는가? 독서량이 많은가? 소설과 비소설 모두 읽는가? 새로 배운 것들에 대해 흥미를 느끼며 친구들과 즐겨 이야기하는가? 이 요소들은 배움에 대한 열의와 애정을 보여주는 견고한 지표들이다.

5 | 조망 능력

조망 능력은 지혜와 같은 말이다. 많은 면에서 조망 능력은 차원이 다른 지능의 산물이다. 창의력, 호기심, 개방성, 배움에 대한 애정 모두 조망 능력에 기여한다. 조망 능력은 하룻밤 사이에 얻을 수 있는 게 아니고 시간이 소요되며, 평생에 걸쳐 지속되는 과정이다. 특정 분야에서는 조망 능력을 갖추었더라도 다른 분야에서는 그러한 능력이 없을 수 있다. 노련한 교사는 자신이나 타인들 모두에게 어떤 교육이 좋은지 알지만 다른 문제에 관해서는 통찰력이 부족할 수 있다. 조망 능력은 경험의 깊이와 폭에 따라 성장하지만 반드시 그런 것은 아니다. 이 능력은 다른 인성 강점들뿐 아니라 중요한 것이 무엇인지 숙고하고 반성하는 능력에도 의지한다. 조망 능력은 지능과 같은 말이 아니다. 천재가 반드시 지혜까지 갖추고 있지는 않다는 뜻이다. 지식 또한 조망 능력과 동일하지 않다.

조망 능력은 인생의 의미를 끌어내는 데 꼭 필요하다. 생물학자인 친구가 기막힌 통찰을 이야기한 바 있다. "어떤 문제도 백만 년 뒤면 하나도 중요하지 않아!"라고 말이다. 웃자고 한 얘기지만 자신이 마주한 시련과 고통을 더 큰 그림 속에 넣어보는 능력은 걱정을 감당하는 데 도움이 된다. 조망 능력이 탁월한 노인들이 건강이나 재정 상태가 어렵거나 다른 문제가 있어도 행복 수준이 더 높다는 심리학자들의 발견은 그래서 인지도 모른다. 성공적으로 나이 들면서 조망 능력이 생긴 것인지 아니면 조망 능력이 뛰어나 성공적으로 나이 드는 것인지 인과관계는 확실하지 않다. 그러나 심리학자들이 분명히 알아낸 점은, 조망 능력은 개인의 인생 전체를 통틀어 이루어지는 적응력과 상관관계가 있다.[14]

이제 인성 강점 목록 테스트로 여러분 자신의 조망 능력 점수를 매겨보자. 조망 능력에 특히 중요한 것은 자아성찰이다. 살아가는 동안 일의 차질이나 후퇴를 마주할 때 그것을 큰 맥락 안에 두고 생각할 수 있는가? 다른 사람들이 여러분에게 조언을 청하러 오는가? 특히 두 번째 질문을 생각해보자. 여러분 자신의 멘토는 누구인가? 우리가 멘토를 선택하는 이유는 그가 특정 주제를 아주 잘 알기 때문만은 아니다. 지식이나 사실은 다른 곳에서도 얼마든지 찾을 수 있다. 마우스를 한두 차례만 클릭해도 정보는 찾을 수 있다. 오히려 멘토를 선택하는 이유는 그가 여러분에게 일의 프레임을 잘 잡도록 도와주고 커다란 문제에 관해 조망 능력을 발전시키도록 도움을 주기 때문이다. 따라서 여러분이 조망 능력을 획득했다는 것을 보여주는 좋은 지표는 다른 사람들이 여러분의 의견과 견해와 아이디어를 언제 청하러 오느냐이다.

샘 케친스 소위 _ 이야기

2007년 이라크 병력 증파 작전과 함께 이라크 수니파 내부에서도 변화가 일었다. 중도 수니파들은 자신들의 미래가 당시의 이라크 정부에 달렸다고 생각했다. 시아파와 수니파 간의 종파 갈등은 세대에 걸쳐 지속된 문제였지만, 온건 수니파들은 극단주의 진영에 근거한 미래는 자신들에게 최상의 이익이 되지 않으리라 생각해 미국의 뒷받침을 받는 시아파 정부의 편을 들었다. 이러한 변화를 '각성'이라 칭했다. 이렇게 온건 수니파의 지지가 반군에서 정부로 옮겨간 것은 위험하고 예민한 문제였다. 수니파 반란군 보병들이 미국 및 연합군에 맞서 싸우다 이제는 미군에 가담하여 예전 우방인 급진 수니파 반군과 싸우는 상황이 되어버렸기 때문이다.

반군이었다가 입장을 바꾸어 정부를 지지하게 된 온건 수니파 세력은 '이라크의 아들들'Sons of Iraq이라 불렸다. 이라크군 지도층 대부분은 시아파 출신이었기에, 이들을 이라크군에 통합해 지휘부에서 이들을 받아들이게끔 하는 일은 큰 난관이었다. 수니파와 시아파 간의 오랜 불신을 생각하면 이라크의 아들들을 통합하는 것은 필요한 신뢰를 구축하는 데 많은 시간이 소요될 과제였다. 미군은 이들을 하루빨리 같은 편으로 받아들이고 싶어했기 때문에 이라크 보안군에 신속하게 합치려고 애썼다. 당시 장성급 지휘관이던 캐슬런의 헌신적인 노력이 필요했고, 하사관급과 부사관급 간부들 역시 각자 맡은 일이 있었다.

이라크의 아들들 약 3백 명을 관리할 책임을 맡은 장교는 웨스트포인트 출신의 샘 케친스Sam Ketchens 소위였다. 샘은 웨스트포인트의 미식축구 선수 출신으로 공세적이고 강인하며 콧대가 높은 장교였다. 그는 보병대에 복무하다 레인저(특수 정예요원)가 되었고 해당 대대 최고의 젊은 장교 가운데 하나였다. 캐슬런은 웨스트포인트 시절부터 샘을 알았고 샘이 이라크의 아들들과 일할 때 지대한 관심으로 지켜보았다.

샘은 이라크의 아들들을 이라크 육군에 통합하고, 시리아 국경으로부터 사막을 가로질러 오는 외국 군대의 흐름을 차단하는 작전에 이들을 배치하는 임무를 맡았다. 샘은 탁월한 능력을 발휘했다. 그는 협상과 논리적인 설득을 통해 결국 이라크 육군의 지지를 얻어 이라크의 아들들에게 필요한 지원과 장비와 보급품을 확보했다. 작전 임무에서도 샘은 이들이 외국 부대원들의 접근을 성공적으로 차단하도록 지휘했다.

캐슬런은 작전 지역 소도시 중 한 곳에서 샘을 만났던 일을 회고한다. 캐슬런이 그와 작전에 관해 말하는 동안 샘의 휴대전화가 울렸다. 샘은 통역사도 없이 이라크의 아들들의 부족 촌장 가운데 한 명과 아랍어 방언으로 5분간 대화했다. 샘이 전화를 끊고 나자 캐슬런은 어디서 그런 유창한 아랍어를 배웠느냐고 물었고 샘은 이라크에 있는 동안 배웠다고 답했다. 이후 샘은 임무 때문에 자기가 맡은 이라크의 아들들 3백 명이 속한 부족 지도자 15명과 회의를 열었다. 회의는 성공적이었고 캐슬런은 도대체 어떻게 23세밖에 안 된 미 육군 소위가 이 모든 것을 성사했는지 경탄하면서 자리를 떴다.

지혜는 지식과 경험에 의지해 사정에 밝은 판단을 내리는 능력이다.[15] 그의 지혜, 지적인 능력은 그를 또래 동료들과 차별화하는 특별한 힘이었다. 그는 대인관계 기술 덕에 과거에 교전을 벌이던 적들 사이에 기능적 관계를 구축할 수 있었고, 그럼으로써 유능한 리더가 되었다. 관계 구축을 향한 혁신적 접근법 덕분에 그의 부대는 성공을 거두었다.

제도 안에서 발휘되는 _ 두뇌의 힘

철학자들은 '고약한' 문제에 관해 말한다. 너무 복잡해서 해결책이 없어 보이는 문제들 말이다.[16] 대표적으로 기후변화, 세계의 기아, 전쟁, 정치적 불안 같은 것들. 크고 복잡한 조직이 주요 문제에 시달릴 때 이를 해결하는 것 또한 힘에 부칠 수 있고, 이 역시 앞의 커다란 문제 못지않게 고약할 수 있다. 조직이 실패하면 문제 해결을 위해 조직의 리더를 바라보게 된다. 그릿과 결단력 같은 용기의 힘은 도움이 되지만 해결책을 찾는 일은 대개 머리의 힘을 빌려야 한다.

보훈부, 변화하다

여러분이라면 자신의 조직문화를 어떻게 바꾸겠는가? 30인 정도로 이루어진 소규모 사업체도 좋고 미국 정부 최대의 내각 부서도 상관없다. 목적과 지향을 잃어버린 지 오래된 조직, 관료주의 풍토에 젖은 30만 명 이상이 속한 조직의 리더가 된다면 조직의 방향을 어떻게 바꾸겠는가? 풍토를 바꾸는 일은 쉽지 않다. 변화는 책임자인 고위직 인사로부터 시작되어 그의 인성과 가치에 따라 추진되어야 한다.

2015년, 나이 많은 재향군인 한 사람이 발이 부러진 채 운전을 해서 시애틀에 있는 퓨젓사운드 보훈병원Puget Sound Veterans Affairs Medical Center 응급실에 갔다. 운전을 하는 동안 발이 너무 부어올라 병원에 도착했을 때는 차에서 응급실까지 불과 3미터 거리조차 못 걸을 지경이었다. 환자는 응급실에 도움을 요청하는 전화를 걸었다. 불행히도 병원에서는 도움을 거절했고 환자가 직접 911을 불러야 한다고 말했다. 곧이어 911이 도착해 노인을 차에서 응급실 문 앞까지 옮겨주었다.

이 재향군인 환자의 사연이 뉴스와 소셜미디어로 퍼져나가자 보훈병원 측은 환자가 병원 건물 안으로 들어왔을 때만 치료가 허용된다는 규정을 들어 그날의 조치를 변호했다. 규칙만 들먹이는 관료주의적 풍토 때문에 퓨젓사운드 보훈병원은 재향군인 환자의 기대를 좌절시켰고 결과적으로 재향군인 사회 전체에 불신을 퍼뜨렸다.

이전에도 창피한 사건은 또 있었다. 바로 1년 전인 2014년 피닉스 보훈병원Phoenix VA Center이 예약 일자를 조작한 것이다. 재향군인들의 예약 대기 기간을 14일 이내로 해야 한다는 규정을 잘 지키는 것처럼 보이기 위해서였다. 환자가 요청한 예약 날짜를 맞추어주기는커녕 예약 대기 날짜를 훨씬 뒤로 조작해 대기 기간이 짧은 것처럼, 다시 말해 환자가 14일 이상은 기다리지 않은 것처럼 서류를 위조한 것이다. 거의 20주 전에 요청한 예약을 받아주지 않아 치료를 기다리다 사망한 재향군인에 관해 폭로한 병원 측 내부 고발자 덕분에 이 사실이 알려졌다. 감사관의 후속 감사 결과 "피닉스 보훈병원의 실적이 형편없다는 것을 은폐할 의도로 광범위한 데이터 조작이 있었음"이 드러났다. 피닉스에서 총 225건의 대기 시간 조작이 발생했으며, 다른 보훈병원 여러 곳에서 445건의 대기 시간 조작 혐의가 추가로 드러났다. 대중의 대대적인 항의는 보훈부 지도부에 상당한 여파를 끼쳤다. 이 위기는 보훈부 장관 사임, 연방수사국 FBI의 수사, 보훈부 최고 책임자 17명 가운데 13명의 교체로 이어졌다.[17]

오바마 대통령은 보훈부 개혁의 필요성을 인식했다. 재향군인들을 돌보는 방식을 바꾸어야 했다. 변화를 이끌기 위해 대통령이 선택한 인물은 로버트 맥도널드Robert McDonald였다. 그는 P&G의 은퇴한 회장이자 최고경영자 출신이었다. 맥도널드는 웨스트포인트를 졸업했고 5년간 육군에서 복무한 다음 P&G에서 33년간 근무했다. 북미·아시아·유럽에서 사업을 지휘했고, 기업의 혁신 노력을 여러 차례 이끌었다.[18]

새로 부임한 맥도널드 장관은 즉시 변화를 만들어냈다. 방법은 성과 향상 조직 모델High Performance Organization Model을 사용하는 것이었다. 성과 향상 조직 모델은 보훈부 안의 문제들을 규명하고 조직의 변화에 집중하도록 설계한 것이다. "출발점은 목적과 가치와 원칙이다. 이것이야말로 모든 조직의 기반이다. 2014년에 일어난 일은 목적과 가치와 원칙을 위반한 것이었다." 이것이 맥도널드 장관의 진단이었다.[19]

맥도널드 장관은 보훈부 조직 전체를 면밀히 연구하기 시작했다. 장관과 그 휘하의 리더들은 재향군인들, 재향군인 서비스 단체들, 보훈부 직원, 국회의원들 및 그 직원들과도 만났다. 보훈부를 다각도에서, 어디까지나 재향군인의 관점으로 조망하려 했다. 이들은 보훈부를 비판하는 사람들과도 만났다. 이들의 우려와 문제들을 파악하기 위해서였다. 초기 평가 결과 조직이 혼란에 처해 있음이 드러났다. 신속하고도 강력한 윤리적 지휘부가 보훈부 조직과 재향군인들 간에, 보훈부 직원과 이해 당사자들 간에 신뢰를 구축해야 할 필요가 절실했다.

맥도널드가 마련한 신속하면서도 효과적인 계획은 '내가 주도하는 보훈처'My VA initiative라는 프로그램이었다. 재향군인의 만족도를 높일 우수한 고객 서비스를 제공하도록 보훈처 직원들에게 권한을 부여하려는 취지였다.[20] 이 프로그램은 즉시 실질적인 성과를 냈으며, 더 중요하게는 이를 통해 다시 신뢰가 구축되기 시작했다.

맥도널드는 또한 혁신의 풍토가 일시적으로 끝나지 않고 지속되려면 보훈부 전체 직원들 간의 연계 능력이 꼭 필요하다는 데 생각이 미쳤다. 직원들의 연계를 지원하기 위해 맥도널드는 '리더가 개발하는 리더'Leaders Developing Leaders(LDL)라는 부서 내 프로그램을 도입했다. 이 역시 즉시 커다란 반향을 일으킨 야심찬 프로그램이었다. 보훈부 내 모든 직원들이 보훈부의 비전 및 소명을 자신의 것과 동일하게 여기도록 만들려는 취지였다. 저녁에 청소를 담당하는 관리인부터 고위 관리직까지, 자신의 일을 통해 보훈부가 이 기관을 이용하는 재향군인 전체에게 필요한 서비스를 제공할 수 있음을 자각하게 하는 것이 중요했다. 모든 목표를 아우르는 가장 중요한 목표는 보훈부가 연방정부의 대국민 서비스 조직 가운데서 1위를 차지하는 것이었다.[21]

로버트 맥도널드는 자신이 하는 모든 일에서 인성을 실천하고 직접 모범을 보이는 리더다. 인성은 그가 조직을 이끌어나가는 방식, 사람들과 관계 맺는 방식, 자기 조직의 원칙을 추진하는 방식의 바탕이다.「나의 신념」What I Believed In이라는 글에서 맥도널드는 "매일 나의 행동을 추진하는" 열 가지 원칙을 열거한다.[22] 그의 첫 번째 원칙은 "목적이 이끄는 삶을 영위하는 것이 방향 없이 떠도는 삶보다 더 의미 있고 보람차다"라는 것이며, 그의 인생 목표는 "삶을 개선하는 것"이다. 이것만으로도, 보훈부를 규칙에 얽매이는 기관에서 원칙 기반의 조직으로 바꾸는 적임자로 오바마 대통령은 맥도널드보다 적합한 인물을 찾을 수 없었을 것이다.

맥도널드의 또 한 가지 원칙은 "인성이야말로 리더의 가장 중요한 자질"이라는 것이다.[23] 그가 정의하는 인성은 "자신의 필요보다 조직의 필요를 늘 우선하는 것"이다. 이러한 정의는 리더의 인성이 그토록 중요한 이유의 핵심을 찌른다. 그는 일하는 경력 내내 이 원칙을 충실히 따랐다. 육군 지휘관일 때 그는 휘하 병사들의 필요를 자신의 필요보다 우선으로 여겼다. P&G 사에서는 모든 리더가 자기가 담당하는 부서의 결과에 대해 직접 책임을 지도록 확실하게 못박아놓았다.

맥도널드가 자신의 리더십 철학을 발달시킨 곳은 웨스트포인트였다. 신입생도 시절 그가 할 수 있던 대답은 다음 네 가지뿐이었다. "네." "아니요." "변명의 여지가 없습니다." "모르겠습니다." 이 네 가지 대답 덕분에 그는 인성에 대한 자신의 정의, 즉 '자신의 필요보다 동료들의 필요를 중요하게 여기는 지도자'라는 정의를 완벽하게 실천하는 지도자가 되었다. 이 네 가지 대답에 애매함이나 핑계는 없다. '하지만'이라는 뒷말은 존재하지 않는다. 그가 웨스트포인트에서 수학하던 시절 얻은 또 한 가지 교훈은 "쉬운 악보다 어려운 선을 선택해야 한다"라는 것이었다.

자신의 말을 지키며 살아가는 리더는, 인기가 없다 하더라도 옳은 일이라면 잘 해낸다는 믿음을 줄 수 있다. '어렵지만 옳은 일'을 늘 따르기 위해 리더는 윤리적 덕목을 따르는 삶이 자기 잇속만 차리는 이기적인 삶보다 더 심오하고 풍요로운 만족을 보장한다는 점을 진심으로 믿어야 한다. 인성의 이러한 이상에 맞추어 살려면 용기와 결단, 진실성, 자기 수양이 필요하다. 자신의 말과 행동에 따라 살아야 하고, 그것이 리더십의 가장 강력한 표명임을 자각하고 있어야 한다.[24]

P&G의 최고경영자였던 시절 맥도널드는 아시아 지역의 경영자로 일하면서 해당 지역의 문화를 이해하는 데 필요한 지혜와 조망 능력의 가치를 몸소 입증했다. 벨기에에서 했던 방식으로 일본에서 사업을 할 수는 없었다. 샘 케친스 소위가 이라크에서 아랍어를 배웠던 것처럼 P&G는 외국에서 일하는 직원들의 언어 학습에 드는 비용을 지원했다. 그들의 목적은 유창함이 아니었다. 맥도널드는 해당 언어를 기초적으로 배우고 알기만 해도 문화에 대한 이해를 촉진하고 교량을 놓으며, 그 문화권 사람들과 신뢰를 구축할 수 있다는 점을 잘 알았다.

배짱의 힘과 마음의 힘뿐 아니라 두뇌의 힘으로 이끄는 인성 지도자의 사례가 필요할 때 로버트 맥도널드는 좋은 출발점이다.

두뇌의 힘을 _ 키우는 방법

1 | 자신이 가진 최상의 재능을 파악하고 체계적으로 이용하라. 지능에는 다양한 종류가 있다는 것을 앞에서 살펴보았다. 고등학교 이후 자신의 지적 능력을 정식으로 평가한 적이 아마 없을 것이

다. 자신의 지능이 어떤 종류이고 얼마나 뛰어난지 평가하고 논하기 위한 코치를 만나는 데 돈과 시간을 투자해보자. 그만한 가치가 있다. 다시 한 번 가드너가 정의하는 지능의 여덟 가지 유형을 복습해보자. 자신이 맛보았던 과거의 성공과 실패를 곰곰이 생각해본 다음 가장 높은 것부터 낮은 것까지 자신의 강점을 순서대로 배열해보거나, 자신의 가장 뛰어난 서너 가지 능력을 파악해두라. 강점을 파악한 다음 문제 해결에 이를 주의 깊게 적용해보자. 샘 케친스 소위가 한 일이 바로 이런 것이다. 그는 유창한 언어 능력을 이용해 함께 일했던 이라크인들과 신뢰를 구축했다.

2 | 창의력을 실천하라. 창의력 단계를 자신이 보통 사용하는 문제 해결 접근법에 끼워 넣으라. 다양한 해결책을 머릿속에서 떠올려보자. 자신이 관리자거나 리더라면, 작은 팀을 꾸려 문제에 대한 다수의 해결책을 끌어낼 때 도움을 받자. 문제가 복잡할수록 창의력의 중요성이 커진다. 창의적인 사람들을 면밀히 관찰해두었다가 이들의 문제 해결 방식 가운데 일부에 주목해볼 수도 있다. 창의적인 사람들의 전기를 읽는 것도 유용한 방법이다.

3 | 잠재된 호기심을 재발견하라. 아이들은 태생적으로 호기심이 많다. 그러나 성장하면서 많은 이들은 관심사의 폭이 점점 좁아지고 한정된 관심사에 갇혀버린다. 성인들은 대개 새로운 아이디어와 사고방식을 탐색할 만큼 자유로운 시간을 내기가 어렵다고 생각하지만, 성공하는 개인과 조직은 호기심에 의지해 번창한다. 호기심이 필요한 행동을 일부러 해보자. 미술관에 방문하거

나 예술이나 과학에 관한 책을 읽는 데 시간을 할애하라. 일기를 쓰고, 흥미롭다고 생각하는 새로운 것들, 더 알고 싶은 새로운 것들에 관해 매일 적어둔 다음 그것들을 추적하고 더 배우자.

4 | 개방성을 키우라. 사람들은 자신의 초기 사고방식과 반대되는 견해들을 일부러 받아들여 개방성을 키운다. 자신이 아는 사실과 반대되는 것을 기반으로 깊이 생각하는 사람들은 다른 관점에 대한 이해가 깊고 풍부해진다.

사회생활에서는 개방성이 특히 중요하다. 때로는 자신과 관점이 다른 사람들과 접촉하는 것만으로도 타인의 신념과 태도에 대한 당신의 관용 및 수용 능력을 확장하는 심오한 영감을 얻을 수 있다. 지속적인 배움과 교육이 보다 개방적인 세계관을 불어넣는 일에 끼치는 긍정적인 영향은 심리학자들도 지적하는 바이다. 여러분은 이미 대학 졸업장이 있거나 심지어 그 이상의 학위를 땄을 수 있지만 철학이나 사회과학 수업을 들어보는 경험은 재미도 크고 보람도 있다. 쟁점이 서로 다른 측면들을 탐색하는 습관을 키워야 한다. 독서클럽에 참여해 다른 참여자들로부터 자신과 다른 관점을 배워보자.

5 | 배움에 대한 애정을 기르라. 배우는 일은 배움 그 자체로도 좋지만 뜻밖의 효용도 있다. 자신이 하는 일, 혹은 리더로서의 직무 아니면 가족이나 사회관계에 도움이 될 새로운 지식을 배울 수도 있다는 뜻이다. 군은 평생학습의 중요성을 어느 기관보다 크게 신뢰하는 집단이다. 독자 여러분은 깜짝 놀라겠지만 미 육군

은 세계 최대의 교육 및 훈련 기관이다. 입대한 군인이건 장교건 모든 군인은 복무하는 경력 내내 전문 군사 교육과 훈련에 참여해야 할 의무가 있다. 웨스트포인트 사관생도들은 학사학위를 따 졸업한 다음 곧바로 '초급 장교 리더십 과정'Basic Officer Leader Course을 밟아야 한다. 여기서 졸업생들은 복무하게 될 어떤 부서에서건 타인들을 지휘하는 데 필요한 구체적인 기량을 배운다. 이들은 또한 다양한 기술을 배우기 위해 단기 자격 과정을 밟기도 한다. 가령 공수 훈련이라 부르는 교전 낙하 기술 같은 것을 배운다. 4년 뒤 이들은 '대위 경력 과정'Captain's Career Course을 밟는다. 소령으로 진급한 다음에는 '지휘 참모 대학'Command and General Staff College 과정이 뒤를 잇는다. 최종적으로 더 높은 직위에 선발되는 이들은 '육군 대학원'Army War College에서 수학한다. 군에서 평생학습은 중요한 필수 덕목으로 간주되며 군의 모든 부서들은 상당한 시간과 자원을 평생학습에 할애한다.

여러분의 조직이 어떤 교육이나 훈련 기회를 제공하는지 주도적으로 알아보자. 자영업을 하거나 교육 및 연수 기회를 지원할 자원이 없는 작은 회사에서 일하고 있다면 스스로 기회를 찾아보자. 한두 가지 컴퓨터 과목을 수강하고, 경영학 학위를 따고, 더 넓은 범위의 고객과 일할 때 도움이 될 만한 언어를 새로 습득해보자.

학습이 모두 직업과 관련된 것일 필요는 없다. 새로운 오락을 배우는 것도 장점이 많다. 스키를 배우면 재미를 느낄 수 있고 그 과정에서 새 친구들을 사귀고 새로운 장소에 가볼 기회를 얻는다. 그림을 그리거나 시 작법을 배울 수도 있다. 낯선 곳으로 여행을 떠나라. 이런 일들을 통해 자신의 지평이 넓어지고 더 큰 배움에 대한 야심도 키울 수 있다.

6 | 조망 능력과 지혜를 기르라. 조망 능력과 지혜라는 강점은 개인적 경험의 복잡성과 풍부함을 통해 강화된다. 이 둘은 지능의 다른 강점에도 기반을 두고 있으므로 앞에서 제시한 조언을 따르는 것도 도움이 된다. 지식이 있고 머리가 좋다고 해서 조망 능력과 지혜를 갖춘 것은 아니다. 나이가 든다고 반드시 두 능력을 갖추는 것도 아니고 왕도가 있는 것도 아니다. 사회 지능이 높으면 도움이 된다. 두뇌의 다른 강점들을 활용하는 법을 배우고, 타인들의 의견을 배려하며 시간을 들여 자신의 사생활과 직장생활에서 중요한 문제에 관해 숙고해보자. 사안을 더 큰 맥락에서 고려하라. 그러다 보면 두 능력을 개발할 무대를 마련할 수 있다.

공감, 마음의 힘

친절한 말은 신뢰감을 낳고
친절한 생각은 심오함을 키우며
친절한 행동은 사랑을 낳는다.

노자

04

어느 중위의 _ 죽음

2009년 3월 7일, 캐슬런은 미 육군 참모총장 레이 오디어노 장군과 이라크 북부의 살라 아드딘 지역의 바이지Baiji에 있는 핵심 정유공장 대표와 함께 회의석상에 앉아 있었다. 바이지는 데이브 호드니 중령이 버려진 토마토 페이스트 공장 문제를 해결하고 있던 발라드에서 멀지 않은 곳이었다. 바이지 지역 역시 발라드처럼 급진 수니파 대 온건 수니파의 갈등처럼 많은 문제가 산적해 있었다. 바이지의 정유공장은 취약한 이 지역사회와 경제에 에너지원을 꾸준히 공급하는 핵심 시설이었기에, 정유공장의 가동 역량은 지역 안전을 유지할 수 있는 역량과 뗄 수 없는 관계였다. 정유공장을 가동하지 못하면 중앙정부와 지역 주민 간의 불화가 초래될 것이고, 그러면 안전하고 안정적인 경제와 정부 시스템을 구축하려는 미국의 노력은 실패하게 된다. 여기서 실패하면 이라크 국민의 지지를 얻는 일은 수포로 돌아갈 터였다.

바이지 회의석상에 있는 동안 캐슬런의 보좌관이 쪽지를 건넸다. 캐슬런 휘하의 보병소대 가운데 하나가 여기서 헬리콥터로 20분 거리에 있는 사마라에서 교전을 벌였는데 병사 하나가 심각한 부상을 입었다는 소식이었다. 대니얼 하이드Daniel B. Hyde가 사마라 소대장이라는 것을 알았던 캐슬런은 부상당한 병사가 댄(대니얼)일지도 모른다는 예감에 충격을 받아 심장이 튀어나올 지경이었다. 캐슬런은 보좌관에게 계속 상황을 보고하라 지시했고 부상당한 병사의 이름을 알아오라고 했다. 캐슬런은 남몰래 댄과 소대원들의 안녕을 기원했다.

캐슬런은 웨스트포인트 생도대장 시절부터 대니얼 하이드를 잘 알았다. 생도대장은 총장(훗날 캐슬런은 총장이 된다) 바로 아래의 준장급 직위로서 웨스트포인트 생도들의 군사 기량, 인성, 체력 및 운동능력 향상을 책임진다. 생도대장이었던 캐슬런은 생도의 대표들과 정기적으로 교류했고 대표들도 캐슬런 대장의 조언과 지침을 자주 청했다. 캐슬런이 생도대장으로 재직하던 첫해 여름, 댄은 신입생도 훈련을 맡은 4학년생이었다. 그는 3학년 여름 내내 이듬해 여름 4학년 사관생도 대표가 되려고 다른 생도들과 경쟁했다. 결국 댄은 4학년 생도의 대표로서 1천1백 명 이상의 생도를 이끌었다. 캐슬런은 4학년 사관생도 전체를 알고 있었는데, 특히 댄에게 깊은 인상을 받았다. 댄은 견줄 데 없는 능력과 에너지에다 나무랄 데 없는 가치관까지 겸비한 생도였다. 신체 능력과 지능 등 모든 면에서 모범을 보인 댄은 생도 프로그램 내 모든 과제에서 우수한 성적을 냈다. 반에서 수석으로 졸업한 댄은 장교 복무를 위해 육군 내 병과 중 어디든 선택할 수 있었다. 결국 댄은 육군의 '최전선'으로 간주되는 보병 부대 복무를 택했다. 웨스트포인트를 졸업하고 보병 초급장교 리더 과정을 마친 뒤 하이드는 하와이의 제25 보병사단으로 임관했다. 그가 선택한 최초의 부임지였다. 전쟁이 한창이던 시절에는 댄이 어떤 사단을 선택하건 중요하지 않았다. 누구든 이라크나 아프가니스탄 순환 복무를 해야 했기 때문이다.

댄은 2003년 캘리포니아주 모데스토에서 고등학교를 졸업했다. 9·11 테러 공격 2년 뒤였다. 많은 또래들처럼 댄 역시 9·11에 큰 충격을 받았고, 자신이 갈 수 있던 다른 많은 민간 대학과 군사학교를 제치고 웨스트포인트를 선택했다. 졸업하면 지상전이라는 가혹한 시련을 감내해야 할 것을 알면서도 내린 결정이었다. 자신 앞에 높인 수많은 유리한 선택지에도 불구하고 국익을 위해 위험한 길을 선택하는 인격의 소유자를 어디서 또 찾을 수 있을까?

캐슬런은 2008년 4월 웨스트포인트 생도대장 직을 마치고 하와이 스코필드 기지의 제25사단, 일명 '열대의 번개'Tropic Lightning 사단 지휘관으로 부임했다. 제25사단은 2008년 11월 이라크 북부에 주둔하게 된다. 당시 제25사단 소속이었던 댄 하이드도 같이 주둔하게 되었다. 이라크에서 캐슬런은 생도대장 시절 알고 지낸 생도 전체와 계속 연락을 주고받으면서 이들을 격려하길 게을리하지 않았다. 댄 하이드도 물론 그중에 포함되어 있었다. 캐슬런은 전장 순방 길에 댄에게 전투보병휘장을 수여한 일을 기억했다. 캐슬런은 댄을 격려했고 그에게 늘 안전에 주의하라고 당부했다.

댄의 부임지는 시아파의 성전 알 – 알스카리 모스크가 있는 사마라였다. 수니파의 급진파 지도자 아부 무사브 알 자르카위는 이 모스크를 파괴함으로써 수니파와 시아파 사이의 격렬한 종파 갈등을 유발했다. 댄은 이 교전의 한가운데서 복무하고 있었다.

2009년 3월 7일. 정찰 근무 중이던 댄의 차량이 반군의 공격을 당했다. 수류탄의 구리 파편이 차량 철갑문을 관통한 것이다. 캐슬런 준장의 기도와 바람에도, 부상을 당한 군인은 댄 하이드 소위라는 사실이 밝혀졌다. 그의 생명을 살리려는 불굴의 노력에도 불구하고 하이드는 세상을 떴다.

캐슬런은 가능한 한 신속히 댄이 있는 곳으로 날아갔고, 잠시 동안 그와 단둘이 있게 해달라고 요청했다. 캐슬런의 인생에서 가장 고통스러운 순간 중 하나였다. 그러나 캐슬런은 슬픔을 견디며 댄을 안고 자신이 댄을 얼마나 사랑하고 아꼈는지 그리고 그에게 일어난 일을 얼마나 안타까워하는지 말해주었다. 캐슬런은 고통과 슬픔을 겪으며 댄과 그의 가족, 그리고 휘하의 부하들과 훨씬 더 가까워졌다. 시련의 시간은 사랑, 연민, 돌봄과 헌신과 신의라는 인성의 중요성을 더욱 공고화한다.

제25사단이 이라크 복무를 마치고 돌아왔을 때 가족들이 병사들의 귀환을 환영하러 모였다. 예식에는 군 작전 동안 희생된 병사들의 가족도 포함되어 있었다. 가족을 잃은 이들에게 생존한 병사들의 귀환을 보는 것은 분명 쉽지 않은 일이다. 다른 이들이 사랑하는 가족의 귀향을 반기는 모습을 보면서 자리를 지키는 데는 큰 인내가 필요하다. 그러나 사단은 희생자 군인의 가족 역시 가족의 일원임을, 그들에게 필요한 지원이라면 무엇이든 제공하기 위해 사단이 존재하고 있음을 꼭 알리고자 했다. 댄 하이드의 부모님도 환영식에 참석하기 위해 날아왔고, 캐슬런은 댄의 부모님과 시간을 보냈다. 댄 하이드의 부모님은 믿을 수 없을 만큼 강인한 용기로 환영식을 지켰다. 캐슬런과 다른 병사들은 댄과 가족에 대한 자신들의 애정을 표현했고 부모님께 사단이 영원히 댄의 희생에 빚지고 있으며 감사하리라는 확신을 드리고자 했다.

캐슬런은 지금까지도 댄의 부모님과 연락하고 지낸다. 그는 댄의 고등학교에 가서 연설을 하면서 학생들에게 댄이 얼마나 놀랄 만큼 탁월한 인간이자 지도자이자 장교였는지 생생히 전했다. 또한 모데스토에 있는 그의 묘지도 방문했다. 물론 힘든 시간이었지만 댄을 그렇게라도 다시 만난 것은 캐슬런에게 비극을 극복할 힘과 위안을 주었고, 그의 방문은 댄의 가족과 친구들에게도 큰 위안이 되었다. 웨스트포인트는 여름 훈련에 댄의 이름을 붙여 그를 기렸다. 2019년 웨스트포인트 여름학기 수업 전체의 이름은 '하이드 태스크포스'Task Force Hyde였다. 댄의 아버지는 생도들이 훈련을 마치고 난 뒤 직접 찾아와 연설을 했다.

조국을 위해 희생한 댄과 다른 많은 장병들을 절대로 잊어서는 안 된다. 댄은 엄청난 잠재력을 갖춘 재능 있고 탁월한 장교였다. 우리는 그가 왜 우리 곁을 떠날 수밖에 없었는지 결코 알지 못하겠지만 그의 사연은 뜻이 깊으며, 그의 뒤를 따를 차세대 지휘관들에게 여전히 영감을 준다. 댄이 세상을 떠난 이후 캐슬런은 댄의 이름과 그가 사망한 날짜를 새긴 팔찌를 차고 다닌다. 많은 이들도 다른 희생 군인들을 위해 같은 일을 한다. 이것은 마음의 힘이다. 댄이 떠난 지 수년이 지나도 댄과 그의 가족을 향해 느끼는 공감과 애정이 마음의 힘이다. 우리는 댄 하이드, 그리고 그가 조국을 지키기 위해 희생한 것을 결코 잊지 않을 것이다.

리더십의 열쇠는 _ 마음이다

캐슬런은 사단장으로서 주요 전시 임무를 계획하고 실행하며, 2만 3천 명이나 되는 군인을 돌보고 이들의 안위와 복지를 이끌고 챙기는 책임을 맡고 있었다. 큰 기업이나 다른 민간조직으로 치면 소위는 말단 관리직과 비슷하다. 캐슬런의 휘하에는 소위만 해도 수십 명이었기 때문에 그가 일부러 시간을 내어 하이드와 그의 가족을 챙기지 않아도 뭐라 비난할 사람은 없었다. 캐슬런도 치러야 할 자기만의 전투가 늘 있었을 것이다. 하지만 캐슬런은 일부러 시간을 냈고, 그의 이러한 행동이 하이드의 가족과 사단 내 다른 병사들에게 끼친 영향력은 수치로 측정할 수 없을 만큼 어마어마했다. 캐슬런의 행동에서 마음의 힘과 리더십의 연관성을 볼 수 있다.

마음의 힘은 삶의 모든 영역에서 중요하다. 배짱의 힘과 두뇌의 힘도 많은 측면에서 도움이 되지만 마음의 힘은 우리가 신뢰받는 리더, 친구, 부모, 팀원이 되도록 해준다. 애정과 친절과 용서와 감사라는 마음의 힘은 문화, 환경, 시간을 초월하며 인간이라는 존재의 의미를 대표하는 가치다.

유능한 리더는 마음의 힘을 잘 안다. 여러분이 일했던 다양한 직무 환경을 떠올려보라. 마음의 힘을 갖추고 명시적으로 이 힘에 대한 이해를 보여주었던 리더, 그렇지 못했던 리더를 기억해보라. 유능한 리더는 다양한 방식으로 마음의 힘을 드러낸다. 마음의 힘을 드러내는 건 많은 경우 사실 단순한 행동이다. 직원들의 생일에 카드를 보내는 일, 직장 구성원들이 일터 밖의 경험을 공유하도록 사교의 장을 만들어주는 일, 직원들의 가족 문제나 개인사에 진심 어린 관심을 보이는 일 모두 직장 환경이 원활히 돌아가는 데 큰 도움이 된다. 조직 구성원들의 성과를 정식으로 인정해주는 일 또한 직장 내 동료들을 배려하고 관심을 보여주는 좋은 방법이다. '지옥에서 온 상사'에 관해 생각할 때 떠오르는 것은 상사의 전문적 역량 부족이 아니다. 이들은 마음의 힘이 결여된 사람들이었을 확률이 높다. 마음의 힘이 부족한 유형의 리더는 이기적이고 전문적인 일에만 주의를 기울이며 자신이 이끄는 사람들의 개인적인 문제에는 아무런 관심도 보이지 않는다.

세인트루이스 카디널스 팀 감독 마이크 실트Mike Shildt를 예로 들어보자. 실트 감독은 프로야구 선수로 뛰지는 않았지만, 세인트루이스 카디널스의 팜 시스템farm system(메이저리그 소속 구단과 제휴를 맺고 위성 구단 역할을 하는 마이너리그 팀. 메이저리그 팀에 선수를 공급하는 시스템)을 통해 여러 팀의 승리를 이끌면서 착실히 승진해 메이저리그 팀인 카디널스까지 올라왔다. 모르는 사람 같으면 메이저리그에서 선수 생활을 해본 경험이 많은 인물이 감독으로 더 적절하다 생각할지도 모르겠다. 뭐니 뭐니 해도 메이저리그 팀 야구 감독이라면 경력도 풍부하고 야구계 행동 양식에 정통해야 할 테니 말이다. 그러나 야구계에는 선수로서는 위대했지만 감독으로서는 별 역량을 발휘하지 못했던 인물이 그득하다. 홈런왕이었던 배리본즈는 감독감이 못 된다. 베이브 루스 역시 감독직을 원했지만 못했다. 그렇다면 카디널스는 왜 2018년 시즌 중간에 실트를 새 감독으로 영입했을까?

실트의 진정성 있는 배려와 애정이 팀 선수들의 응집력을 끌어올려 야구장 안팎의 강팀으로 만들었기 때문이다. 실트는 현 카디널스에 소속된 많은 선수들에게 인기 만점이다. 선수들은 경기를 시작하기 전 실트와 '공을 주고받으며 하는 대화'ball talk 시간을 소중히 여기며, 그가 주문처럼 옳은 말 "나는 여러분을 평가하기 위해서가 아니라 사랑하려고 여기 있는 것이다"라는 말에 대한 찬사를 늘어놓는다.[1] 실트는 2019년 시즌 내셔널리그 올해의 감독상을 수상해 리더십을 인정받았다.

실트는 리더십에서 마음의 힘이 어떤 효력을 내는지 보여주는 탁월한 사례이다. 흥미롭게도 야구에서 구장의 리더는 감독manager이라 부르지 축구나 농구처럼 수석코치head coach라 하지 않는다. 야구 팀 감독은 투수나 타자들의 기량을 향상하거나 나쁜 습관을 교정하기 위해 매일 선수들과 연습하는 전문 코치를 따로 영입한다. 감독의 직무는 기술적 전문성을 키우는 일도 없진 않지만 그 범위를 훨씬 넘어선다. 실트 외에도 성공을 거두는 다른 야구 팀 감독들은 마음을 움직이는 인성의 힘으로 큰 성과를 이루어낸다. 마음의 힘이 개인이나 집단의 성공에 중요한 역할을 했던 상황을 생각해보기를 다시 한 번 권한다.

마음의 힘에 속하는 _ 강점

인성 강점 목록에는 여섯 가지 도덕적 덕목 가운데 마음의 힘이라 여길 수 있는 강점이 여럿 포진해 있다. 이 강점들의 공통점은 타인에게 주의를 기울이고 그들의 안녕에 진정성 있는 관심을 갖는다는 것이다. 마음의 힘에 속하는 강점으로는 애정, 친절, 용서, 감사 등이 있다. 네 가지 힘만으로도 큰 의미가 있지만 다른 인성 강점들과 결합할 경우 이 강점들은 개인이 타인들과 교류하고 관계를 맺는 방식, 리더가 동료들로 하여금 조직의 목적을 달성하도록 영감을 주는 데서 매우 중요한 역할을 수행한다.

1 | 사랑하는 능력

심리학자들은 열정에 속하는 사랑과 연민과 공감에 속하는 사랑을 구별한다. 열정은 경험하는 즉시 당사자가 바로 알 수 있는 감정이다! 상대를 향하는 압도적인 마음은 대개 연애 초기에 경험한다. 연애 상대와의 경험을 생각해보면 열정에 속하는 사랑의 의미를 알 수 있다. 반면에 연민과 공감은 더 안정적인 형태의 애정이다. 연민은 타인을 향한 지속적이고 긍정적이고 강력한 감정적 유대이다. 정열이 오가는 정서의 강렬함은 없다. 부모의 자식 사랑이나 자식의 부모 사랑이 연민의 좋은 사례다.

또 한 가지 중요한 애정의 유형은 심리학에서 제대로 인정받지 못하고 있다. 리더들이 부하들에게 갖는 애정, 그리고 집단의 구성원들이 서로에게 갖는 애정이다. 캐슬런 장군이 댄 하이드에 대해 지닌 애정, 카디널스 감독 실트가 선수들에게 느끼는 애정은 드문 감정이 아니며 효과적인 리더십과 조직 성과에서 필수적인 요소이다. 이것이 연민과 연관된 애정의 강력한 유형 가운데 하나다.

미주리주 스프링필드 인근에서 발생했던 비극은 이러한 애정을 심오하게 드러낸다. 2018년 9월 7일 밤, 그린 카운티 경찰 소속 애런 로버츠Aaron Roberts 부보안관은 카운티 벽지의 출동 요청에 응답했다. 순찰 업무 복귀를 본부에 무선으로 전달한 뒤 로버츠 부보안관은 다시 연락을 취했다. 폭풍이 불던 이날 밤 여러 시간 동안 폭우가 세차게 쏟아졌는데, 배차 담당에게 순찰차가 얕은 물을 건너다 물살에 휩쓸렸다는 보고를 한 것이다. 로버츠와 연락을 재개해보려 계속 시도해보았지만 더는 연락이 없었다. 집중 수색 끝에 순찰차에서 사망한 로버츠 부보안관을 발견했다. 급류에 휩쓸려 익사한 것이었다.

로버츠 부보안관의 사망은 동료 경찰관과 지역사회 전체에 큰 충격을 던졌다. 경찰과 다른 카운티 치안기관들은 로버츠 부보안관의 아내인 킴Kim과 남은 가족을 지원하기 위해 결집했다. 지역사회가 가족에게 쏟아부은 애정은 놀라웠다. 그중에서도 그린 카운티 보안관 짐 아노트Jim Arnott와 그 부보안관들이 이후 수개월 동안 한 일들은 가장 심오한 형태의 사랑을 보여준다. 아노트 보안관은 로버츠가 사망한 뒤 며칠 동안 로버츠의 아내 킴을 도와 집 차고를 청소했다. 차고 안에 세워져 있던 1995년형 미쓰비시 이클립스 자동차를 보면서 킴은 이 차 덕분에 처음 남편을 만나 사귀게 되었다는 이야기를 해주었다. "그날 밤 가장 친한 친구에게 전화를 걸어 그 남자와 결혼하게 될 것 같다고 말했어요. 그 사람 자동차 때문이라고요. 물론 농담이었지만 차 때문에 데이트를 시작한 건 맞아요."

킴에게 그 자동차가 얼마나 큰 의미인지 알게 된 아노트 보안관은 그 차를 수리해 재운행할 수 있게 해드려도 좋겠느냐고 물었다. 2019년 3월 19일, 아노트 보안관은 다른 부보안관들과 지역사회 구성원들의 도움을 받아 온전히 수리한 자동차를 킴에게 건넸다. 7천 달러 이상의 비용과 수백 시간의 노동이 차량 복구에 들어갔다. 자동차는 공장에서 새로 뺀 듯 반짝거렸다. 킴은 크게 감동받았고 지역신문의 기자에게 이렇게 말했다. "너무나 많은 분들의 손길이 자동차에 들어갔어요. 정말 어안이 벙벙해 입을 다물지 못할 정도예요. 얼마나 많은 분들이 도와주셨는지 헤아릴 수도 없습니다."²

아노트 보안관 이하 많은 이들의 애정 어린 행동은 킴뿐 아니라 다른 이들에게도 영향을 끼쳤다. 자동차 복구에 힘을 보탰던 모든 이들 또한 혜택을 입었다. "자부심을 가져도 좋을 일입니다. 우리 공동체가 자랑스럽습니다. 정말 대단한 일입니다." 아노트가 말했다.

어떤 형태의 애정이건 훌륭한 삶을 영위하는 데 중요하며, 삶에서

의미와 목적을 이끌어내도록 해주는 인성의 자질을 대표한다. 여러분이 애정이라는 자질 수준이 높을 경우 타인들과 친밀하고 긍정적인 관계를 맺을 것이며, 그들에 대한 애정은 보답을 받는다. 인성 강점 목록에서 여러분의 애정 능력 점수는 어떠한가? 피터슨과 셀리그먼은 사랑하는 능력의 여러 사례를 제시한다.[3] 애정 능력 점수가 높은 사람들은 '다음과 같은 사람들과 함께 있는가?'라는 질문에 '그렇다'라고 대답한다.

- 함께할 때 있는 그대로의 내 모습을 자유롭게 지키게 해주는 사람
- 나를 믿고 지지한다는 느낌을 주는 사람
- 오랫동안 떨어져 있고 싶지 않은 사람
- 그를 위해서라면 무엇이건 할 수 있다고 느끼게 하는 사람
- 자신의 행복 혹은 그보다 더 그의 행복이 중요하다고 느끼는 사람
- 그의 행복과 안녕에 헌신하게 만드는 사람
- 내가 신체적으로 애정 표현을 하는 사람
- 같이 있을 때 깊이 헌신해야겠다는 마음을 느끼게 하는 사람
- 내가 열정을 느끼게 하는 사람

2 | 친절

친절이야말로 인간이 할 수 있는 최적의 행동이며 중심적인 인성 자질이라고들 한다. 당연하고 뻔해 보인다. 스카우트 대원들은 교육을 통해 '선행'이라는 개념을 머릿속에 심는다. 매일 타인에게 선행이나 호의를 베풀라는 교육이다.[4] 우리는 "남이 네게 해주기를 바라는 대로 남에게 해주어라"라는 말을 들으면서 성장한다.[5]

그러나 친절이 마음의 긍정적 자질이라는 것을 아는 것과 친절을

실제로 실천하는 것은 다른 문제다. 지금 우리 사회에는 약자를 괴롭히고 따돌리는 일이 학교를 다니는 아동들 사이에도 만연하다. 많은 사람들이 소셜미디어에서 자신의 정치적·사회적 견해에 동의하지 않는 사람들을 비하하고 악마로 만든다. 정치가들은 이런 편견에 양분을 공급해 자신의 정치적 기반을 강화한다. 요컨대 오늘날의 세상은 혐오·증오·분노로 가득하며, 이러한 분노와 미움은 혐오 발언과 폭력으로 분출되는 경우가 지나치게 빈번하다. 여자가 부르카를 썼다는 이유로 욕을 퍼붓는 이방인들, 이념을 바탕으로 한 증오에 사로잡혀 정치관이나 신앙이 다른 사람들을 살해하는 테러범들. 어느 라디오 토크쇼 진행자는 코네티컷주 뉴타운에서 아이들 스무 명이 미친 총기 소지자에게 살해되었다는 사실을 부정했고, 수천 명이 그의 말을 그대로 믿었다. 이러한 맹신 때문에 뉴타운에서 자식 혹은 사랑하는 사람을 잃은 이들의 고통이 가중된다. 기독교 교회의 구성원들은 사망한 군인들의 장례식에 나타나 피켓 시위를 하면서 슬픔에 빠진 군인 가족과 사랑하는 친지들에게 모욕을 퍼붓는다. 이런 일은 끊임없이 지속된다.

　　타인들에게 노골적으로 불친절하게 구는 사람들에 대한 끝없는 사례들 앞에서 오늘날에는 친절이란 다 무너지고 없다는 결론을 내린다 해도 비난할 수는 없으리라. 그러나 섣부른 결론은 심리학자들의 전문용어를 빌리자면 '가용성 편향'availability heuristic에 굴복하는 것이다. 가용성 편향이란 흔히 발견되는 결정상의 오류이자 인지 편향이다. 과학적 통계치 대신 가장 쉽게 기억할 수 있는 정보에 근거하여 결론(앞의 경우 친절이 자취를 감춰버렸다는 결론)을 이끌어내거나 섣부른 결정을 내리는 행동을 말한다. 가령 미국에서는 노인들일수록 가택 침입이나 그 밖의 형태를 띤 폭력을 두려워한다. 노인의 가택 침입이나 노인 폭력에 관한 기사를 대중매체가 빈번하게 표제 기사로 다루기 때문이다. 사실 폭력 범죄의 가장 흔한 피해자(그리고 가해자)는 예나 지금이나 늘 젊은 남성들이다. 그러나 뉴스 매체마다 '피를 흘리는 곳에 기삿거리가 있다'는 식으로 달려들기 때문에 나이든 사람들은 자신이 실제보다 범죄에 더 취약하다고 믿게 된다.

가용성 편향은 친절에 관한 우리의 인식에도 유사한 방식으로 영향을 끼친다. 친절한 행동은 대체로 뉴스거리가 되지 못한다. 그러나 조금만 생각해보면 친절한 행위의 사례들이 쉽게 떠오른다. 폭설이 내린 뒤한 여성이 제설차로 노인이 사는 이웃집 차로의 눈을 치워준다. 부탁을 받은 것도 아니고 보상에 대한 기대도 없는 행위다. 어느 학생이 다른 학생의 미적분 문제 풀이를 도와준다. 직장 내의 한 그룹은 방금 아기를 낳은 동료의 가족을 위해 식사를 챙긴다. 이렇듯 매일 벌어지는 친절한 행위에 관한 소식은 뉴스거리가 되지 못할 뿐 부재하는 것은 아니다.

자원봉사 또한 친절이다. 많은 소도시들은 자원봉사 소방서의 보호를 받고 있다. 미국인의 4분의 1은 1년에 평균 50시간 정도 자원봉사를한다. '식사 배달 서비스'Meals on Wheels는 자원봉사자 없이는 업무 실행이 불가능하다. 자연재해가 일어난 뒤를 보자. 사람들은 적십자에 헌혈하러 줄을 선다. 자원봉사의 경제적 영향은 상당해서 미국에서만 1년에 1840억 달러에 이른다.[6]

심리학자들은 친절이 받는 사람만큼, 혹은 받는 사람보다 오히려행하는 사람에게 더 좋다고 보고한다. 자원봉사처럼 친절한 행동을 하는 사람들은 하지 않는 사람보다 정서적·심리적으로 더 건강하다는 것이다. 과학적으로 광범위하게 연구된 바는 없지만 종교 관련 글이나 문헌에 표현된 일화들과 문화 전통은 일부러 친절한 행동을 하면 행동하는 사람의 인성이 변화하고 더욱 행복해진다는 관념으로 가득 차 있다.

리처드 매키니Richard McKinney는 자기의 사연을 사례로 제시한다. 증오에 가득 찬 백인 우월주의자에다 모스크 폭파 음모까지 꾸몄던 매키니는 어느 날 이슬람교도 이웃을 방문하기로 결심했다. 그는 이웃을 찾아가 이슬람교도들의 악한 점과 옳지 못한 점이라고 생각하는 바를 쏟아냈다. 이웃은 친절한 태도로 귀를 기울였다. 시간이 지나면서 매키니의 증오심은 힘을 잃었고 나중에 그는 이슬람교로 개종하기까지 했다. 현재 그는 지역 모스크의 이맘(예배를 인도하는 이슬람교단 지도자)이 되었다. 매키니는 모스크에서 다른 이들에게 평화와 친절의 메시지를 가르치고 있다.[7]

유대교의 '티쿤 올람'tikkun olam이라는 관습 역시 친절이 시민사회의 구성 요소로서 갖는 중요성을 유대인들이 예로부터 인식했음을 보여준다. 티쿤 올람은 친사회적이고 건설적인 행동, 타인들의 행복과 복지를 증진하는 행동을 뜻하는 개념이다. 티쿤 올람은 다소 복잡한 개념이지만 핵심은 친절을 행하면 세상을 더 나은 곳으로 만든다는 관념, 즉 인간의 기본적인 친절 표현이라고 할 수 있다.

사회학자이자 예일대 교수인 니컬러스 크리스타키스Nicholas Christakis는 친절을 인간의 핵심 특징으로 간주한다. 최근 저서 『블루프린트』Blueprint에서 크리스타키스는 진화생물학을 이용해 친절이 대규모 집단의 협동을 가능하게 하는 이타주의의 한 형식이라는 주장을 폈다.[8] 다른 병사들이 살도록 자기 목숨을 희생하는 병사는 이타주의의 극적인 사례를 대표한다. 2007년 6월 1일 육군 하사 트래비스 앳킨스Travis Atkins가 한 일이 바로 이런 종류의 이타적 행위였다. 이날 그는 자살폭탄 조끼를 입은 반군과 맞붙어 싸웠다. 폭탄이 터져 앳킨스는 사망했지만 그의 희생으로 동료 병사 세 명이 목숨을 구했다.[9]

일상적인 친절은 성공적인 집단생활을 촉진한다. 크리스타키스에 따르면 인간은 유전적으로 이타적인 행동을 하게 되어 있다. 인간만 그런 것도 아니다. 제인 구달은 침팬지 연구에서 인간의 이타적 행동과 유사한 행동을 관찰했다. 야생 쥐조차도 우리에 갇힌 다른 쥐들을 자유롭게 해주려 노력한다.[10]

우리의 주장은 친절이 사라진 행위가 아니라는 것이다. 오히려 친절과 배려는 마음의 중심 강점으로 남아 있으며, 긍정적인 사회관계를 촉진할 뿐 아니라 행복감과 자아존중감을 높여준다.

3 | 용서

2019년 3월 15일, 이슬람 금요예배 동안 총을 든 한 남자가 뉴질랜드 크라이스트처치에 있는 알–누르Al Noor 모스크와 린우드 이슬람 센터Linwood Islamic Centre로 난입했다. 몇 분만에 50명이 살해되었고 50명이 부상을 입었다. 일부는 중상을 입었다. 총격 사건의 용의자는 브렌턴 해리슨 타란트라는 28세 호주 청년이었다. 인종 혐오에 사로잡힌 타란트는 여러 해 동안 공격을 계획했다. 그는 총기클럽에 가입해 합법적으로 무기를 구입했다. 호주에는 총기 규제 법률이 있어 범죄 기록이 없고 무기를 소지하기 위한 타당한 이유가 있어야만 총기를 구매할 수 있다. 범죄에 쓰인 무기 중 '군용' 스타일의 공격용 총은 없었다.

생존한 사람들의 고통과 아픔은 상상조차 어렵다. 그러나 생존한 이들이 증오 가득한 이 잔혹 행위에 대해 모두 보복 요구로 응대한 건 아니었다. 파리드 아메드Farid Ahmed는 총격 사건으로 아내인 후스나Husna를 잃었음에도 용서를 요청했다. 총격 사건 사망자 추모 예배가 열렸던 크라이스트처치에서 아메드는 말했다.

저는 화산처럼 들끓는 마음을 갖고 싶지 않습니다. 화산은 화와 분노와 격분입니다. 평화는 없습니다. 증오뿐입니다. 증오의 화산은 내부에서 타올라 주변까지 태워버립니다. 저는 그런 증오를 품고 싶지 않습니다.[11]

아메드의 대응은 용서라는 마음의 힘을 상징한다. 용서의 미덕은 시대와 문화와 종교와 철학을 아우르는 근본 덕목이다. 피터슨과 셀리그먼은 용서를 유대교와 기독교와 이슬람교와 불교와 힌두교의 공식적인 덕목으로 주목한다.[12] 아메드가 믿는 이슬람교 신앙은 그에게 가르쳤다. 살인자인 타란트도 형제이며, 비록 흉측한 행동에 책임을 져야 하지만 그럼에도 용서받아야 한다고 말이다. 기독교도들은 〈주의 기도〉라는 기도문에서 "우리가 우리에게 잘못한 이를 용서하듯 우리 죄를 용서해달라"라는 내용을 배운다. 용서의 종류는 아메드의 사례처럼 극적인 것부터, 우리 모두가 경험하는 일상의 자잘한 위반에 대한 용서까지 다양하다.

역사에서 용서의 많은 예를 볼 수 있다. 남아프리카공화국의 인종분리 정책 때문에 1962년부터 1990년까지 감금되어 있던 넬슨 만델라는 훗날 남아공 최초의 흑인 대통령이 되었다. 우리 중 많은 수는 감금과 예속에 대한 고통과 분노가 압도적이리라 생각한다. 그러나 만델라는 이런 극단적인 감정을 극복하고 자신의 조국 역사상 가장 큰 통합 세력이 되었다. 오늘날 전 세계적으로 만델라의 이름은 용서와 동의어다. 문화인류학자인 재니스 하퍼Janice Harper는 다음과 같은 질문을 던진다.

30여 년 가까이 감금되어 고문에 시달린 인간이 자신의 내면에서 용서를 발견할 수 있다면, 일상생활에서 우리가 경험하는 공격과 잔혹 행위들에 어떻게 대응해야 할지 그로부터 어떤 교훈을 얻어야 하는가? 잔혹한 악행을 저지르고도 그 악행이 초래한 고통과 슬픔에 죄책감을 느끼지 않는 이들을 우리는 용서해야 하는가?[13]

심리학자들이 밝혀낸 바에 따르면 용서는 분노, 적대감, 우울, 불안 같은 부정적인 감정을 감소시킨다.[14] 합리적인 얘기다. 증오에는 많은 에너지가 필요하므로, 긍정적인 행동이 손상을 입는다. 적응력을 갖춘 사람들은 부정적 감정을 건설적인 감정으로 전환하는 법을 배운다.

2018년 2월 14일 플로리다 파크랜드의 스톤먼 더글러스Stoneman Douglas 고등학교의 총격 사건은 학생 및 직원 17명의 생명을 앗아갔다. 이 사건 이후 많은 생존자들은 앞으로 벌어질 수 있는 대량학살을 미연에 방지하기 위한 운동에 조력했다. 2018년 3월 24일 학생들이 이끈 시위들, 가령 워싱턴DC와 다른 880개 지역에서 열린 '우리의 생명을 위한 행진'March for Our Lives(워싱턴DC를 포함한 미국 전역 및 전 세계에서 열린 학생 주도의 총기 규제 지지 시위)이 대표적이다. 이 시위들은 당국에 총기 관련 법률 재검토를 요구했다.

이번에도 인성 강점 목록 테스트를 활용해 여러분 자신의 용서 관련 점수를 매겨보고 자신의 강점들 가운데 용서가 어디쯤 있는지 살펴보자. 용서가 상위 강점 5~6위 안에 든다면 정말 훌륭하다! 여러분이 바라는 것보다 점수가 낮다면 용서를 일상적으로 실천할 수 있는 작은 방식들을 고민해보자. 다행히 우리 중 파리드 아메드 같은 비극을 경험할 사람은 거의 없겠지만 누구나 일상생활에서 자잘한 위반은 경험하지 않는가. 작은 위반에 대한 용서를 실천하는 일은 더 큰일에 대한 용서 능력을 기르는 데 도움이 될 수 있다.

4 | 감사

감사는 가장 강력한 마음의 힘 가운데 하나다. 감사의 가장 위대한 점은 감사의 실천이 받는 쪽보다 하는 쪽에 더 큰 긍정적 이익을 준다는 것이다. 긍정심리학자들은 감사를 단순하게 연습해볼 것을 권고한다. '감사 방문'이라는 실천으로, 우울 같은 부정적 감정을 줄이는 반면 행복과 삶의 만족도처럼 긍정적인 감정은 늘리기 위함이다.[15] 감사만큼은 정말 받는 편보다 주는 편이 더 낫다.

물론 감사를 받는 것도 좋다. 교사들은 학생의 진정 어린 감사를 받은 뒤 느끼는 만족감과 보람을 잘 안다. 감사의 말은 단순한 고마움이나 격려의 형식을 띨 수도 있고 더 체계를 갖춘 정식 표현일 수도 있다. 매슈스 박사도 최근에 감사를 받는 만족스러운 경험을 했다. 박사는 1년 넘게, 음주운전으로 체포된 생도의 멘토가 되어주었다. 매슈스는 이 생도가 음주운전 위반을 하기 1년 전부터 알고 지냈다. 서로 신뢰가 있었으므로, 범법을 저지른 생도는 매슈스를 멘토로 삼고 조언을 구했다. 심각한 규율 위반은 대개 퇴학으로 이어지지만 이 생도의 경우는 웨스트포인트 성적이 좋았고 이 사건을 제외하면 훌륭한 육군 장교가 될 가능성이 높았다. 따라서 그는 퇴학 대신 엄격한 정식 멘토십 프로그램을 이수하게 되었다. 멘토십 프로그램을 마치는 경우 그의 졸업과 임관은 1년간 유예될 예정이었다. 졸업과 임관 둘 다 멘토십 프로그램을 성공적으로 마치느냐 여부에 좌우될 터였다.

멘토십 프로그램 동안 이 생도는 자신이 알코올중독이라는 것을 인정했고, 약물남용 상담에 등록했을 뿐 아니라 약물남용으로 고군분투하는 다른 생도들을 돕기 위해 지원 그룹을 만들어 운영했다. 매슈스 박사와 생도는 자주 만나 자기이해, 사회관계, 학교에서의 성공, 육군 장교가 된다는 것의 의미에 관해 진솔하게 이야기를 나누었다. 멘토십 프로그램을 성공적으로 마친 생도는 2019년 웨스트포인트를 졸업했고 육군 소위로 임관했다.

졸업식이 열리기 며칠 전 매슈스는 이 제자의 편지를 받았다.

지난 3년 동안 교수님께서 해주신 멘토 역할에 따로 감사를 드리고 싶었습니다. 저는 실수를, 그것도 심각한 실수를 저질렀습니다. 그런데도 교수님께서는 저를 내내 지지해주셨고 그 뒤로도 계속 도움을 주셨습니다. 아무도 저를 믿어주지 않았을 때도 교수님께서는 저를 믿어주셨습니다. 교수님은 제가 가장 힘들었을 때 웨스트포인트에 있던 어느 누구보다 저를 존중해주셨습니다. 또 웨스트포인트에 5년째 다녀야 하는 결정이 내려진 뒤에도 계속해서 제 멘토 노릇을 해주셨지요. 오늘날 제 자리에 있게 된 건 정말이지 행운이고, 교수님께서 도와주시고 동기를 부여해주시고 영감을 주시지 않았더라면 불가능했을 겁니다. 이제 부임지로 가게 되었고, 지난 3년 동안 제게 해주신 모든 일에 대해 정식으로 감사를 드리고 싶었습니다. 곧 다시 뵙고 싶습니다. 제가 교수님께 받은 그 모든 긍정적인 경험과 배움을 잊지 않겠습니다. 교수님과 함께 할 수 있었던 일은 진정 영광이자 특권이었습니다.

역경과 박탈을 경험하게 되면 우리는 살면서 겪는 행복한 일에 대해 더욱 감사하게 된다. 가령 이라크 전쟁과 아프가니스탄 전쟁이 정점을 찍던 시절, 전투 경험을 한 육군 전투 지휘관들은 (사랑하는 능력과 함께) 감사의 마음이 상당히 커졌다. 대위급 지휘관들은 지상전에서 부하들을 이끌었다. 일부는 전우들의 죽음을 겪었다. 모두 어려운 조건을 감내해야 했고 오랜 시간 가족과 떨어져 있어야 했다. 전장에서 돌아온 이들은 가족의 안전에 대해 그리고 평화로운 일상의 다른 면들에 대해 더욱 감사하는 마음을 갖게 되었다.[16]

감사는 일상에서도 발견할 수 있다. 용서 점수와 더불어 여러분 자신의 감사 점수를 체크해보자. 그런 뒤 타인들에게 감사를 분명하게 표현할 수 있는 방안을 생각해보라. 예전에 여러분을 가르쳐준 선생님이 여러분의 인생에 끼친 영향에 감사하건, 아니면 어느 날 배우자가 해준 배려 깊은 행동에 고마움을 표하건, 감사를 표하는 행동은 기분을 좋게 만들어준다.

역경은 _ 마음을 자라게 한다

마음의 힘은 일상생활에서 매우 중요하다. 시간을 내어 애정을 보여주고 애정을 받고, 타인에게 배려와 친절을 베풀고 그를 용서하고, 타인에게 감사를 표명할 때 일상생활의 질은 크게 향상된다. 마음의 강점을 이렇듯 일상적으로 표현하는 일은 사회관계의 바탕이며, 이에 대한 보답으로 우리는 자신이 소중한 존재로 존중받는다는 느낌을 받을 뿐 아니라 자신의 중요성 또한 자각하게 된다.

마음의 힘은 역경이 닥치는 시기에 더욱 절절하고 영향력이 크다. 군인들은 사망했거나 부상을 입은 전우 주변에 결집하며, 치안을 담당하는 경찰관들은 쓰러진 동료 경찰관의 가족을 챙긴다. 이렇듯 극한의 고통 속에서 타인을 이끄는 이들은 신뢰를 받을 수 있는 마음의 힘을 갖추고 있어야 한다.

잉글랜드의 왕 헨리 5세는 마음의 힘에 대해 잘 알았던 인물이다.

1413~1422년에 잉글랜드를 통치한 헨리 5세는 잉글랜드와 프랑스의 100년 전쟁이 벌어지는 중대한 시기에 왕좌에 있었다. 100년 전쟁은 프랑스 통치권을 놓고 1337년부터 1453년까지 벌어진 전쟁이다. 1415년 10월 25일, 기독교 공동체가 286년에 순교한 성 크리스핀Saint Crispin을 기념하는 날, 헨리 5세는 유명한 아쟁쿠르 전투에서 프랑스군과 맞서게 됐다. 수적으로 엄청난 열세였던 영국군은 임박한 전투 때문에 불안과 공포에 떨고 있었다.

잉글랜드군의 사기가 떨어질 대로 떨어졌다는 것을 안 헨리 5세는 유명한 성 크리스핀 연설로 병사들의 사기를 북돋아주었다. 병사들은 전진하여 프랑스군을 격퇴했고 승리를 거두었다. 윌리엄 셰익스피어의 희곡 『헨리 5세』는 아쟁쿠르 전투 180년 뒤에 쓰인 작품으로, 헨리 5세의 연설은 4막에 등장한다. 셰익스피어가 각색한 헨리 5세의 연설은 전쟁이라는 고된 시련을 함께하는 전사들 간의 전우애, 애정, 신의, 헌신을 생생하게 그려낸다. '밴드 오브 브라더스'Band of Brothers, 다시 말해 '나의 형제' 연설이라고도 불리는 헨리 5세의 아쟁쿠르 연설은 전쟁이라는 시련에서 그 시대와 크게 다를 바 없는 난관과 실패와 성공을 겪는 오늘날의 군인들에게도 깊은 울림을 준다. 특히 "우리 소수, 우리 행복한 소수, 우리는 형제다. 오늘 나와 함께 피를 흘리는 자는 나의 형제가 될 것이기 때문이다"라는 구절이 그러하다. 전투의 비참한 환경에 처한 왕이 있다고 상상해보라. 여러분 자신이 경험하는 것과 똑같은 고난과 위험을 함께하는 왕이다. 여러분이라면 왕을 실망시키지 않으려고 힘이 닿는 한 최선의 노력을 기울일 것이다.

15세기 군대는 주로 남자 전사들로 이루어져 있지만, 오늘날 군에는 남녀가 통합되어 있기 때문에 전투의 난관 역시 모두 함께 겪는다. 따라서 오늘날의 군에서는 형제자매band of brothers and sisters라는 말을 더 흔하게 사용한다. 어떤 말을 사용하건 그것은 군의 구성원들 간에 존재하는 마음의 힘과 신의와 유대를 정확히 포착해낸다.

형제자매 개념은 집단이 힘을 합쳐 난관과 역경을 극복하는 또 다른 상황에서도 발견할 수 있다.《USA투데이》의 필자인 모니카 로어 Monica Rhor는 텍사스 휴스턴에 거주하는 아프리카 이민자 집단 내의 취학 연령대 아동들에 관해 기술한다. 아프리카 난민 수용소의 끔찍한 환경에서 벗어난 이 아이들은 미국에서 새로운 난관에 직면했다. 새 언어를 익히고 새로운 문화에 익숙해지는 것, 학교생활에 적응하느라 고군분투하는 것, 인종차별적 조롱과 따돌림의 표적이 되는 것. 이민자에 대한 편견에 반대하는 흐름이 생생히 나타나는 현대임에도, 이런 일들이 이 아이들의 '뉴노멀'이 되었다.[17]

'리비전'reVision이라는 단체의 대표인 찰스 로트러멜Charles Rotramel 의 사례를 보자. 리비전은 휴스턴 지역에서 청소년 범죄에 연루된 이민자 출신 청소년들과 활동하는 비영리단체다. 로트러멜은 이 이민자 청소년들이 자신보다 큰 대의에 속할 필요성이 있음을, 즉 삶에 의미와 목표를 부여하는 의식을 이들에게 심어주는 것이 긴요함을 감지하고, 리비전 축구클럽reVision FC을 조직해 이 아이들을 데려왔다. 팀의 라커룸에는 단한 단어로 된 거대한 표어가 있다. 바로 '가족'FAMILY이다. 팀의 구성원들은 경기장 안팎에서 서로를 지키고 돌본다. 한 구성원이 개인적인 문제나 경제 문제로 고민을 하면 팀원들이 나서서 돕는다. "저들은 내 형제와 같아요"라는 것이 한 팀원의 말이다. "내가 뭔가 부족하면 그들이 내게 줍니다. 그들이 부족할 때는 내가 주고요."[18]

팀의 결속력을 예증하는 또 다른 사례는 미국 여자 축구 대표 팀이다. 월드컵 우승자들은 성과 속에서 자매애를 구현한다. 월드컵 우승은 선수들의 재능과 동기만으로는 안 된다. 성공은 팀의 결속력에 좌우된다. 팀 주장인 메건 러피노Megan Rapinoe는 이렇게 말한다. "팀에 관해 말할 때 누구나 동료애를 원한다고들 하죠. 우리 팀이야말로 진정한 의미의 결속력으로 다져진 팀입니다. 누구든 의지할 필요가 있는 사람에게 팀 전체가 편안한 의지처가 되어줍니다." 팀원인 켈리 오하라Kelley O'Hara의 말도 들어보자. "이런 그룹의 일원이라는 건 아주 새로운 경험입니다. 경기장에서 우리가 보여주는 것, 서로의 뒷배가 되어주고 서로를 돌보며 서로를 위해 승리하는 모습이 경기장 밖에서도 실제로 느껴지니까요."[19]

이런 형제애와 자매애라는 의리로부터 우리는 사랑과 열정과 헌신을 발견하게 된다. 나의 형제나 자매가 진창에서 악전고투를 벌일 때 어떤 일이 있어도 절대로 혼자 방치하지 않겠다는 약속. 무슨 일이 있어도, 설사 그것이 나의 죽음을 의미한다 해도 형제자매를 지키고 어깨를 나란히 한 채 옆에서 지원하겠다는 헌신. 이러한 헌신은 친형제나 친자매와 느껴본 어떤 헌신보다도 더 강력할 수 있다.

무조건 긍정하고, 무조건 존중하라

심리학자들이 마음의 힘을 기르는 방법을 많이 연구해놓지는 못했다. 그러나 마음의 힘을 기르는 데 활용할 수 있는 이론 하나가 있다. 칼 로저스Carl Rogers의 인간발달 이론인데, 이 이론은 심리적·정서적 고통을 겪는 개인들에게 그가 직접 실시한 수년 간의 치료법에 기반을 두고 있으며 일상의 상호작용과 리더십 향상에 함의하는 바가 크다. 그의 통찰은 마음의 힘을 개발하는 방안에 대한 지침을 제공할 것이다.

로저스는 인간의 적응력이 아동기에 발달된다고 믿었다. 그의 가장 중요한 개념은 무조건적이며 긍정적인 존중unconditional positive regard이다. 부모는 존중을 받을 가치가 있는지 판단하는 (로저스의 표현으로) '가치 조건' 없이 자식을 사랑해야 한다. 각기 다른 가정에서 자란 두 아이를 생각해보자. 두 아이 모두 어린이라면 으레 그러하듯 때로 잘못된 행동을 했다. 아이들은 성장하면서 학교에서 잘해내고자 애썼다. 한 부모는 자식을 사랑한다고 말하면서도 가치 조건을 아이에게 강요했다. 아이가 올바르게 행동하고 성공하면 아이에게 사랑과 관심을 퍼부었지만 아이가 기대에 미치지 못하면 냉담해지고 거리를 두었다. 두 번째 아이의 부모는 일관되게 진실하고 무조건적인 사랑을 아이에게 표현하고 쏟아부었다. 아이가 기준에 미치지 못하는 행동을 할 때면 이 부모는 행동을 교정하고 개선할 전략들을 제시한다. 이들은 교정할 필요가 있는 바람직하지 못한 행동을, 무조건적인 자식 사랑과 구분했던 것이다. 로저스는 가치 조건을 들으며 성장한 아이들은 대개 불안하고 우울하며, 성인으로서 적응을 잘 못한다고 주장했다.

로저스의 이론을 여러분 자신의 사회적 상호작용에 적용하면 마음의 힘을 연마할 수 있다. 가족이나 타인들과의 상호작용에서 가치 조건과 무조건적이며 긍정적인 존중을 늘 구별해야 한다. 리더로서, 아랫사람이 일에 실패할 때는 그가 다음번에 더 잘하도록 만드는 데 집중하라. 일을 잘못한 사람을 나쁜 사람으로 낙인찍지 말아야 한다. 무조건적이며 긍정적인 존중을 실천함으로써 사회관계를 강화하는 동시에 유능한 배우자, 팀원, 리더가 될 수 있다.

대부분 사람들에게는 마음의 힘이 있지만 이를 표현하길 어려워하기도 한다. 감정 표현 능력은 사람마다 천차만별이다. 말을 많이 하지 않고도 사랑을 주고받을 수 있다. 자식에게 필요한 것을 제공하기 위해 희생을 마다않는 부모들은 늘 말로 하지 않아도 사랑을 표현하는 것이다. 나이든 부모를 돌보는 자식들도 마찬가지다.

행동이나 말을 통해 여러분이 사랑과 친절과 용서와 감사를 정기적으로 표현하게 해주는 방안을 생각해보길 바란다. 이러한 표현을 습관적으로 하되 말과 행동에는 진정성이 있어야 한다. 서로에게 사랑 표현을 하지만 정작 행동으로는 상처를 주는 부부는 인성의 힘을 진정으로 보여주지 못하는 것이다. 자신의 삶에서 중요한 사람들에게 초점을 맞추고, 말과 행동으로 이 마음의 힘을 표현할 방안을 자주 생각하라. 감사 편지와 마찬가지로 긍정적인 감정과 행동을 받는 사람들보다 주는 여러분 쪽이 더 많은 혜택을 얻을 것이다.

신뢰, 집단의 분위기

리더가 훌륭한 이유는 옳기 때문이 아니라
배우고 믿으려는 의지가 있기 때문임을 알게 되었다.

스탠리 매크리스털Stanley McChrystal[1]

05

1991년 2월 미국이 이끄는 연합군이 이라크 공격을 준비하는 동안, 제7 군단을 지휘하던 프레드 프랭크스Fred Franks 중장은 휘하의 한 부대에게 군단의 공격 계획을 상세하고 열정적으로 설명하기 시작했다. 대원 전체가 임무를 파악하고 자신이 선택한 작전 개념의 의의를 이해하는 것이 중요하다고 여겼기 때문이다. 발표를 마치고 난 장군은 좌중에게 질문이 있는지 물었다. 하사관 한 사람이 불쑥 끼어들어 짤막하게 말했다. "걱정 마십시오, 장군님. 저희는 장군님을 믿습니다." 이러한 신뢰가 없으면 임무는 성공하지 못한다. 프랭크스 장군에 대한 부하들의 신뢰는 사막의 폭풍 지상전 동안 제7군단에게 역사상 유명한 승리를 안겼다.

전쟁에서 신뢰가 중요하다는 말은 너무도 당연해 보인다. 여러분의 직장 경험을 떠올려 최상의 또는 최악의 감독이나 관리자를 생각해보라. 각각에 대한 여러분 자신의 신뢰를 어떻게 표현하겠는가? 여러분의 직장 내 관계에서 신뢰는 얼마나 중요한가? 여러분이 감독이거나 관리자라면 부하직원들이 자신을 신뢰하고 있다고 생각하는가? 신뢰란 정확히 무엇인가? 신뢰라는 결속력이 깨지면 어떤 일이 벌어지는가? 신뢰는 회복이 가능할까? 신뢰의 요소들을 이해하면 더 신뢰할 만한 사람이 되는 법을 배울 수 있을까?

심리학자들은 광범위하게 신뢰를 연구해왔고, 리더들은 군과 기업과 그 밖의 다른 환경에서 타인들을 이끌고 영향력을 끼친 경험을 바탕으로 신뢰에 관해 많은 것을 익혔다. 우리는 신뢰야말로 본질적인 인성자질이자 리더의 속성이라고 생각한다. 신뢰 없이 인간들이 효율적으로 활동할 수 있는 환경은 상상하기 어렵다. 그런데도 요즈음 신뢰는, 왜곡된 미디어와 사법체제와 교육 시스템과 그 밖의 다른 기관으로부터, 그리고 목표만 이루면 된다고 생각하는 정치가들과 기타 전문가들로부터 공격을 받는 실정이다. 소셜미디어는 이러한 사태에 도움이 되지 않는다. 사람들은 소셜미디어에서 자신이 보거나 읽거나 들은 바를 그대로 믿는 경향이 있다. 자신의 견해를 지지하지 않는 뉴스들은 '가짜 뉴스'라며 거부한다. 사람들은 백신 접종이 자폐를 일으키거나 자신의 정신을 통제하기 위한 정부의 음모라고 (충분한 증거의 뒷받침도 없이) 여기며 자식들에게 접종을 시키지 않는다. 의도적으로건 아니건 한때 신뢰와 추앙을 받던 기관과 제도들은 신뢰가 잠식된 탓에 위태로운 지경에 이르렀다.

전직 합동참모의장 마틴 뎀프시Martin Dempsey는『근본적 포괄성』

Radical Inclusion이라는 저서에서 '디지털 메아리'digital echo 현상에 대해 논한다. 소셜미디어를 통해 누구나 진실 여부에 상관없이 견해를 게시할 수 있게 되었고, 그러면서 중요한 것은 진실 여부가 아니라 게시물이 얼마나 많은 견해나 '좋아요'를 유발하느냐가 되었다. 이럴 때 진실의 중요성은 떨어진다. 진실이 왜곡될 때 진실은 증발한다. 이런 일이 매일 일어나며, 우리가 지켜야 하는 진실에 위협이 된다.[2]

진실이 잠식되면 장기적으로 어떤 영향을 끼칠까? 경찰과 법원이 신뢰받지 못하고 불법적이라고 여겨지면 사람들은 법을 지켜야 한다는 의무감을 못 느끼게 된다. 뉴스가 모조리 가짜 뉴스라면 사람들은 사실 분석보다 자신의 개인적 편견과 선입견을 바탕으로 결정을 내리게 된다. 아동에게 백신접종을 하지 말자는 운동은 특히 문제다. 절멸된 홍역이 다시 한 번 기승을 부리고 있다. 뉴욕시 외곽의 로클랜드 카운티에서는 아동의 25퍼센트가 접종을 받지 않았다.[3] 그 결과 홍역이 재발했고 상황이 급속히 악화되어 카운티 당국은 백신 접종을 받지 않은 아이들이 공공장소에 가지 못하도록 금지 명령을 내렸다. 주민들이 홍역 백신을 믿지 않는다면 소아마비 백신은?

신뢰란 _ 무엇인가?

신뢰란 둘이나 그 이상의 개인 사이의 관계로서, 서로가 서로에게 이로운 방식으로 행동하리라는 예상을 특징으로 하는 관계이다. 조금 더 깊이 들어가 보자면 신뢰에는 두 가지 요소가 있다. 첫째, 예측 가능성이다. 관계를 맺은 각 개인이 일관된 방식으로 행동하리라고 예측할 수 있는 상태를 말한다. 예측 가능성과 일관성이 사라지면 신뢰도 증발한다.

남편을 속이는 아내나 아내를 속이는 남편은 단 한 차례라 하더라도 다시는 신뢰받지 못한다. 둘째, 신뢰는 위험을 내포한다. 우리는 자신이 믿는 사람이 옳은 일을 하리라 예상한다. 그렇지 못할 경우 부정적인 결과가 뒤따를 수 있다. 경찰관은 자기 파트너가 자신이 차량을 수색하는 동안 뒤에서 보호해주리라 믿는다. 파트너가 보호해주지 못하면 용의자는 경찰관을 공격하거나 달아난다. 신뢰의 위반에는 대가가 따른다.[4]

신뢰는 군사 활동이나 치안처럼 위험한 환경에서 특히 중요하다. 이런 환경에서 신뢰를 알고 이해하는 일은 더 나은 군인과 경찰관을 교육·훈련·양성 하는 데 도움이 된다. 더 나아가 신뢰가 그 밖의 다른 환경에서 작동하는 방식 또한 알 수 있다.

신뢰에 대한 특히 흥미로운 현장 연구는 군심리학자 패트릭 J. 스위니Patrick J. Sweeney가 실시한 것이다. 2004년 미국의 이라크 침공 당시 육군 중령이었던 스위니는 사회심리학 박사학위를 준비하고 있었다. 스위니는 박사학위를 받자마자 웨스트포인트로 가서 심리학과 리더십을 가르치기로 되어 있었지만 당시 육군 소장이었던 데이비드 퍼트레이어스David Petraeus 장군은 그에게 대학원 공부를 중단하고 2003년 3월 이라크의 초기 작전을 도우라고 요청했다. 이를 수락한 뒤 스위니는 재빨리 연구 하나를 설계했다. 전투 중인 병사들 사이의 신뢰에 대한 연구였다.

스위니는 조사지를 만들어 전투 작전 동안 장교와 하사관들과 사병들에게 조사했다. 이 방법론은 고도의 외적 타당도(실험의 결과를 다른 대상, 다른 시기, 다른 상황에 일반화할 수 있는 정도)를 지녔다고 말하는 것만으로는 충분치 않은 가치가 있었다. 전쟁 복무를 마친 뒤 스위니는 이라크에서 모은 데이터를 수개월 동안 분석해 박사 논문을 완성하고 학위를 받았다. 스위니가 사회심리학 박사학위를 받은 노스캐롤라이나대학교는 그런 종류의 논문을 본 적이 없었으리라!

스위니의 연구 결과는 시사하는 바가 꽤 컸다. 그는 지휘관에 대한 병사들의 신뢰가 지닌 핵심 요소 세 가지를 찾아냈다. 스위니는 이 요소에 '신뢰의 3C'라는 이름을 붙였다. 신뢰의 세 요소란 능력competence과 인성character과 배려caring이다.[5] 신뢰받는 지휘관은 자기 병사들에게 능력을 인정받아야 한다. 지휘관들은 부하들에게 임무를 완수하는 데 필요한 지식과 기술을 자신이 갖추고 있음을 입증해야 한다. 무능함은 병사들의 불필요한 사망이나 부상으로 이어질 수 있다.

두 번째 C인 인성 또한 신뢰라는 결속 형성에 꼭 필요하다. 육군은 인성의 핵심이라고 생각하는 기본 가치 일곱 개를 채택했다. 신의, 의무, 존중, 이타적 행위, 명예, 진실성, 용기다. 수백 년간의 군 경험과 문화에서 비롯된 이 가치들은 앞에서 논했던 배짱, 두뇌, 마음의 힘과 직접 연관된다. 스위니는 능력이 신뢰를 갖게 하는 필요조건이긴 하나 충분조건은 아니라는 것을 발견했다. 고매한 인성 또한 중요하다. 역량이 뛰어나고 유능한 리더가 신의가 없고 의무를 회피하며 상대를 존중하지 않는 등 인성이 결여되어 있으면 병사들의 신뢰를 받지 못한다. 인성이 모자라면 리더십도 실패로 돌아간다. 부하들과 상관의 신뢰를 잃기 때문이다.

스위니의 3C 이론에서 신뢰의 세 번째 요소는 병사들의 복지에 대한 진정성 있는 배려이다. 배려는 개인들의 변덕에 맹목적으로 영합하는 것이 아니라, 힘든 상황에서 병사들이 올바른 일에 헌신하도록 명확하면서도 진정성 있는 모범을 보이는 것이다. 배려하는 리더는 공감 능력을 보여주며, 자기 병사들과 위험을 공유하고 위협적인 난관 앞에서 병사들과 함께한다. 부하의 사망 같은 극한의 경우 배려하는 리더는 작전 중에 사망한 병사가 최대한의 존중을 받도록 그가 남긴 물건을 모아 집으로 보내며, 병사의 가족을 지원하고 위로하는 조치를 꼭 실행한다.

스위니는 3C 각각이 신뢰에 필요하지만 그 어떤 것도 충분조건은 되지 못한다는 점을 강조한다. 능력과 인성과 배려의 모범을 보인 장교와 선임부사관들이 지도하는 부대에 배정받은 병사들은 최종적으로 더 큰 실적을 냈다. 사기가 높았고 병사들은 맡은 바 임무를 완수하기 위해 자신의 모든 것을 내놓을 의지를 더 발휘했다.

다음에 소개하는 교전 이야기를 읽으면서 능력과 인성과 배려가 어디서 어떻게 성공적인 전투 성과에 기여했는지, 이 특성들을 어떻게 여러분 자신의 상황에 적용할 수 있을지도 생각해보자.

고지를 사수하라!

1863년 7월 1일, 2일, 3일. 게티즈버그 전투에서 북군은 불굴의 의지로 전투에 임했고 결국 난공불락으로 보였던 남군에게 전투 개시 2년 만에 최초의 승리를 거둔다. 전투에 참가한 부대 가운데는 윌리엄 콜빌 William Colvill 대령이 지휘하는 기강 잡힌 미네소타 연대가 있었다. 콜빌의 군단장인 윈필드 스콧 행콕 Winfield Scott Hancock 장군은 집결한 남군이 북군 중앙을 향해 진격할 정도의 추진력이 있어 북군이 후퇴할 수밖에 없는 상황임을 간파했다. 재앙의 전조를 눈치챈 행콕 장군은 윌리엄 콜빌 대령에게 남군을 공격하라는 명령을 내렸다. 콜빌은 자신과 부하들에게 닥칠 운명을 잘 알았지만 행콕 장군의 명령을 거역하지 않았다. 병사들 역시 자신에게 무슨 일이 닥칠지 잘 알면서도 지휘관의 명령을 충실히 따라 남군을 공격했고 그럼으로써 북군에게 재정비할 시간을 벌어주었다. 미네소타 연대는 공격에 성공했지만 재난에 가까운 병력 손실을 입었다. 연대 구성원의 80퍼센트 이상이 공격에서 사망했다. 큰 대가를 치르고 얻은 성취는 의무와 충성과 신의를 보여주는 귀중한 사례이다.

전투가 벌어지는 사흘 동안 양쪽 군 어느 편도 용맹성이 모자라지 않았다. 역사적으로 더 유명한 교전은 이틀째 되던 날 오후, 북군의 좌측면인 리틀 라운드 톱Little Round Top에서 벌어진 전투다. 남군 사령관 로버트 E. 리Robert E. Lee 장군은 군단장인 제임스 롱스트리트James Longstreet 중장으로 하여금 좌측면에서 북군을 공격하라는 명령을 내렸다. 리틀 라운드 톱의 길목에 자리 잡은 좌측면이었다. 설상가상으로 북군 소장인 대니얼 시클스Daniel Sickles 장군은 리틀 라운드 톱의 우익을 지원하는 위치에서 군을 전방으로 옮겨놓은 상태였다. 전투에서 우위를 장악하기 위한 이러한 전술 때문에 좌익에 있던 북군 병력은 지원을 받지 못하고 무방비 상태로 싸워야 할 상황에 처해 있었다.

남군의 롱스트리트 중장이 공격 태세를 취하고 있을 때 북군의 공병감이었던 거버너 워런Gouverneur Warren 준장이 북군의 좌익 쪽 정찰 임무를 맡고 급파되었다. 남군의 임박한 공격이 좌익을 향한다는 것을 알아챈 것이다. 그러나 좌익 쪽에 병력이 전혀 없다는 것을 확인한 워런은 즉시 부대를 호출하여 리틀 라운드 톱을 방어하라고 지시했고, 북군의 여단장 스트롱 빈센트Strong Vincent 대령이 자기 부대원들에게 리틀 라운드 톱을 점령하라고 명령했다. 좌익 맨 왼쪽에 있던 제20 메인 연대와 함께였다. 그는 제20 메인 연대에게 "어떤 위험을 무릅쓰고라도 고지를 지켜라"라는 지시를 내렸다.

당시 제20 메인 연대의 지휘관은 조슈아 체임벌린Joshua Chamberlain 대령이었다. 보도인 칼리지Bodoin College의 전 교수였고, 부대원들의 사랑과 존경을 독차지하던 상관이었다. 체임벌린은 롱스트리트 중장이 지휘하는 제15 앨라배마 연대의 공격을 제시간에 격퇴하기 위해 부하들을 배치했다. 남군은 되풀이해 공격해왔지만 계속해서 격퇴당했다.

제15연대가 다시 집결하여 또 한 번 공격 채비를 하고 있을 때 체임벌린 대령은 휘하의 지휘관들을 소집해 자기 연대의 상황을 평가했다. 그는 연대 사상자가 상당수이며 탄약도 거의 소진되었음을 알게 되었다. 거의 모든 지휘관이 후퇴를 명했을 상황이었다. 그러나 체임벌린은 빈센트 대령의 "어떤 위험을 무릅쓰건 고지를 사수하라"라는 명령을 기억하고, 이런 위중한 상황에서도 후퇴를 고려하지 않았다. 오히려 체임벌린은 연대에 남은 병사들에게 '총검을 수리'하여 언덕 아래 남군을 공격할 태세를 갖추라고 지시했다.

총검 수리 명령은 육탄전을 의미하는 것이었고 이는 부상을 입거나 사망할 게 뻔하다는 뜻이었다. 이 명령을 받았을 때 병사들의 머릿속에 오간 생각들은 독자 여러분의 상상에 맡긴다. 지휘관과 병사들 간의 신뢰가 중요해지는 지점이 바로 여기다. 자신들의 안전을 도모할 생각을 버린 부하들은 지휘관의 명령을 실행할 채비를 했다. 이 정도의 신뢰가 없었다면 부하들은 생명을 위협하는 이런 명령을 결코 따르지 않았을 것이다.

체임벌린은 부대원들과 어떻게 이 정도의 신뢰 관계를 형성한 것일까? 체임벌린은 상황 여하를 막론하고 늘 부대원들과 함께했다. 그는 부하들과 어려움을 나누었고, 언제나 최전선에서 지휘했다. 게티즈버그 전투 이전에 그는 다른 메인 연대 소속 병사들을 넘겨받았다. 메인 연대 병사들 가운데 다수가 반란죄로 체포되었고 필요하다면 반란자들을 사살하라는 명령까지 내려온 상황이었다. 그러나 체임벌린은 이들을 '여분의 짐짝' 취급하는 대신 더불어 이야기를 나누고, 이들을 논리적으로 설득하고 돌보았으며 결국 제20 메인 연대와 함께 싸우자고 설복시키는 데 성공했다. 체임벌린이 이 정도의 역량을 갖춘 지휘관이었음을 감안하면 그의 부하들의 왜 그를 신뢰하고 존경했는지 알 수 있다. 그 신뢰 덕에 제20 메인 연대는 엄청난 역경에 맞서 승리를 거두었고 그 덕에 북군은 게티즈버그에서 이틀째 전투를 버텨내고 결국 사흘째에 승리를 거둘 수 있었다. 체임벌린의 역량과 흠잡을 데 없는 인성, 즉 자기 병사들에 대한 진정성 있는 배려와 보호는 전투를 승리로 이끄는 견인차가 되었다.

사람들은 대부분 스트레스와 요구사항이 많은 환경에서 일한다. 여러분 자신의 직무 경험을 바탕으로 스위니가 제시했던 3C의 유효성에 관해 생각해보면 유용하리라. 여러분의 리더나 관리자들은 능력과 인성과 배려를 갖추고 있고 이러한 가치를 모범적으로 드러내는가? 3C 중 한 가지 덕목이나 그 이상이 없을 때 여러분의 실적이나 사기는 어떤 영향을 받는가? 능력은 출중하지만 인성이 부족하고 여러분의 안녕에 진심 어린 관심을 표명하지 않는 리더를 위해 일할 때 만족했는가? 가장 중요한 질문은 이것이다. 여러분 자신의 3C를 키우기 위해 무엇을 할 수 있는가?

신뢰 구축의 또 다른 퍼즐, 소통

신뢰에 중요한 또 하나의 요소는 소통communication이다. 소통은 네 번째 C라고 할 수 있다. 효과적인 소통은 신뢰를 구축하고 유지하기 위한 필수 선결 요건이다. 효과적인 소통은 일방적이지 않다. 모든 유형의 보람 있고 지속적인 관계는 정기적이고 솔직한 소통에 달려 있다. 결혼의 성공 여부는 배우자 두 사람의 소통에 달려 있다. 배우자들은 서로 소통해야 하고 상대의 말에 귀를 기울여야 한다. 일방적 소통은 이혼 법정으로 가는 지름길이다.

체임벌린은 반란을 일으킨 병사가 속해 있어 상상 이상으로 사기가 떨어져 있던 다른 메인 연대의 병사들을 인계받았을 때 진정성 있는 존중과 애정과 목적의식을 전달했다. 그의 소통 능력 덕에 이 병사들은 불복 성향이 있는 병사에서 다른 전우들과 전투에 목숨을 바치기로 결심한 병사로 변모했다.

조직 환경에서는 수평적인 소통에다 수직적인 소통도 중요하다. 노동자들은 동료들뿐 아니라 부하 직원과 상관인 관리자들과도 소통해야 한다. 특히 위험이 높은 직종에서 소통은 매우 중요하다. 위험한 직종에서는 팀원들 간의 언어 상호 작용이 명확하고 시의적절해야 한다. 텔레비전 프로그램인 〈경찰 현장〉Live PD을 보면 경찰관들이 위험한 상황에서 서로, 또 용의자들과 어떻게 소통하는지 살펴볼 수 있다. 덜 극적인 직무 환경에서는 문서로 소통하여 직원들이 직무를 실행하기 위한 공통의 그림을 그릴 수 있다.

'쥐덫 훈련'mouthtrap exercise이라는 팀워크 활동이 있다. 이 훈련에서 한 사람은 눈을 가린 채 여기 저기 설치해놓은 쥐덫들의 지뢰밭을 헤쳐 나가야 한다. 눈이 안 보이는 상황에서 믿을 수 있는 방편이라고는 팀원들이 말로 지시하는 내용뿐이다. 명령이 잘못되거나 명령이 제대로 이해되지 않을 때 어떤 고통을 당하게 될지 눈을 가린 팀원은 잘 알고 있다. 그는 자기 팀원의 소통 능력을 전적으로 신뢰해야 한다. 명령이 완벽할 경우 안전하고 고통 없이 과제를 완수할 수 있다. '쥐덫 훈련'의 목적은 신뢰 구축을 위해 소통이 얼마나 중요한지 전달하는 것이다.

소통의 실패는 과제와 임무에 즉각 부정적인 영향을 끼칠 수 있으며, 장기적으로는 신뢰를 무너뜨린다. 네 번째 C인 소통은 스위니가 밝힌 3C 가운데 한 가지 능력의 일부라고 간주할 수 있다. 소통을 어떤 C 에 분류해 넣든, 쌍방으로 언어 소통을 원활하고 명확하게 하지 못하는 조직 구성원은 다른 구성원들을 위험에 처하게 만들기 때문에 시간이 지날수록 신뢰를 잃는다.

캐슬런 장군은 루이지애나주 리스빌 인근에 있는 포트포크의 육군 합동 준비 태세 훈련본부JRTC의 관찰·통제관으로 복무한 적이 있다. JRTC의 직무는 전투 지대에 막 주둔하게 될 부대들이 실제 환경에서 군사 기량을 실습할 기회를 제공하는 것이다. JRTC 훈련은 고되고 스트레스가 심하다. 3주간의 훈련은 지형에 익숙하고 기량이 고도로 뛰어난 무시무시한 적을 상대로 실시한다. 육군이 벌이는 실제 전투와 매우 유사하다. 전역한 군인들 대부분이 JRTC 훈련을 하느니 실제 전투가 더 낫다고 말할 정도다.

캐슬런의 역할은 여단 전투 팀을 관찰하는 일이었다. 그는 전장 어느 곳이든 가서 모든 팀의 회의, 교전, 작전, 활동에 참석할 수 있는 권한이 있었다. JRTC는 리더십의 실험실이다. 캐슬런은 이 훈련에 참가한 많은 지휘관 가운데서 믿을 수 없을 정도로 재능이 뛰어난 리더들을 발견했고, 지휘관의 자격이 없는 이들도 보았다. 그는 이 경험을 통해 탁월한 리더의 자질을 알아보게 되었고, 형편없고 무능한 리더들의 나쁜 특징 또한 확인했다.

캐슬런 장군은 훈련 부대의 지휘 본부로 걸어 들어가는 즉시 훈련의 성공 여부를 바로 알아보았던 일을 떠올린다. 성공적인 훈련에서는 모든 계급 층위에서 배움이 발생하며, 활발하게 활동이 벌어진다. 성공하는 훈련의 경우 공식·비공식 소통이 자유롭게 이루어진다. 하급 지휘관들은 상급 지휘관들과 맞붙어 논쟁을 벌이고 상급자들은 자신의 고집을 버리고 하급 지휘관들의 말에 귀를 기울인다. 하루 일과가 끝나고 훈련에 참가한 구성원들이 지휘관에게 최신 성과를 보고할 때가 오면 장교들은 자신이 지휘관 앞에서 브리핑하겠다고 아우성을 친다. 이들은 자신이 일군 성취가 자랑스럽고, 상관에게 자신의 역량을 내보이고 싶어한다. 성공하는 팀의 특징은 배움과 성장과 팀워크의 문화가 손에 잡힐 듯 생생하다는 점이다. 구성원들은 모두 주도적으로 계획을 짜 실천하고 확장하며 실수를 한다 해도 실수에서 배우는 것이 있다. 감독자들은 실수야말로 배우고 성장할 기회라고 역설한다. 그 결과 훈련에 참여했던 지휘관과 부대원들은 작전을 실시할 때마다 더욱 향상된 기량을 선보이게 된다. 부하들은 상관을, 상관은 부하들을 신뢰한다. 부대 내의 구성원들은 누구나 서로를 신뢰한다.

그러나 모든 부대가 이런 모습을 보이는 것은 아니다. 훈련이 제대로 이루어지지 않는 부대의 본부로 들어가면 고요한 분위기가 지배한다. 모두들 얼음처럼 냉랭한 분위기에서 서로 말 한 마디 나누지 않고 컴퓨터 앞에 앉아 스크린만 노려보기 일쑤다. 배움이 활발히 이루어지는 부대에서 두드러지게 나타나는 역동적인 교류는 없다. 일과가 끝나고 지휘관에게 브리핑을 할 때가 와도 자원하는 사람이 없으며, 상급자에게 미룬다. 지휘관이 입을 열면, 왜 아무도 그에게 브리핑을 하고 싶어하지 않았는지 금세 파악하게 된다. 그는 부대원들의 사기를 올려주고 올바르게 교화하기는커녕 특정 병사를 그 동료들 앞에서 비난하고 조롱한다. 계획이나 진취성을 실천하는 사람은 전혀 없다. 대원들은 하라는 일만 하며, 무언가 주도적으로 했다가 실수할 위험을 무릅썼다는 이유로 비판 받을까 봐 두려워한다. 배움도 성장도 전무하다. 이런 훈련은 대체로 병사들에게 끔찍한 경험일 뿐이다.

이 내용을 읽으면서 독자 여러분은 자신의 직장 환경을 생각해볼 수 있을 것이다. 여러분의 상관은 어떤 종류의 직무 풍토를 대비해놓는가? 여러분의 직장 풍토는 소통 면에서 어느 정도의 수준을 갖추고 있는가? 그 수준이 신뢰에 끼치는 영향은 무엇인가? 여러분이 감독이거나 관리자라면 자신의 직무 단위 내에서 소통을 원활하게 하기 위한 조치를 실행해볼 수 있다. 소통을 우선사항으로 만들고, 매일 여러분의 팀에게 쌍방의 언어로 그들이 필요로 하는 정보를 전달하고 소통했는지, 그리하여 일의 효과를 극대화했는지 여부를 반성할 시간을 따로 마련하라. 귀 기울여 듣는 기술도 연습해야 한다. 언어 소통은 말을 하는 능력뿐 아니라 듣는 능력을 연마함으로써 증대된다. 요컨대 신뢰의 중요한 요소는 소통이다. 소통을 우선하라.

신뢰를 잃은 조직은 _ 어떤 모습인가?

조직의 문화는 조직의 성장, 가치, 사기, 배움, 발전, 직무 성공 등에서 매우 중요하다. 조직 문화를 책임지는 사람은 지휘관, 최고경영자, 리더이다. 신뢰의 실패는 많은 면에서 나타난다. 리더들은 무능할 수 있고, 인성이 의심스러울 수도 있으며, 자기 조직 구성원들에 대한 배려를 실천하지 못할 수 있다. 리더를 따르는 사람들 역시 여러 이유로 리더와 똑같은 실책을 저지른다. 세 가지 사례를 통해 신뢰 상실이 조직에 끼치는 영향을 알아보자.

1 | 고펀드미

첫 번째는 비즈니스 조직의 사례다. 2017년, 케이트 매클루어Kate

McClure와 그의 남자친구 마크 다미코Mark D'Amico는 필라델피아의 노숙 퇴역군인 조니 보비트Johnny Bobbitt를 돕기 위한 기부금을 모으려고 '고펀드미'GoFundMe라는 웹사이트에 자신들의 페이지를 개설했다. 두 사람은 보비트가 처한 곤경을 전했고, 소셜미디어를 통해 필요한 것들을 제공할 수 있도록 기부해달라 호소했다. 전 세계의 선한 사람들이 열광적인 호의를 보여 기부금이 40만 달러 모였다. 친절한 듯 보이는 매클루어와 다미코의 노력은 전통 매체와 소셜미디어 양쪽에서 초미의 관심사로 떠올랐고 그 덕에 기부 액수 또한 늘어났다. 미국인 두 사람이 조국에 봉사했던 퇴역 군인을 돕는 기분 좋은 미담이었다. 좋아하지 않을 이유가 어디 있겠는가? 하지만 석연치 않은 구석이 많았다. 매클루어와 다미코는 보비트에게 캠핑카를 사주고 2만5천 달러를 주었지만 나머지 대부분은 착복했다. 2019년 보비트는 매클루어·다미코와 공모해 기부자들에게 사기를 친 혐의를 인정했다. 매클루어 역시 사기 혐의를 인정했다.[6]

이 사건이 고펀드미에 끼친 영향 또한 심각했다. 크라우드 펀딩 기업인 고펀드미는 사람들이 다양한 이유로 모금 활동을 하는 일을 돕도록 설계된 영리 웹사이트다. 고펀드미 캠페인은 대개 사람들이 의료비를 내도록, 망가진 집과 건물을 교체하거나 수리하도록, 보비트의 경우처럼 가난한 사람들을 돕도록 활용된다. 이 사업의 핵심 요소는 다름 아닌 신뢰다. 이 사이트가 기부자들의 돈을 사취하는 데 쓰이면, 특히 보비트의 경우처럼 널리 공개되고 유명해지면 해당 기업에 대한 신뢰가 잠식당할 수 있다. 신뢰의 잠식은 기부금의 감소로 이어지기 때문에 정작 필요할 때 부정적 여파를 겪게 된다.

고펀드미는 어떻게 위기에 대응했을까? 이들은 3C 문제에 대처해야 했다. 우선 첫 번째 C인 능력을 입증해야 했다. 고펀드미 기업의 관리자들은 사기 캠페인을 밝히는 노력을 기울이겠다고 공개적으로 선언했다.[7] 두 번째 C인 인성을 입증하기 위해 고펀드미는 사기당한 기부자들이 온전히 돈을 반환받도록 하는 방침을 확립함으로써 정직과 진실성에 대한 헌신을 입증했고, 그리하여 기부 기업으로서의 정체성을 지켜냈다. 세 번째 C인 배려를 위해서는 고펀드미의 서비스가 도움이 필요한 이들에게 끼치는 긍정적 영향력을 정기적으로 역설했다. 스위니의 신뢰 모델에 근거하여 고펀드미는 자사의 3C에 대한 대중의 인식을 다시 드높이기 위해 올바른 조치를 취하고 있다.

2 | 가톨릭교회

두 번째 사례는 가톨릭교회가 당면한 아동 학대 위기다. 공공연히 성직자들이 저지르는 아동 성 학대에 관해 보도된다. 가령 2018년 10월 전직 신부인 데이비드 폴슨David Poulson은 펜실베이니아주에 위치한 자신의 성당에서 남아 두 명을 성적으로 학대한 죄를 인정했다.[8] 2019년 1월 그는 최대 징역 14년을 선고받았다. 학대는 8년 동안 지속된 것으로 밝혀졌다. 1979년에 성직을 시작했던 폴슨은 2018년 성직을 박탈당했다.[9] 불행히도 이 사건은 유명한 사례들 가운데 한 건에 불과하며, 최근 들어 새로 생긴 현상도 아니다. 신부, 때로는 수녀들에 의한 아동 성 학대는 수십 년 동안이나 널리 알려졌다.[10] 가톨릭교회가 내부의 이러한 위기에 제대로 대처하지 못하는 모습은 교회에 대한 교구민들의 신뢰를 떨어뜨리는 결과를 낳았다. 심지어 가톨릭교의 교리에 대한 믿음까지 떨어졌을 수 있다. 가령 미국에서 2019년 실시한 갤럽 여론조사에서, 미국 가톨릭교도 가운데 3분의 1이 자신의 신앙에 의구심을 품고 있음이 드러났다. 교회 당국이 성직자들의 아동 성 학대를 공개적·효율적으로 해결하지 못했다는 이유 때문이었다.[11] 이러한 여파는 가톨릭교회를 넘어선다. 2019년 4월 CNN 보도에 따르면, 종합사회인식조사General Social Survey의 조사 결과 '종교가 없다고 말하는' 미국인이 가톨릭교도나 복음주의 교회의 신도라고 말하는 수만큼 많아졌고, 셋을 다 합쳐도 미국인 전체의 4분의 1에도 미치지 못했다.[12] 비신자 숫자는 1990년대 초부터 급증하기 시작했다. 가톨릭교회의 아동 성 학대 문제가 표면화되기 시작한 때다.

가톨릭교회는 인성에서 실패했을 뿐 아니라 능력과 배려 면에서도 실패했다는 인식이 팽배했다. 능력의 실패는 교회 지도부가 오랜 기간 아동 성 학대 문제에 부실한 대응으로 일관했던 무능함으로 명확히 드러난다. 의미 있고 효과적인 조치를 취하지 못하는 교회를 보는 많은 사람들은 교회가 배려하지 않는다는 인식을 갖게 된다. 이렇게 세 가지 측면에서 모두 실패하는 경우 신뢰는 끝장이다. 이른바 '삼진아웃'이다. 능력과 인성과 배려 모두가 실패하면 그에 걸맞은 대가를 치러야 한다.

가톨릭교회는 고펀드미 사기 사건의 사례에서 교훈을 얻을 수 있다. 종교 기관과 영리 기업은 서로 다른 기관이고 교회의 성 학대 사건은 전 세계적으로 발생한 문제이지만, 그럼에도 불구하고 교회는 3C 모델에 근거하여 성 학대 위기에 대응할 수 있었다. 앞으로라도 교회가 능력과 인성과 배려를 진정성과 일관성을 갖추어 보여준다면 추문의 부정적 영향을 차차 극복할 수 있다. 종교는 많은 사람들의 행복뿐 아니라 의미와 목적의식 면에서 중심 역할을 수행한다. 3C 모델을 따라 추문을 해결하려는 체계적인 노력은 소외감을 느끼는 가톨릭교회의 구성원들이 너그러이 수용해줄 공산이 있다. 따라서 교회가 선포하는 종교에 대한 신앙을 회복하는 일은 교회라는 기관에 대한 신뢰를 회복하는 일과 동의어이며, 3C 모델은 이러한 작업을 실행할 수 있는 틀을 제공한다.

3 | 미시간주립대학교

신뢰 구축에 실패한 조직의 마지막 사례는 제3의 사회기관인 교육계에서 비롯된 것이다. 1992년부터 2005년까지 미시간주립대학교의 스포츠 의학 주치의였던 래리 나사르는 무려 250명의 소녀들(그중에는 여섯 살밖에 안 된 여아들도 포함)을 학대했다.[13] 1996년부터 2014년까지 나사르는 미국 체조협회의 국립 의료 코디네이터로도 일했다. 젊고 야심찬 여자 체조선수들과 정기적으로 만날 수 있는 직위였다. 체조선수들의 고발 및 수사를 통해 나사르에게 22건의 미성년자 성범죄 혐의가 적용됐다. 아동 포르노그래피를 소지한 혐의도 있었다. 나사르는 혐의를 인정했고 징역 175년을 선고받았다.

나사르의 행동은 그에게 피해를 입은 선수들뿐 아니라 자신의 지위와 속한 조직의 명성에도 해로운 영향을 끼쳤다. 그의 혐의가 폭로된 이후 몇 달 동안 미시간 주립대학교와 미국 올림픽위원회와 미국 체조협회는 수십 건의 소송을 당했다. 세 단체는 구성원들이 규칙을 준수하는지 충분히 감시하지 않은 것, 학대 징후를 주의 깊게 살피지 않은 것, 불법 행위에 대한 불만을 귀 기울여 듣고 추적하지 않은 일로 기소되었다. 이 기관들은 상당한 금전상의 손실(미시간주립대학교는 피해자들에게 5억 달러를 지불하는 데 합의함)을 입었을 뿐 아니라 평판에도 심각한 손상을 입었다. 미시간주립대학교의 총장 루 애너 K. 사이먼Lou Anna K. Simon은 위기에 맞서 대학 관리를 제대로 하지 못했다는 통렬한 비판에 직면했고 2018년 1월 사임했다. 전 미시간주 주지사 존 M. 엥글러John M. Engler가 임시 총장으로 선임되었지만 그 역시 불과 1년 뒤에 압력을 받고 사임했다.[14] 추문의 여파는 미시간주립대학교에서 끝나지 않았다. 미국 체조협회 또한 민사 소송뿐 아니라 엄격한 공개 조사에 직면했고, 이사진 전원이 사임했다.[15] 물론 이 단체들이 입은 여파는 나사르의 범죄 행각이 수많은 피해자들과 그 가족에게 끼친 지속적인 영향에 비하면 보잘것없다. 가톨릭교회의 경우와 마찬가지로, 이 사건에 연루된 기관들 역시 3C 모두에서 실패했다.

다양한 유형의 기관에서 드러난 3C 실패의 사례들은 신뢰의 상실이 조직의 명성에 끼치는 영향을 잘 보여준다. 전 세계에서 선행하는 노력과 수백 년 전통의 가톨릭교회 같은 기관이 신뢰 상실 때문에 손상을 입을 수 있다면 다른 조직 역시 이러한 신뢰 상실의 여파에 취약하다. 미시간주립대학교는 1855년 정부가 제공한 토지에 설립된 학교로서 전통을 이어가기 위해서라도 잃어버린 신뢰를 회복하려 분투해야 한다. 아무리 유서 깊고 신망 높은 기관이라 해도 인성의 결핍으로 인해 구성원들 (혹은 고편드미의 경우 고객들)의 신뢰를 잃는 경우 그 명성과 생존 가능성은 반드시 위험에 처하게 된다.

성과와 신뢰, _ 두 마리 토끼를 잡아라

인성의 실패를 막기 위해 조직이 할 수 있는 일은 무엇일까? 중요한 첫 단계는 개인에게 성격이 있어서 인성을 키우는 일이 중요하듯 조직 역시 개인과 똑같이 긍정적이건 부정적이건 성격이 있다는 점을 인식하는 것이다. 스위니의 3C 모델은 개인과 조직 모두의 속성이라고 간주해야 한다. 능력과 인성과 배려 수준이 높은 조직은 거기 속하는 개별 구성원들의 자질 역시 촉진하는 경향이 있다.

스포츠 팀은 조직의 우수성에 대한 흥미로운 사례를 제공한다. 매슈스 박사는 선수와 경영진과 운영진을 정기적으로 교체해야 하는 특성을 지닌 스포츠 팀들이 탁월함을 계속 유지할 수 있는 방안을 컨설팅해준 다. 전문 스포츠 팀은 군 조직과 유사성이 많다. 두 조직 모두 경쟁 분위 기가 지배적이고 승리해야 한다는 압박이 크며 가족 및 친지들로부터 떨어져 지내야 할 때가 많다. 선수들은 새 팀으로 이적하거나 새 팀과 계약 을 맺을 때 자유롭다. 경영진과 소유권은 바뀔 수 있다. 이러한 변화에도 소수의 엄선된 팀들은 해마다 승리를 거두어 성공적인 조직으로 남는다.

매슈스 박사가 전문 스포츠 팀에 주는 메시지의 핵심은 3C를 교육 하라는 것이다. 영구적인 성공을 누리는 팀들은 3C를 포용하는 조직 풍 토를 확립해 높은 성적과 인성을 촉진하기 위해 적극적인 역할을 수행한 다. 이러한 조직은 명료하게 표현한 조직 강령과 비전을 담은 규약을 갖 추고 있으며, 선수 및 다른 스태프들과 명확하게 소통한다. 성공하는 팀 들은 행동과 인성 기준이 높고 이러한 기준을 고수하는 모범을 세워 이 에 보상을 제공하며, 팀이 공유하는 가치에서 벗어난 행동은 처벌한다. 이러한 팀에서는 경영진과 리더 그리고 선수까지 변화할 수밖에 없기 때 문에 유능함과 견고함이 오랜 기간 유지된다.

군이나 스포츠 단체 혹은 다른 조직 환경에서 뛰어난 실적을 지속 적으로 내려면 조직이 3C를 향상하기 위해 앞서서 상황을 주도해야 하 며, 능력과 인성과 배려를 키우고 뒷받침하는 풍토를 확립해야 한다. 인 성 수준이 높은 개인이 조직 내에 있다 하더라도 이들이 소속되어 일하 는 조직이 긍정적인 가치와 실천에 매진하지 않고 도덕 방침을 굳건히 고수하지 못하는 경우 개인들은 꾸준히 윤리적인 행동을 하기 어렵다고 느낀다. 성공하는 팀을 꾸리기 위한 출발점은 운동이건 직무건 군사 작전 이건 꾸준하고 긍정적인 활동 환경을 제공하도록 조직 차원에서 힘쓰는 일이다. 이러한 조직에 새로 들어온 신입 구성원들은 조직의 가치를 배우고 습득하며, 이로써 모범적인 인성이 동기를 부여받는다. 이를 실천하는 이들이 모범적인 인성을 발휘하도록 선도하기 때문에 조직의 인적 자원 구성이 바뀐다 해도 조직은 우수성을 유지할 수 있게 된다. 행동심리학자 스키너의 '실험용 쥐는 언제나 옳다'라는 유명한 격언은 이러한 특성을 잘 포착한다. 쥐를 욕하기 전에 쥐가 행동하고 있는 조직 환경을 살펴보라. 양질의 조직은 우수함을 키우고 유지하지만, 가치를 명확히 표명하지도 실천하지도 않는 조직은 늘 무능하며 실패를 거듭한다.

신뢰받는 리더십을_ 쌓는 방법

관리자나 경영자들을 비롯한 리더는 자신이 3C 면에서 어느 위치에 있는지 평가해 자신이 이끄는 팀과 조직 내에서 신뢰를 구축할 수 있다. 졸업 직후 소대의 지휘관이 되어 미국 육군의 장교로서 임무를 받게 된다는 것을 아는 웨스트포인트 사관생도에게 앞으로 닥칠 임관이 얼마나 겁나는 일일지 한번 상상해보라. 소대의 지휘관은 약 30명의 병사를 통솔한다. 소대에는 경험 많고 노련한 중사나 분대장급 하사, 병장 등 부사관들이 있다. 소대 지휘관은 소대원들을 훈련시키고 전투 및 다른 임무를 준비할 책임을 맡는다. 소대의 하사관급은 육군 경력이 10년 또는 그 이상일 수 있고 경력 대부분은 전투 경험으로 이루어져 있다. 이병이나 일병 등 사병을 제외하고 소대 지휘관인 소위가 사실상 그 소대에서 경험이 가장 일천한 구성원이다.

졸업과 임관이 다가올수록 어렴풋이 다가오는 막중한 책임감이 생도의 마음을 무겁게 짓누르기 시작한다. 이 책을 쓴 캐슬런과 매슈스도 웨스트포인트의 다른 교육자들처럼 생도들이 미래에 맞닥뜨리게 될 일을 대비하는 멘토 역할에 상당 시간을 할애했다. 멘토링에서는 3C에 관해 이야기하고 새로 임관할 소위들이 3C 기준을 모두 충족하기 위해 할 수 있는 일을 논의한다.

졸업 전 몇 달 동안 웨스트포인트에서는 곧 졸업할 4학년생들의 멘토링을 위해 작전 부대의 소위들과 부사관들을 학교로 초청한다. 초청받은 이들은 자신들이 어떻게 명령을 받아들이는지 전하고 자신들이 당면한 문제들에 관해서도 이야기한다. 생도들은 이야기 하나하나를 열심히 흡수한다. 노련한 현장 장교들과 부사관들이 전하는 이야기는 어떤 내용일까? 대부분은 3C에 관한 것이다.

능력은 3C 중 가장 쉬운 도전이다. 소대 지휘관의 직무는 전투에서 기관총을 다루는 것이 아니지만 하급 병사가 무기 사용법을 배우고 있을 때 소위가 병사에게 올바른 무기 사용법을 실연해주면 즉각적인 신뢰를 얻을 수 있다. 육군은 신임 소위가 첫 부임지로 가기 전 이런저런 학교로 보내 이들의 능력을 키운다. 사병들은 신임 소위에게 거는 기대가 크다. 자신의 목숨이 지휘관의 능력에 달려 있기 때문이다. 신임 소위 편에서는 신뢰를 신속히 쌓는 것이 가장 좋은 방법이다. 능력 부족은 신뢰를 잃는 빠른 길이다.

두 번째 C인 인성은 능력만큼 실감이 나지 않는 자질이다. 우리는 미래의 소위들과 함께 논의한다. 소대원들이 소위에게 바라는 기준이 무엇일지에 관해서다. 우리는 겉보기에는 사소한 말이나 행동이 긍정적으로든 부정적으로든 인성 판단에 영향을 줄 수 있다고 생도들에게 설명한다. 생도들은 열심히 귀를 기울여 우리의 경험으로부터 배우고, 자신이 소대를 이끌 임무를 부여받을 때 어떻게 대응할지 숙고한다.

세 번째 C인 배려는 타고나야 하는 자질처럼 보인다. 소위는 자신이 세상에서 가장 배려 깊은 사람은 아니라고 생각할 수 있지만, 최소한 타인들에게 그들의 안녕을 배려한다는 것을 확신시키는 방식으로 행동할 수는 있다. 생일을 기억해주거나 사병이 개인적으로 겪고 있는 난관을 파악하고 지원하는 등의 단순한 행동도 크게 도움이 된다. 우리는 사관후보생들에게 사병들과 같이 시간을 보내라고 조언한다. 매일매일 노력을 통해 각 사병들에게 자신이 지휘관에게 특별한 존재라는 느낌을 받도록 해야 한다는 말이다. 배려는 부하들을 아기처럼 다루라는 뜻이 아니다. 배려란 사병들이 가장 높은 수준으로 행동하도록 시간을 내어 그들을 지원하고 성장시킨다는 뜻이다.

배려란 부대원들의 훈련이 어려운 만큼 현실성 있으며 충분한 자원을 갖추도록 보장하는 일이다. 배려란 부대원들이 가장 엄혹한 환경에서 작전을 해낼 수 있도록 대비시키고, 기준을 달성하지 못하는 이들이 교정 프로그램을 이수하도록 하는 것이다. 근무 시간이 아닐 때도 부대원들의 막사로 들어가 그들의 생활 조건이 수용할 만한 정도인지 확인하는 것이다. 일이 돌아가는 방식에 대한 사병들의 이야기에 귀를 기울이는 것이다.

그들이 직업 생활만큼 개별 인간으로 어떤 삶을 영위하는지도 알아야 한다. 사병들이 자기 시간에 자기 공간에서 들려주는 이야기들은 놀랍다. 무언가 옳지 않은 것을 보면 시간과 에너지를 들여 교정해야 한다. 상관이 자신을 위해 무엇이든 할 수 있다는 것을 아는 부하들은 상관을 절대로 실망시키고 싶어하지 않는다. 그들은 평생 지휘관을 신뢰할 것이다.

빠르게 신뢰 쌓기

군에서는 지휘관과 하급자가 끊임없이 교체된다. 이들의 직무 기간은 통상 18개월에서 2년가량이며, 한 곳에서 임기가 끝나면 다른 부임지로 가야 한다. 부하들도 특정 직무에 종사하는 기간이 4년 이하다. 병사들과 지휘관들에게 더 큰 책임이 따르는 새 보직을 맡겨서 전문 기술 및 리더십 역량을 발전시킬 기회를 제공하는 것이다. 대체로 육군 대령이 준장급 여단장이 될 때까지 맡게 되는 지휘관 보직은 6개 이상이다. 선임부사관직에 있는 이들도 비슷한 정도로 새 보직을 맡아 승진하고 전근한다.

빈번한 직무 이동에 부작용이 없는 것은 아니다. 어떤 측면에서 군의 구성원들은 '잘하는 일은 많은데 탁월하지는 못하다'라는 평가를 받게 된다. 특정 직위에서 유능감과 편안함을 느낄 무렵 다시 전근을 가거나 직무가 바뀌기 때문이다. 새로운 부임지로 가면 다시 초보자나 마찬가지가 된다. 부하들 입장에서는 유능하고 노련한 지휘관이 떠나는 것이 스트레스다. 이들은 새로 부임하는 지휘관에게 적응 훈련을 제공해야 하고 새로운 직무 방식에 익숙해져야 한다. 일반 병사들은 기본적인 능력을 갖추고 새로운 직무를 맡게 되지만, 그렇다 해도 부대를 옮기면 최상의 능력을 발휘하기까지 적응과 통합의 시기를 또 겪어야 한다. 때로는 형편없는 상관이 유능한 상관으로 교체된다는 장점도 있다. 물론 이 경우에도 지휘관이나 부하 모두 어느 정도 적응 기간이 필요하기는 마찬가지다.

군은 지휘관과 인력을 교체하는 과도기 문제를 완화하기 위한 전략을 개발해놓았다. 군사심리학자 폴 레스터Paul Lester는 '속성 신뢰'swift trust[16] 개념을 이야기한다. 군대의 표창장과 훈장은 모범적인 성과를 낸 구성원을 치하하고 영예를 부여할 뿐 아니라 군 구성원의 직무 이력을 공개적으로 보여주는 기능을 한다. 표창장과 훈장을 보면 새로 부임한 지휘관이 레인저 스쿨Ranger School(세계에서 가장 혹독한 특수훈련 과정으로 유명한 미 육군의 훈련 과정)을 졸업했는지, 전투에 복무했는지, 전에 엘리트 부대에 있었는지 한눈에 알 수 있다. 군에는 또한 직무와 조직 비전을 명시적으로 담은 규칙이 있기 때문에 새로 부임한 지휘관과 근무지를 옮긴 병사들은 이러한 규칙을 통해 새로운 직무에 더 신속히 적응할 수 있게 된다.

속성 신뢰는 비단 군의 일만이 아니다. 민간 조직도 인사 교체로 인해 비슷한 난관을 겪는다. 신임 교장이나 새로 고용된 경영자는 군복을 입고 있지는 않지만 속성 신뢰가 필요할 수 있다. 조직은 새로 온 리더를 올바르게 소개해 신속하게 신뢰를 확립하려는 노력을 기울인다. 신임 리더들은 3C를 신속하게 드러내 보이고 자신이 매일 만나게 될 조직 구성원들을 알아가면서 신뢰를 촉진할 수 있다.

무책임한 메시지가 _ 불러온 위기

나쁜 사람이 특정 조직의 신뢰를 해치는 방식으로 행동하는 것과, 적법하고 정당하게 선출되거나 임명된 사람이 조직의 신뢰를 해치는 것은 문제가 다르다. 가짜 뉴스에 퍼부어지는 비난을 듣는 일은 이제 일상이며, 정부 공직자를 비롯한 '리더들'은 경찰이나 법원 등 유서 깊고 명망 높은 기관들을 무능하다거나 때로는 그보다 더 나쁘다고 비판한다. 이러한 조직에 속하는 구성원 개개인은 과거나 지금이나 늘 실패하는 모습을 보이지만 조직 자체는 회복탄력성이 있다. 오늘날처럼 365일 24시간 내내 뉴스가 방영되고 소셜미디어가 지배하는 환경에서는 조직의 실패에 대한 이야기가 어느 정도 과장되는 것 같다. 종래의 신문 같으면 나오지 않을 법한 행위나 사건들이 지금은 '속보!'라는 타이틀을 달고 우리를 향해 날아든다.

사법부, 경찰, 언론계, 교육계, 기업계, 종교계, 군은 민주주의가 원활히 기능하도록 뒷받침하는 기관들이다. 이러한 기관들에 대한 신뢰가 점점 무너지면 이들의 적법성과 타당성마저 약화된다. 부정적인 이슈는 대개 특정한 정치적 관점을 뒷받침하거나, 특정 후보자를 향해 유권자들을 결집하기 위해 이루어진다. 득표수를 즉각 늘리는 일을 더 우선으로 여겨 주요 기관의 신뢰를 유지하는 장기적인 결과를 놓치고야 만다.

불완전성으로 점철된 인간의 본성은 수천 년 동안 변하지 않았다. 변한 것은 우리가 온갖 형태의 정보에 접근하는 속도가 비약적으로 빨라졌다는 것, 따라서 오보 접근성 역시 높아졌다는 것이다. 최근까지 공인들은 자기 생각을 드러내 말하지 않았고 합당한 생각이나 숙고를 하는 이들에게만 자신의 생각을 공개했다. 이제 소셜미디어를 통해 사람들은 스마트폰을 사용하는 전 세계 누구와도 140자나 그 미만으로 이런 생각을 공유할 수 있게 되었다. 그러나 우리는 소셜미디어 속 수많은 정보에서 알곡과 쭉정이를 구분하는 법을 아직 배우지 못했다. 문제는 이러한 정보에 알곡보다 쭉정이가 훨씬 더 많다는 것이다. 쭉정이 같은 정보가 소셜미디어에서 되풀이되면서 확산된다는 것이 뎀프시 장군의 '디지털 메아리' 개념의 핵심이다.

주요 사회기관에서 신뢰를 지키려면 매일 폭풍처럼 쏟아지는 미디어 정보를 더 지혜롭고 깐깐하게 해석할 줄 알아야 한다. 그보다 더 중요한 것은, 리더들이 뉴스와 소셜미디어에서 자신이 생산하는 내용에 책임을 져야 한다는 것이다. 책임지지 않는 메시지가 전송될 때 제2, 제3의 여파가 파괴적일 수 있음을 리더들은 더 잘 인식해야 한다. 책임지지 않는 메시지가 사회기관과 우리의 삶에 끼치는 악영향의 대가는 어마어마하므로 다른 방법으로는 회복이 불가능하다.

국민의 신뢰라는 은행

부하들의 신뢰를 받지 못하는 리더가 역량을 발휘할 수 있을까? 상관이 신뢰를 주지 않는 리더가 다른 이들을 이끌려고 노력하는 모습이 그려지는가? 당신이 만약 동료들 앞에서도 끊임없이 조롱과 망신을 당하는 적대적인 환경에서 일하고 있다면 상관과 신뢰 관계를 맺을 수 있겠는가? 당신이 내 상사라고 치자. 내가 당신을 믿지 않으면 나는 당신을 위해 일할 동기를 찾기 어려울 것이다. 반대로 내가 부하인데 당신이 상관으로서 나를 믿지 않는다면? 내게 중요한 업무를 전혀 맡기지 않을 테니, 나는 다른 직장을 알아봐야 할 것이다.[17]

어떤 직종에서건 고객들에게 제공하는 고유한 서비스가 있다. 군대의 경우 군이 제공하는 고유한 서비스란 살상 가능한 무력을 윤리적으로 올바르게 적용하는 일이다. 그 구성원인 군인들은 자기 목숨까지 바칠 준비가 돼 있다. 군대라는 전문직의 고객은 국민이다. 살상 무기를 올바르게 사용하는 일은 국민을 안전하게 지키기 위함이다. 다른 모든 직종과 마찬가지로 군에서도 고객과의 관계 향상은 매우 중요한 일이며, 고객과의 관계는 신뢰를 바탕으로 구축된다.

캐슬런 장군은 1970년대 웨스트포인트 사관후보생이었던 시절을 다음과 같이 회고한다.

베트남전쟁 기간 웨스트포인트 사관생도였던 나는 군과 관련이 없는 곳에서 군복을 입을 때마다 멸시와 공격의 대상이 되었다. 군대에 있다는 이유만으로 남들에게 침 뱉는 상대가 된 것이다. 고등학교 선생님 몇 분이 내게 웨스트포인트에 입학하지 말라고 말씀하신 기억도 있다. 베트남에 가게 되면 나 역시 '베이비 킬러'baby killer(베트남전에 참전했던 미군이 민간인을 살상했다며 자국민들로부터 받은 멸칭)가 될 거라면서 말이다. 베트남 시절의 사례처럼 고객인 국민이 군인인 나를 믿지 못하고 내가 속한 군이라는 기관을 믿지 못할 때 고객과 관계를 맺는 것은 끔찍한 폐단이 된다. 신뢰는 리더십의 중요한 요소다. 무엇이 신뢰를 만들고 파괴하는지 살피는 것은 가치 있는 작업이다.

군이라는 직업의 중요한 요소 한 가지는 신뢰에 대한 헌신이다. 군이라는 직업에서 우리는 책임감 있는 존재로 거듭나기를 선택한다. 그렇지 못한 경우 누군가 다른 사람이 책임을 져야 한다. 국회건 다른 기관이건 심지어 미국 국민이 책임을 져야 할 수도 있다. 군이라는 직종에 속한 누군가가 군 조직의 가치에 맞지 않는 행동을 하는데도 그 행동이 교정되지 않으면, 그 행동은 당사자를 따라다니며 해악을 끼친다. 군의 고객인 국민과 군 사이에서 발생할 수 있는 해악은 이보다 훨씬 크다. 이것이 바로 내가 '국민의 신뢰라는 은행'이라는 표현으로 의미하는 바이다.

미국의 신뢰를 얻기란 쉽지 않다. 일관성 있고 꾸준한 행동이 필요하다. 가장 높은 가치와 기준을 지켜야 한다. 언제나 국민의 기대를 충족해야 한다. 군이 이 모든 것을 다 한다 해도 국민이 늘 알아주는 것도 아니다. 수백 가지 가치 있는 행동이 쌓여 신뢰는 천천히 높아진다. 불행하게도 선임 지휘관이나 하급 병사가 단 한 번만 악행을 저질러도 신뢰라는 은행에 국민이 쌓아둔 예치금 전체가 사라질 수 있다. 아니

반드시 사라진다. 한 번의 실책으로 예치금 전액이 날아간다는 것은 은행치고는 말도 안 되는 역학인 듯 보이지만, 어쩔 수 없다. 군 전체는 단 한 명의 사병이나 장교의 비행이 만들어내는 신뢰 손상 가능성과 그 결과를 깨달아야 한다. 지극히 중요한 인식이다. 고객의 신뢰를 잃는 것은 치명적인 벌이다. 베트남전쟁 당시의 육군은 국민의 신뢰를 받지 못하는 군에 복무하는 느낌이 어떤 것인지 절절히 안다. 우리 군은 다시는 그런 상황으로 돌아가고 싶지 않다.

군으로서 우리가 책임져야 하는 일의 중요성이 얼마나 큰지 이제 알 수 있다. 우리 조직의 구성원이 우리 가치 기준 이하의 행동을 하는 것을 볼 때, 우리의 책무는 그를 다시 기준으로 되돌려놓는 것이다. 그렇게 하지 못한다면 우리는 기준을 바꾼 셈이 되고 이때 바뀐 기준은 처음의 기준보다 낮은 것이 된다. 이런 기준 이하의 행동을 바로잡지 못하는 일이 지속된다면 우리의 기준은 계속해서 더 낮아질 테고 군의 기강은 점차 무너질 것이다. 그렇게 되면 군 조직은 응집력 자체를 잃게 될 것이다.

위의 이야기는 군만의 문제가 아니다. 각계각층의 다른 개인과 조직 또한 고유한 공적 신뢰 은행을 만든 것이나 다름없다. 유능하고 높은 인성을 갖추고 학생들을 진정으로 배려하는 교사가 신뢰를 받는 것은 확실하다. 지역사회의 경찰 직무에도 동일한 원칙이 적용된다. 개별 경관들은 관할 구역에 배치된 뒤, 순찰차를 떠나 자신들이 맡은 시민들에 대해 알아야 한다는 말을 듣는다. 여기서도 핵심은 신뢰 구축이다. 시민들이 자기가 사는 동네를 순찰하는 경찰관을 개인적으로 알게 되고, 그러면서 특정 경찰관뿐 아니라 법을 집행하는 경찰 자체에 대한 신뢰를 쌓아가길 바란다. 아닌 게 아니라 경찰관 강령은 "나는 나의 경찰 배지를 시민의 신뢰의 상징으로 여기며 내가 경찰 서비스 업무의 윤리를 충실히 지키는 한 이 배지가 시민의 신뢰를 표상한다고 믿는다. 나는 이러한 목적과 이상을 이루기 위해 부단히 노력할 것이며, 내가 선택한 (…) 법 집행 직무에 나 자신을 바칠 것이다"라는 말로 끝난다.[18]

국민이나 시민의 신뢰라는 계좌는 능력과 인성과 배려라는 예금이 쌓여야 액수가 불어난다. 개인이나 조직이 신뢰라는 끈을 끊어버릴 경우, 신뢰라는 은행의 예금을 인출하는 꼴이 되고 이때 계좌를 원래의 크기로 복구하는 일은 지난한 과제가 된다. 아예 복구 자체가 불가능해질 수도 있다. 신뢰는 사람들 사이의 크고 작은 상호작용에서 핵심적인 자극제다. 신뢰는 다른 무엇보다 먼저 기르고 보물처럼 귀하게 아껴야 한다.

CHARACTER ★ EDGE

2.

리더의
인성은
어떻게
키우는가

ROBERT L. CASLEN &

MICHAEL D. MATTHEWS

개인 인성을 넘어 집단 인성으로

문화는 우리가 바꾸고 싶다고 바뀌는 것이 아니다.
문화는 조직의 변화에 따라 변화한다.
문화는 매일 함께 일하는 사람들의 현실을 반영한다.

프랜시스 헤셀바인Frances Hesselbein, 미국 걸스카우트 연맹 전 총재1

06

대부분의 사람들은 올바른 친구들과 사귀는 것이 매우 중요하다는 부모님의 말씀을 듣고 자란다. 부모님 말씀의 요지는 만나는 친구가 어떤 사람인가에 따라 우리에 대한 평가도 달라진다는 것이다. 그러나 이 말씀에는 다른 뜻이 또 담겨 있다. 우리가 누구인가는 무엇보다 사회 환경의 영향을 받는다. 인성이 특히 그러하다. 지금까지 우리가 집중적으로 살펴본 문제는 개인의 인성이다. 배짱과 두뇌와 마음의 힘은 개개인의 정체성뿐 아니라 학교와 직장과 가정과 사회관계에서의 성공 여부와 정도까지 결정한다. 6장부터는 조직이 인성의 힘에서 실행하는 강력한 역할을 탐색하고자 한다. 인성 수준이 높은 조직은 개인의 긍정적 인성을 유지하고 촉진한다. 어떻게 그렇게 할까? 조직이 목표를 달성하는 문화 풍토를 갖도록 보장하려면 리더는 무엇을 해야 할까?

존슨앤드존슨은 _ 어떻게 위기를 극복했나?

리더가 사안을 오판하거나 직권을 남용하거나 위법행위를 저지르는 경우, 아니면 근무에 태만하거나, 혹은 통제할 수 없는 다른 원인이 생길 경우 조직은 위기에 빠질 수 있다. 예상 가능한 위기도 있지만 느닷없이 닥치는 위기도 많다. 인성의 진정한 척도는 조직에 위기가 닥치느냐 여부가 아니라 조직의 리더와 전체 조직이 어떻게 위기에 대응하느냐이다.

돌연 위기 한가운데 봉착했던 기업이 한 곳 있다. 세계 최대의 의약품 회사인 존슨앤드존슨이다. 1982년 존슨앤드존슨의 가장 인기 있는 일반의약품 타이레놀을 복용하던 소비자 일곱 명이 시안화물 중독으로 사망했다. 타이레놀은 미국 내 진통제 시장의 35퍼센트를 점유하고 있었고, 회사 이윤의 15퍼센트를 담당했다. 약국의 약병에 시안화물을 고의로 집어넣은 범죄자가 위기의 원인이었지만, 소비자들은 존슨앤드존슨이 사건의 범인이라고 여겼다. 기업의 시장가치는 10억 달러 이상 떨어졌고, 존슨앤드존슨의 다른 일반의약품의 안전성과 신뢰성에 대한 공포감이 급상승했다.[2] 어떤 경고도 없이 존슨앤드존슨은 자사가 초래하지도 않은 위기에 빠진 것이다. 이들은 위기에 대응할 준비가 전혀 안 되어 있었다. 이대로 가다가는 기업이 회복 불가능한 손상을 입을 수 있는 상황이었다.

우리는 존슨앤드존슨의 현 이사장이자 최고경영자인 알렉스 고스키Alex Gorsky와 인터뷰를 했다. 고스키는 웨스트포인트 출신으로 미 육군에서 복무했고 존슨앤드존슨에 입사한 뒤 바닥부터 승진해 오늘날의 자리에 오른 인물이다. 고스키에게 우리는 물었다. "존슨앤드존슨의 타이레놀 위기 대응의 추진력은 무엇이었습니까?" 오늘날 존슨앤드존슨은 자사 제품으로 매일 10억 명 이상의 사람들을 만난다. 시안화물 위기가 벌어졌을 때 위험에 빠진 것은 바로 이 엄청난 고객 가치였다. 고스키는 지체하지 않고 대답을 주었다. 대답은 명료했으며 신의와 그의 인격이 그대로 묻어났다. "우리를 신뢰하고 우리에게 의지하는 사람들에게 정직하고 진실하게 헌신하는 일보다 중요한 것은 아무것도 없습니다."

그는 1982년의 이사진은 금전적 영향에 대해 결코 질문하지 않았다고 말했다. 이사진은 위기를 극복하려면 사건에 책임을 지고 고객과 회사 간의 신뢰를 회복해야 한다는 것을 잘 알았다. 대중이 기대하는 대답도 '신뢰 회복을 우선하는 것'이었지만 금전적 결과에 집중하면 고객이 원하는 대답은 쉽게 나오지 않는다. 가치가 높고 진실성이 높은 기업은 조직의 가치를 손익보다 우선하며, 고객과 직원의 신뢰를 유지하는 데 필요한 비용은 두 번 생각하지 않고 곧장 치르려 한다. 이러한 가치 철학은 어디서 비롯된 것일까?

바로 이들의 '신조'Credo다. 존슨앤드존슨의 신조는 로버트 우드 존슨 2세Robert Wood Johnson II가 만든 것이다. 존슨 2세는 17세에 가업에 뛰어들어 승진을 거듭해 기업의 회장이 되었고 1938년 마침내 이사장 자리에 올랐다. 2차 세계대전이 발발했을 때 그는 미 육군 예비전력사령부의 준장으로 임관해 육군에 필요한 군사 물자와 식량을 공급하는 일을 거들었다. 1943년 존슨은 존슨앤드존슨의 회장직을 다시 맡았고 이때 회사의 신조를 만들었다. 그가 작성한 존슨앤드존슨의 신조는 사업 원칙으로서 진실성과 인성에 대한 회사의 헌신을 담고 있다. 존슨은 신조를 매우 중시했기 때문에 회사 본부의 벽에 새겨넣도록 했다.

존슨앤드존슨의 신조는 만들어진 뒤 아주 작은 수정만 거쳐 오랜 시련을 견디고 살아남았다. 고스키는 신조가 "윤리적 잣대"일 뿐 아니라 "회사의 성공 비결"이라는 것을 실감한다. 우리와의 인터뷰에서 고스키는 현 사업 환경에 대한 통찰을 전해주었다. 오늘날의 사업 환경에서는 경영자와 관리자들이 대체로 이 기업 저 기업으로 옮겨 다닌다. 그의 말에 따르면 존슨앤드존슨 경영진은 대부분 25년 이상 근무한 이들이고, 직원들도 어떤 직위에 있건 평생을 존슨앤드존슨에서 일하고 싶어한다. 회사에 대한 이 정도의 신의와 충성심은 존슨앤드존슨이 100년간의 변화와 혁신을 통해 번영을 구가해온 극소수 기업에 속한다는 방증이다. 고스키는 단언한다. "존슨앤드존슨은 그저 일자리가 아니라 생활이자 이력입니다. 회사는 이제 가족이나 다름없어졌어요."[3]

존슨앤드존슨의 신조

존슨앤드존슨은 회사의 으뜸가는 책임이 우리 회사의 제품과 서비스를 이용하는 환자와 의사와 간호사, 어머니와 아버지를 비롯한 모든 사람들이라고 믿는다. 이들의 요구를 충족하려면 우리가 하는 모든 일은 양질의 것이어야 한다. 우리는 가치를 제공하고 비용을 줄이고 합리적인 가격을 유지하려 부단히 노력해야 한다. 고객의 주문은 신속하고 정확하게 이행되어야 한다. 우리의 사업 파트너들은 공정한 이윤을 낼 기회를 얻어야 한다.

우리는 전 세계에서 우리와 함께 일하는 회사 직원 전체에게 책임이 있다. 우리는 개인이 개인으로 존중받는 배타성 없는 근무 환경을 제공해야 한다. 직원들의 다양성과 존엄성을 존중하고 이들의 장점과 가치를 인정해야 한다. 직원들은 직무에서 안정감, 충만감, 목적의식을 느껴야 한다. 보상은 공정하고 충분해야 하며 근무 환경은 청결하고 질서정연하며 안전해야 한다. 직원들의 건강과 복지를 지원해야 하며 직원들이 가족과 다른 개개인을 책임질 수 있도록 조력해야 한다. 직원들은 자유롭게 제안하고 불만을 표출할 수 있어야 한다. 자격을 갖춘 사람들에게는 고용과 승진과 성장 기회를 균등하고 공정하게 부여해야 한다. 회사는 유능한 리더를 세워야 하며 리더의 행동은 공정하고 윤리적이어야 한다.

우리는 우리가 살고 일하는 지역 사회, 그리고 세계 공동체에 책임이 있다. 우리는 전 세계 많은 곳에서 더 나은 의료와 돌봄을 지원함으로써 인간의 건강 증진을 도모하도록 도와야 한다. 우리는 훌륭한 시민이 되어야 한다. 선행과 자선을 지원하고 건강과 교육 증진을 지원하며, 공정한 몫의 세금을 부담해야 한다. 우리는 우리가 쓸 수 있는 특권을 누리는 건물과 부지를 올바르게 유지하고 환경과 천연자원을 보호해야 한다.

우리의 마지막 책임은 주주들에 대한 것이다. 사업은 적정 수준의 이윤을 창출해야 한다. 새로운 아이디어를 실험해야 한다. 연구를 지속해야 하며 혁신 프로그램을 개발해야 하고 미래에 투자해야 하며 실책의 대가를 치러야 한다. 새로운 장비를 구매해야 하고 새로운 시설을 제공하고 신제품을 출시해야 한다. 역경이 닥칠 때를 대비해 준비금을 비축해두어야 한다. 이러한 원칙에 따라 운영할 때 주주는 공정한 수익을 실현할 수 있다.[4]

이 신조를 읽어보면 존슨앤드존슨이라는 기업의 가치와 원칙이 어떤지 명료하게 알 수 있다. 고스키는 이 신조를 자주 들여다본다고 했다. 신조는 최고경영자인 자신에게만 중요한 것이 아니라 기업 전체에도 중요하다. "신조는 우리의 목적을 정의하고" 있기 때문이라고 했다. 그는 "존슨앤드존슨에서 가장 중요한 특징은 신조에 나오는 가치들을 뒷받침하는 것"이라고 생각한다. 이 윤리를 조직 전체와 기업 경영의 모든 층위에서 추진하기 위해 고스키는 신조에 관해 이야기하고 그 원칙들을 실연하고, 경영 팀이 같은 일을 하도록 보장할 기회를 늘 모색한다. "회사의 경영진은 역할모델입니다. 이들은 매일 신조대로 살아야 합니다." 고스키의 말에 따르면 회의를 시작할 때와 끝낼 때마다 신조에 대해 논한다.

존슨앤드존슨은 실적 평가를 하는 동안 직원들에게 관리자와 함께 앉아 신조를 한 줄 한 줄 읽으며 그것이 자신에게 무엇을 의미하는지 설명하라고 요청한다. 그런 다음 직원은 설명을 적은 문서에 서명하고 그것을 자기가 일하는 곳에서도 눈에 잘 띄는 데 보이게 두어야 한다. 해당 직원의 신조에 대한 평가는 경영진이 미래의 리더를 양성하기 위해 고려하는 핵심 가운데 하나다. "인성과 가치는 존슨앤드존슨 리더십 양성 과정의 요체입니다. 우리가 하는 일은 모조리 인성과 가치를 담보하는 것뿐이지요."

두뇌의 힘, 즉 호기심과 배움에 대한 애정과 창의력과 개방성과 조망 능력도 존슨앤드존슨 같은 회사에서 특히 중요한 자질이다. 성공하려면 혁신이 꼭 필요하기 때문이다. "우리는 참신한 아이디어를 반기고 좋아하지만 절대로 거기에 만족하지는 않습니다"라고 고스키는 말한다. "학위는 반감기가 짧습니다. 대학 졸업장은 자격증 하나에 불과합니다." 세포 기반 치료법, 유전체학, 로봇 수술 등의 발전상은 존슨앤드존슨이 속속들이 알아야 하는 주제이다. "요즈음의 문제는 이제 생물학적·화학적인 것만이 아닙니다. 신형 자동차로 기술이 발전했듯이, 새로운 기술은 향후 10년 이내에 수술실에서도 쓰게 될 것입니다."

기업의 리더가 가치를 기반으로 한 인성을 조직 전체에서 추구한다면 영향이 있을까? 1982년 타이레놀 위기 때는 분명 영향을 끼쳤다. 존슨앤드존슨은 신속하고 즉각적인 대응으로 높은 평가를 받았고, 타이레놀의 시장 점유율은 5개월 이내에 70퍼센트 회복됐다. 그 이후 몇 년에 걸쳐 지속적인 개선도 이루어졌다. 회사 측은 재발을 방지하기 위해 견고한 조치들을 만들어두었다. 능력과 인성과 배려를 통해 이들은 고객의 신뢰를 재확립했다. 심지어 존슨앤드존슨의 투명하고 진정성 어린 가치 기반 위기 대응에 감명을 받아 다른 진통제를 쓰다가 타이레놀로 바꾼 고객이 있다는 증거도 있다.[5]

인성 수준이 높은 _ 조직 만들기 가이드

탁월함은 우연히 얻어지지 않는다. 인성 수준이 높은 조직을 만들어 유지하는 일도 예외가 아니다. 의도적이고 체계적인 노력을 들여야 하고, 리더들은 조직에서 인성의 중요성을 포용할 수 있어야 한다. 존슨앤드존슨의 신조, 그리고 회사 내 모든 서열의 구성원들이 이 신조에 집중했다는 사실은 대기업도 긍정적인 문화를 조직 구성원들에게 불어넣어 줄 수 있음을 시사한다. 신조를 실행한 결과는 '360도 신뢰', 즉 조직 내 모든 이들이 옳은 일을 올바른 방식으로 실행하는 데 최선을 다하며 이를 통해 회사의 목적을 달성할 수 있다는 확신을 갖게 되었다는 것이다.

가치를 기반으로 한 신뢰는 인성 수준이 높은 조직이 의지하는 근간이다. 앞에서 신뢰의 3C 모델(능력, 인성, 배려)을 살펴보았다. 3C는 동료와 부하직원과 리더들의 신뢰를 받기 위해 갖추어야 하는 선결 요건이자 역량이다. 조직이 구성원들에게 3C에서 탁월함을 발휘하도록 독려하려면 무엇을 해야 할까?

군에서 은퇴한 뒤 현재 웨이크포리스트대학교의 앨리거시 리더십 인성센터Allegacy Center for Leadership & Character 소장으로 일하는 패트릭 스위니는 인성 수준이 높은 조직이 인사 문제와 인성 실패에 맞서 탁월함을 유지하는 방법을 포착한 개념 모델을 창안해냈다. 개인 – 관계 – 조직 – 환경(Individual – Relationship – Organization – Context), 즉 IROC 모델이다. 이 모델은 조직과 개인과 이들이 일하는 환경 사이의 복잡한 관계, 그리고 이 관계가 신뢰에 영향을 끼치고 높은 실적을 유지하는 방식을 기술한다. 다음은 IROC 모형을 요약한 것이다.

개인의 신뢰성

- 능력
- 인성
- 배려

관계의 중요성

- 존중과 관심
- 개방적 소통
- 협동 기반의 상호의존
- 타인에 대한 신뢰와 권한 부여

조직 문화 조성

- 가치·신념·규범·목적의 공유
- 구조·실천·방침·절차

모두에게 영향을 끼치는 환경

- 의존과 필요
- 조직 체계

개인의 신뢰성 판별하고 키우기

1 | 능력

거의 모든 조직은 개별 구성원들의 능력이 중요하다는 점을 인식하고 있으며, 이에 가치를 둔다. 대학들은 SAT나 ACT 같은 표준시험점수와 고등학교 성적을 비롯한 다양한 능력 지표를 이용해 입학할 학생들의 잠재력을 평가한다.[6] 군은 매년 군복무직업적성검사Armed Services Vocational Aptitude Battery(ASVAB)로 수십만 명의 신청자들을 선발하고 분류한다. 대규모 적성검사가 처음 개발된 것은 1차 세계대전 동안 군에서 선발한 신병들에게 적성과 능력에 맞는 일을 맡겨 성공 확률을 높여야 했기 때문이다.[7]

능력을 정의하는 기준은 조직마다 다르다. 대부분의 일은 지능을 요하지만 추가로 다른 조건을 요하는 일도 있다. 가령 경찰 기관은 대개 지원자들의 건강검진을 의무화해놓았고 신체 능력과 민첩성 검사를 실시한다.

소규모 조직은 자체로 정식 테스트를 제공하지 못할 수 있다. 따라서 이들은 대개 능력을 평가하기 위한 다른 대리 지표를 이용한다. 대학 졸업은 흔히 지능을 평가할 수 있는 신뢰할 만한 지표로 간주된다. 회계나 금융 같은 전문지식이 필요한 직종을 제외하고 고용주들은 대개 대학 전공을 바탕으로 지원자들을 선발하지 않는다. 2년제나 4년제 대학을 졸업한 경우는 전공과 상관없이 맡은 바 직무를 수행할 수 있는 지능을 충분히 갖춘 것으로 보기 때문이다.

신체 능력에 주안점을 두는 조직도 있다. 전문 스포츠 단체들은 미래의 선수를 뽑기 위해 신체 능력을 면밀히 평가한다. 뛰어난 선수가 되기 위해서는 다른 두 가지 C인 인성과 배려 역시 중요하지만 뭐니 뭐니 해도 신체 능력이 가장 중요하다. 프로 농구 팀은 고등학교나 대학 때의 성적을 체계적으로 평가하고, 다양한 기술과 자질을 살핀다. 지원자는 속도와 도약 능력과 두 팔의 폭(최고의 농구선수들은 대부분 보통 사람들보다 키 기준 '윙스팬'wingspan이 더 길다), 손의 크기, 유산소 능력을 평가받는다. 야구 선수를 스카우트하는 팀에서는 '파이브 툴 플레이어'five-tool player를 찾는다. 속도, 타격력, 평균 타력, 수비 능력, 송구 능력 등 다섯 가지다. 계량 분석이 발달하면서 이 다섯 가지 툴에다 타격한 공의 유출속도와 발사각 같은 측정치를 보완하기도 한다.

지원자가 조직에 선발되어 들어가면, 더 높은 직위로 가기 위해 적성과 기술을 갈고닦는 노력이 뒤따른다. 대학들은 4년 이상을 학과 과정으로 구성해 학생들의 지적 역량을 연마한다. 경찰은 능력 있는 경찰관이 되는 데 필요한 구체적 기술 훈련에 여러 달을 할애한다. 메이저리그 팀에 드래프트 지명을 받는 선수들은 대부분 여러 해 동안 마이너리그에서 '본 공연'the show(메이저리그를 가리키는 야구계 은어)에서 탁월함을 발휘하는 데 필요한 기술과 역량을 세심하게 벼린다. 군대는 구성원의 역량을 발전시키는 문제에서 자부심이 큰 조직이다. 대령 계급에서 전역하는 장교라면 필시 경력을 쌓는 동안 4년 이상 전문 과정을 이수했을 확률이 높다. 그중에는 꼬박 1년이 걸리는 과정도 있다.

핵심은 이렇다. 조직은 조직 내에서 필요한 일련의 기술을 세심하고 주의 깊게 정의하고, 이러한 기술을 갖춘 적임자들을 조직으로 선발해 들여야 하며, 이들에게 각자의 재능에 맞는 직무를 배정하고, 이들이 조직에서 일하는 내내 계속 훈련시켜 역량을 키워야 한다. 이러한 과정을 통해 능력이 키워진다. 그러나 능력만으로는 충분치 않다.

2 | 인성

개인의 신뢰성을 이루는 두 번째 요소는 인성이다. 많은 조직들이 인성의 중요성을 알고 중히 여기지만, 인성이 뛰어난 지원자를 어떻게 뽑을지 혹은 일단 지원자가 조직에 합류하면 인성을 어떻게 더 발전시킬지는 잘 모른다. 능력과 달리 인성을 평가하는 널리 수용된 표준검사도 전혀 없다. 인성 강점 목록은 개인적인 성찰과 피드백에는 유용하지만 조직의 선발과 분류를 위해 고안된 것은 아니다. 게다가 조직에 지원하는 이들은 스스로 생각하는 정답을 제공함으로써 인성 강점 목록을 '갖고 놀' 수 있다. 설문지에 기반을 둔 다른 인성 평가도 마찬가지다.

결국 조직들은 인성을 드러내는 간접적인 지표로 향할 수밖에 없다. 웨스트포인트의 경우 팀 주장이었거나 학급 대표였던 고등학생을 선발한다. 야구 팀들은 선수의 '행적'을 본다. 후보 선수가 했던 과거의 행동이나 이력이 팀의 가치와 일치하는지 본다는 뜻이다. 경찰 조직은 경찰 지원자들의 배경을 광범위하게 조사하고, 면접을 실시하며, 지원자를 잘 아는 이웃 및 타인들과 이야기를 나누고, 범죄 이력 조사를 통해 범법 이력이 있는 후보자를 가려낸다.

다음에 소개할 사례는 세계에서 가장 유능한 농구선수들로 이루어진 집단에서 인성이 얼마나 중요한지를 여실히 보여준다.

2008년 초여름, 제25 보병사단 지휘부는 이라크 병력 배치를 앞두고 효과적인 팀 구성에 대비하도록 설계한 프로그램에 참가했다. 병력 배치는 악명 높은 '병력 증파' 작전의 끝 무렵에 이루어질 예정이었고, 제25 보병사단은 이라크 전역에서 가장 불안한 지역에 속하는 북부 수니파 지역들과 세 곳의 쿠르드족 지역을 책임질 예정이었다. 이들의 임무는 시리아 국경을 건너는 외국 전사들의 흐름을 차단하는 일, 이란의 무기와 전사들이 디얄라Diyala 지역을 따라 이란 국경을 넘지 못하게 막는 일, 사담 후세인의 고향인 살라 아드딘 지역 내 바스당 민족주의 잔당을 막는 일, 이제는 '이라크의 아들들'이라 불리는 전 수니파 급진 세력을 이라크 육군에 통합하는 일, 남아 있는 급진 수니파 반군을 격퇴하는 일(이들이 훗날 이슬람국가 전사들(ISIS)로 진화한다), 쿠르드족과 이라크 중앙정부 간의 관계를 구축하는 일 등이었다. 안보 환경은 복잡다단했다. 그뿐만 아니라 제25사단은 자체 예하 사령부로만 군 배치를 할 수 없는 사단이었다. 다른 육군 사단들로부터 부대들을 할당받았기 때문에 팀을 꾸리는 일 자체가 훨씬 더 어렵고 문제의 소지가 많을 수 있었다.

부사단장이었던 여단장 밥 브라운Bob Brown은 웨스트포인트에서 농구선수이자 팀 주장으로 뛴 전력이 있었고, 운 좋게도 듀크대학교의 농구 코치 마이크 크루지제프스키와 친분이 두터웠다. 크루지제프스키는 웨스트포인트에서 브라운의 코치였다. 제25 보병사단의 팀 구성을 돕기 위해 브라운은 크루지제프스키(흔히 코치K라고들 불렀다)에게 연락해 사단 배치 전에 사단의 지휘관들에게 이야기를 해달라고 부탁했다. 코치K

는 2008년 베이징 올림픽을 대비해 미국 남자 농구 대표 팀을 훈련시키
느라 눈코 뜰 새 없었으나, 시간을 내어 사단과 하룻저녁을 함께 보냈다.
그 하룻밤에 코치K는 사단 지휘관들에게 리더십에 대한 교훈을 주었다.
훗날 그는 자신이 가르친 내용을 미국 농구 팀의 운명을 180도 뒤바꾸는
데 썼다(미국 남자 농구 팀은 2008년 금메달을 땄다. 2004년 올림픽에서 수치스러운 성
과를 낸 뒤였다). 그가 가르친 교훈은 사단이 이라크 북부에 배치되어 전투
작전을 벌이는 동안 실행했던 팀 구축과 리더십에 관한 것으로, 평생의
지침이 될 만한 것이었다.

코치K가 미국 농구 팀의 운명을 완전히 뒤바꾸어놓은 것은 경이로
운 사건이었다. 미국 농구 팀은 승리를 거듭하는 오랜 전통, 다른 팀과 비
교 자체가 안 되는 어마어마한 재능이 있었음에도 고전을 면치 못하는
중이었다. 2004년 대표 팀은 세 게임에서 져 동메달에 그치는 수치스러
운 성적표를 받아들었다. 보통 사람 같으면 올림픽 동메달도 큰 성취라
고 생각하겠지만, 과거 미국 팀이 보여준 재능과 환경과 탁월함의 전통
에서 미국 및 전 세계 농구 팬들은 2004년 미국 팀이 금메달을 딸 만한
기량을 또 한 번 보여줄 잠재력이 충분한데도 그러지 못했다는 것을 잘
알았다. '왜 미국 팀이 이기지 못했는가'를 분석한 논평과 기사들이 쏟아
졌다. 농구계 스타가 총출동한 대표 팀이 실패한 데는 분명 응집력 결여
가 결정적이었다. 선수 각자는 팀의 이익보다 자신의 성적에 관심이 더
많았고, 코치도 농구 코트에서의 재능을 최적화하는 데 실패했다. 그 결
과 선수들과 미국 스포츠계 모두 활기 없이 혼탁하기만 한 경기와 성적
으로 큰 실망을 안겼다.

이러한 문화를 전면 개선해 2008년 올림픽에 대비하기 위해 미국
국가대표 팀 감독은 크루지제프스키를 코치로 영입했다. 팀의 단합을 강

조하는 인물이었다. 코치K는 NBA 선수들의 뛰어난 기량을 인식하고 있었기 때문에 공격이나 방어 규칙을 엄격히 적용하는 데 크게 집중하지 않으면서도 선수들의 재능을 십분 활용할 수 있는 방법을 찾아냈다. 그의 코칭을 받은 선수들은 팀을 위해 경기하면서도 자신의 빼어난 기량과 솜씨 또한 마음껏 뽐낼 수 있었다.[8]

코치K가 성취해낸 변화에 대해 쓴 분석이나 기사 어디서도 전혀 논하지 않은 것, 그것이야말로 그가 부대를 배치해야 하는 제25사단 지도층과 공유한 내용이다. 그는 미국 농구 대표 팀 구성원을 선발할 때 자신이 사용했던 주요 기준을 공개했다.

과거 팀들의 교훈을 염두에 둔 코치K는 2008년 팀 선발의 가장 중요한 기준을 인성으로 결정했다. 팀에 뽑을 선수의 인성을 평가하기 위해 그는 각 선수의 집 거실이나 부엌에서 가족들과 함께 있는 가운데 선수와 이야기를 나누었다. 미국 대표 팀에서 뛴다는 가능성에 관해 이야기를 나누면서 코치K는 선수들이 자기 가족과 어떻게 상호작용하는지 면밀히 살폈다. 선수가 가족을 대하는 방식이 올림픽 팀의 다른 구성원을 대하는 방식, 그리고 그가 팀의 중요성과 자아의 균형을 맞추는 방식을 증명하는 중요한 지표라고 보았다. 팀의 승리라는 성과에 가장 중요한 기준은 팀의 인성이었다. 선수들은 경기장에서 오직 자신만을 위해 뛸 것인가? 아니면 팀의 이익을 위해 뛸 것인가? 무엇이 가장 중요할까? 나? 아니면 팀?

조직의 최고 기준이 인성이라는 경이로운 교훈은 최고 수준의 스포츠 팀뿐 아니라 리더십의 다른 모든 측면에도 적용된다. 제25사단은 전체 배치 기간 내내 인성이라는 교훈 하나를 고수했다. 미국 국민은 2008년 올림픽 농구 남자 대표 팀 내에 인성 문화가 자리 잡아 지배하게 된 모습을 보고 자부심을 느꼈다. 팀은 대항전에서 무패를 기록했고 다시 한 번 금메달을 목에 걸었다.

크루지제프스키는 다시 2013년에서 2016년까지 대표 팀을 맡아달라는 요청을 받았다. 코치K는 캐슬런 장군에게 농구 팀을 웨스트포인트로 데려와 비공식 경기와 연습 경기를 통해 사관후보생들과 어울리게 하고, 웨스트포인트 묘지를 안내받게 해줄 수 있느냐고 물어왔다. 웨스트포인트 묘지는 신성시되는 곳으로, 조국에 봉사하다 목숨을 바친 웨스트포인트 졸업생도들의 마지막 안식처다. 여기에는 1991년 걸프전의 다국적군 사령관인 노먼 슈워츠코프Norman Schwarzkopf 장군, 2005년 아프가니스탄의 '항구적 해방 작전'Operation Enduring Freedom 동안 전사한 웨스트포인트 첫 여성 졸업생 로라 워커Laura Walker 중위, 2006년 이라크 해방 작전 때 전사한 웨스트포인트 여성 졸업생 에밀리 페레즈Emily Perez 소위, 미 육군 참모총장을 역임하고 육사 총장을 지냈으며 1964~1968년 베트남전에서 미군을 지휘했던 윌리엄 웨스트모얼랜드William Westmoreland 장군, 미국 최초의 우주인이었지만(1965년 제미니Gemini 4호를 타고 우주를 최초로 유영했다) 1967년 1월 27일 아폴로 1호 화재 사고로 사망한 에드 화이트 Ed White 중령이 고이 잠들어 있다.

캐슬런은 코치K에게 왜 농구선수들을 웨스트포인트 묘지로 데려가려 하느냐고 물었다. 그는 이 유명한 NBA 선수들은 조국을 위해 경기를 치르는 것이므로, 선수들에게 조국을 위해 희생하고 의무를 다한다는 것이 무슨 의미인지 알려주고 싶다고 대답했다. 그는 선수들이 이러한 희생을 곰곰이 생각하고, 나라를 위해 경기를 하는 일이 나라를 위해 목숨을 바치는 것에 비하면 아무것도 아니라는 것을 깨달아주기를 바랐다.

3 | 배려

배려라는 세 번째 3C 자질 역시 인성과 마찬가지로 간단히 측정할 수 있는 검사가 존재하지 않는다. 조직들은 면접을 보거나 배려를 나타내는 행동의 증거를 찾아 배경 조사를 하는 등 여러 전략을 활용한다. 가령 타인들을 돕기 위한 자원 활동 패턴을 찾거나, 이전의 고용주 및 동료 직원들과 이야기를 나누는 것도 배려심을 확인할 좋은 방법이다.

조직에 받아들인 개인의 배려심을 기르고 발전시키는 일은 가능하다. 배려 또한 인성 및 능력과 비슷하다. 지역 봉사는 웨스트포인트 학부에 들어올 때 입학생들에게 기대하는 자질이다(다른 많은 조직의 구성원에 대해서도 마찬가지다). 대부분의 프로 스포츠 팀은 지역 봉사를 고려하며, 선수와 다른 구성원이 자신이 속한 지역 사회에서 좋은 일을 하도록 지원하고 돕는다. 그리하여 배려라는 자질이 강화되고 조직의 풍토에 굳건히 뿌리를 내리게 된다.

리더들은 배려를 보여주기 위한 전략을 의식적으로 구사해야 한다. 수십 년 동안 농구 팀 샌안토니오 스퍼스는 승리를 놓치지 않는 팀이었다. 그 이유는 이들이 3C 모델을 적극 포용하기 때문이다. 샌안토니오 스퍼스는 최고의 재능을 갖춘 선수들을 모집해 양성하며, 모든 팀원들에게 인성을 핵심 주안점으로 만들고, 리더십을 발휘하여 선수들과 코치와 스태프들 사이에 배려 풍토를 확립한다.

오랫동안 샌안토니오 스퍼스의 단장을 역임하고 현재는 스퍼스 스포츠 & 엔터테인먼트Spurs Sports & Entertainment의 최고경영자가 된 R.C. 뷰퍼드Buford는 매슈스 박사에게 스퍼스가 배려 문화를 어떻게 창조하는지 단적으로 보여주는 일화를 하나 들려주었다. 이 팀의 선수 가운데 한 명인 패티 밀스Patty Mills는 원주민 혈통의 호주인이다. 밀스는 어릴 때부터 수많은 인종차별과 조롱을 받았다. 밀스가 존경하는 인물은 에디 마보Eddie Mabo이다. 에디 마보는 호주의 마틴 루터 킹 2세라 불리는 인권운동가로, 호주에서는 6월 3일을 '마보의 날'로 정해 기념한다. 호주 밖에서는 별로 알려지지 않았지만 이 기념일은 원주민 혈통의 호주인들에게는 의미가 큰 날이다.[9]

2014년 6월 3일 스퍼스는 중요한 플레이오프 게임을 준비하고 있었다. 전설적인 코치인 그레그 포포비치Gregg Popovich(선수들과 팬들은 그를 '팝'Pop이라는 애칭으로 부른다)는 중요한 게임에 앞서 마지막 연습 동안 선수들을 불러 모았다. 여느 코치들이었다면 경기 전략을 복습하거나 "기퍼를 위해 이겨달라"(노트르담대학의 축구 팀 하프백으로 유명한 조지 깁George Gipp(약칭 기퍼the Gipper)이 사망할 당시 '기퍼를 위해 승리해달라'는 말을 남겼다는 데서 유래. 영화배우였던 레이건 대통령이 영화에서 깁 역을 맡아 이 대사를 한 뒤 대통령 선거에서 지지자들이 내세워 유명해졌다고 한다)는 식으로 격려했을 것이다. 그러나 포포비치는 다른 접근법을 택했다. 그는 밀스에게 에디 마보가 누구인지, 왜 그가 밀스에게 그토록 중요한지 팀원들에게 이야기해달라고 청했다. 선수들은 모두 그의 말을 경청했다. 다들 몰입해 밀스의 마보 이야기를 듣느라 임박한 게임에 대한 생각조차 잊었다.

밀스와 다른 스퍼스의 선수들은 이러한 경험을 통해 무엇을 배웠을까? 무엇보다 이들은 포포비치 코치가 팀의 선수들을 진정으로 배려한다는 것을 배웠다. 팀의 다른 많은 선수들 역시 인종차별을 겪었기에 호주 원주민 출신의 팀원인 밀스와 전보다 훨씬 더 강한 정서적 유대를 맺게 되었다. 이 단순한 행동을 통해 포포비치는 스퍼스라는 구단이 선수들에게 갖고 있는 배려를 확연히 입증한 것이다.

사회 각계각층의 리더들은 이 사례로부터 교훈을 얻을 수 있다. 배려의 풍토를 확립하기 위한 간단한 방법 같은 것은 존재하지 않는다. 리더들은 첫째, 배려가 조직의 탁월함에 얼마나 중요한지 인식해야 한다. 둘째, 배려를 보여줄 수 있는 방안을 직접 창안해내야 한다. 포포비치처럼 구성원 각각을 알기 위한 시간을 내야 한다. 그에게 무엇이 중요한지 알아내라. 그가 일을 잘 해냈을 때는 감사 인사를 보내라. 매일 조금씩이라도 부하 직원들과 일대일로 시간을 보내면서 이들이 다시 손아래 직원들과 같은 일을 하도록 분위기를 만들라. 핵심은 일관성을 지키는 것과 진정성을 확보하는 것이다. 배려는 거짓으로 지어낼 수 없다. 직원들은 기만을 금세 눈치 챈다. 손위 관리자의 주요 책무는 배려심을 직접 발휘하는 것에 더해, 배려를 관리직이나 리더로 승진시키고 싶은 후보군의 핵심적인 자질로 만드는 일이다.

관계는 중요하다

심리학자이자 긍정심리학의 창시자인 고故 크리스토퍼 피터슨은 자신의 인생철학을 한 문장으로 요약한 바 있다. "중요한 건 타인들이다."[10] 이 말이야말로 인성 수준이 높고 실적이 좋은 조직의 요체이다. 리더들이 직원을 존중하고 이들에게 관심을 보이며 개방적인 소통을 빈번히 실행하고 각 직급의 노동자들을 신뢰하며 이들에게 권한을 적극 부여하는 조직은 성공한다. 이러한 요소들 덕에 스위니가 '협력적 상호의존'이라 칭한 것이 가능해진다. 협력적 상호의존은 "가는 정이 있어야 오는 정도 있다"는 개념 이상의 것이다. 협력적 상호의존은 리더와 그를 따르는 이들이 공동의 비전과 목표를 갖고, '이 비전과 목표를 달성하기 위해 함께 일하느냐의 여부가 성공의 열쇠'라는 인식을 공유하는 조직 풍토의 특성을 가리킨다.

실적 수준이 높은 조직은 어느 곳을 보더라도 협력적 상호의존의 원칙들이 실행되는 모습을 보인다. 앞에서 소개한 샌안토니오 스퍼스는 지난 25년간 가장 성공한 프로 농구 팀이다. 스퍼스가 일구어낸 성공의 상당 부분은 긍정적 관계를 귀하게 여긴 데서 비롯된 것이다. 긍정적인 관계는 탁월한 인성을 만들어 유지해준다. 탁월한 인성은 유능함·배려와 짝을 이루어 해마다 팀에게 승리를 안긴다.

매슈스 박사는 2017년 4월, NBA 플레이오프 첫 게임 하루 전날 스퍼스 팀이 연습하는 모습을 지켜볼 수 있었다. 뷰퍼드는 연습이 펼쳐지는 코트 한쪽에 접이식 의자를 놓고 박사와 함께 앉아 포포비치 코치가 선수들과, 그리고 선수들 간에 긍정적인 관계를 일구어내는 모습에 경탄하며 대화를 나누었다. 뷰퍼드는 매슈스 박사에게 팝 코치가 선수들과 어떻게 소통하는지 면밀히 살펴보라고 주문했다. 팝 코치는 연습 동안 선수 한 명 한 명에게 전부 다가가 말 그대로 두 손을 얹고 그의 눈을 바라보며 직접 이야기를 한다는 것이었다. 팝 코치는 과연 그러했다. 팀의 최고 스타 선수이건 벤치에서 대기하는 꼴찌 선수이건 중요하지 않았다. 팝 코치는 선수 전원과 교감을 나누었다.

선수들과 몸을 맞대고 내밀한 이야기를 나누는 행동은 팝 코치가 팀원들에게 하루도 빠짐없이 풍성하게 제공하는 진정한 긍정성의 칵테일에 들어간 재료 하나에 불과하다. 또 한 가지 사례를 소개하겠다. 팝 코치 팀의 만찬 자리는 전설로 통한다. 와인 전문가이자 미식가이기도 한 포포비치 코치는 팀원들에게 자주 멋진 식사를 제공한다. 특히 경기 때문에 이동을 해야 할 때 그렇다. 그는 식사야말로 관계를 구축할 좋은 기회라고 여긴다. 선수들은 엄청나게 다양한 경험과 배경을 갖고 팀으로 들어오는데, 만찬은 팀 고유의 긍정적 문화를 형성하고 강화하는 데 도움을 주는 특별한 자리다. 포포비치 코치는 세세한 사항까지 고려한다. 뷰퍼드의 말에 따르면 포포비치 코치는 노련하고 사교적인 선수들에게 신입 선수들과 함께 앉아 선수들을 격려하고 팀의 일원이라는 느낌이 들게 해달라고 도움을 청한다. 이러한 식사 자리는 스위니가 말하는 관계의 모든 요소들을 아우른다. 개방적 소통의 기회를 만들고, 존중과 관심을 보이는 것이다. 이러한 자리는 선수들에게 권한을 부여하고 신뢰를 형성하며 협력적 상호의존의 조건을 확립해준다.[11]

여러분의 조직은 이러한 관계 요소들을 어떻게 평가하는가? 여러분의 리더들이 관계를 구축하기 위해 실행하는 일의 목록을 작성해보라. 여러분이 조직 내 자신의 직위에서 할 수 있는 일의 계획표를 짜보라. 최고경영자건 중간급 관리자건 팀의 리더건 상관없다. 리더들과 관리자들이 관계를 최고로 우선하면 직원들 역시 따르게 되어 있다.

조직 문화 만들기

리더들이 인성과 긍정적 관계를 포용하는 풍토를 확립할수록 조직에 가장 큰 영향을 끼친다. 존슨앤드존슨의 신조는 대기업이 자사의 가치와 신념과 규범과 목표를 어떻게 공개하는지 보여주는 탁월한 사례다. 인성 수준이 높은 조직들은 이러한 가치와 신념과 규범과 목표를, 이것들을 확실히 충족시키는 구조와 실천과 정책 방침과 절차로 뒷받침한다.

환경은 모두에게 영향을 끼친다

조직마다 소명과 구조는 다양하다. 대학의 조직도는 보병 전투 여단의 조직도와 다르다. 심지어 한 조직에서도 환경은 변한다. 전투에 배치되는 보병 여단은 수비대에 있을 때와는 다른 사태를 마주하게 된다. 특정 목표와 전략은 이러한 환경상의 변화를 책임질 수 있게끔 조정해야 한다. 그렇다고 해도 조직의 핵심 가치는 변하지 않는다. 존슨앤드존슨은 타이레놀 위기에 대응하면서 신조를 바꾸지 않았고, 경제 변동에 대응할 때도 원칙을 바꾸지 않았다. 샌안토니오 스퍼스 역시 선수들이 교체되고 팀이 성공을 거둔 뒤에도 IROC 모델의 원칙에 집중하는 관행을 버리지 않았다.

환경이 모든 것에 영향을 끼친다는 말의 뜻은 구체적 전략이나 전술, 테크닉과 절차는 조건이 달라질 때마다 적응하며 바꾸어야 한다는 것이다. 가령 스위니는 전투와 같이 위험한 상황에서 부하들은 당연히 지휘관이 자신의 신체적 안전과 정서적 안정을 제공해주는 데 대한 의존도가 커진다고 말한다. 사병들 대상의 연구 결과 전투에서 사병들은 지휘관의 "유능함과 신의와 진실성 그리고 모범을 보이는 리더십"에 가장 많이 의존했다. 리더의 관점에서는 휘하의 사병들에게 권한을 주고 그들이 임무를 완수하도록 신뢰해주는 일의 중요성이 강조되었다. 이러한 환경에서 성공하는 리더들은 "직원의 능력, 정직, 솔선수범이라는 자질을 가장 중시한다. 모두 임무 완수에 도움이 되는 자질이다".[12]

우수한 조직과 실패한 조직은 _ 어떻게 다를까?

한 사람도 해고하지 않은 비결

리더들이 긍정적인 조직 풍토를 만드는 데 중심이 되어야 함을 입증하는 좋은 사례가 있다. 바로 성 토머스 병원의 드보라 저먼Deborah German 박사다. 저먼 박사는 이탈리아 이민 2세대로 의사의 꿈을 키우면서 성장했다. 재능과 잠재력을 갖춘 저먼은 하버드 의대를 졸업하고 노스캐롤라이나주 더럼의 듀크대학교에서 류머티스성 질환과 유전질환 분야의 임상교원fellow이 되었다. 그는 또한 병원 행정에도 발군의 실력을 발휘해, 현재는 센트럴플로리다대학교 의대의 초대 학장이자 보건 부총장으로 일하고 있다. 그는 어떻게 의사에서 실력이 입증된 거대 조직의 리더로 도약했을까? 그는 공감 능력과 배려가 탁월한 리더였고 엄청난 능력과 인성의 소유자였다. 그뿐만 아니라 저먼은 인성 수준이 높은 조직을 만드는 경탄스러운 능력까지 지녔다.

1988년 저먼 박사는 내슈빌의 밴더빌트대학교에 학생처 부처장으로 부임했고 나중에는 의학교육처 처장이 되었다. 밴더빌트 대학에서 13년간 재직한 뒤 박사는 내슈빌 성 토머스 병원의 원장이자 최고경영자로 발탁된다. 당시 병원은 한 달에 200만 달러를 더 벌어야 하는 상황에서 오히려 200만 달러씩 적자를 내고 있었다. 위기가 하도 심각해 재단 최고경영자는 저먼 박사에게 즉시 인력을 10퍼센트 감축하라는 지침을 내렸다. 직원 350명을 해고해야 한다는 뜻이었다. 독자 여러분이 인력 10퍼센트를 해고하라는 상황을 마주한다면 어떻게 하겠는가? 누가 이런 환경에서 일하고 싶겠는가?[13]

저먼 박사는 이 조치가 남은 직원들의 사기에 끼치게 될 참담한 결과를 잘 알았다. 그는 말만 하는 리더가 아니라, 직접 모든 일을 주관하는 실질적인 리더였고, 직원 개개인을 배려하는 리더였기 때문이다. 저먼 박사는 병원 직원들과 밀접한 관계를 맺으면서 일했고 이들의 업무 과잉과 부담을 충분히 인식하고 있었다. 10퍼센트 인력 감축은커녕 오히려 10퍼센트 증원이 필요하다는 것이 박사의 판단이었다.

딜레마를 해결하기 위해 저먼 박사는 지도부의 중지를 모았다. 각 과의 과장들은 병원 전문가들이었고 조직의 문제를 매일 다루고 있는 사람들이었다. 그는 집단지성이 작용하도록 힘을 쓴다면 조직이 함께 문제를 해결할 수 있으리라 믿었다. 그는 각 과의 과장들을 한데 모아 문제에 대한 그들의 생각을 공유했고 해결 방안에 대한 피드백을 끌어냈다. 행정가와 일선 의사들까지 모두 끌어들였다. 첫 회의석상에서 과장들로 이루어진 지도부를 얼마나 신뢰하고 있는지 입증해야 했던 박사는 해고 첫 대상은 이 병원에서 재직 중이던 자신의 딸이고 그다음이 자신이라고 선언했다. 그는 문제를 설명한 다음 과장들과 부하 직원들에게 브리핑을 해달라고, 목표는 병원 내 모든 직원이 이 문제와 각자의 관심사에 대한 지식을 공유하고 해결 방안을 제공할 기회를 갖도록 하는 것이라고 말했다.

그로부터 2주 동안 지도부는 들어오는 아이디어를 논의하기 위해 매일 아침 6~8시에 회의를 진행했다. 누구나 참여해 혁신이건 기존 방침의 고수이건 재정 문제를 해결할 방안을 생각해내도록 독려하는 취지였다. 여러 차례 회의가 진행되는 동안 제안된 모든 해결책을 조사했고 실행 방안까지 살폈다.

저먼 박사는 지도부에게 막대기 하나는 쉽게 부러지지만 20여 개는 한꺼번에 부러뜨리기가 거의 불가능하다고 말했다. 각자 따로 행동하면 진다. 그러나 모두 함께 행동하면 승리한다. 이들은 실제로 승리했다. 탁월한 아이디어 하나가 나온 것이다. 퇴원하는 환자를 휠체어에 태워 병원 현관문에서 대기 중인 차량까지 밀어다주는 일을 담당하는 보조원의 아이디어였다. 휠체어로 환자를 데려다줄 때 병원 측에서는 베개 한두 개를 사용해 환자를 편안히 받쳐주었는데, 그러다 보면 환자는 자연히 차를 타고 집에 갈 때도 베개를 가지고 가버리곤 했다. 휠체어에서 느낀 편안함을 똑같이 느낄 수 있으니까. 이 일을 몇 년이나 해온 병원 측에서 경비를 계산해보니 1년에 거의 100만 달러가 소요되었다. 해당 보조원은 입원한 환자들과 그 가족들에게 병원에 올 때 환자의 베개를 집에서 가져오라고 독려하자는 안을 내놓았다. 그러면 환자는 자신이 쓰던 베개를 쓰는 편안함과 안정성을 누리게 되어 차를 타고 집으로 돌아갈 때 더욱 편안할 수 있으리라는 것이었다. 병원 현장에서 나온 이 풀뿌리 해결책은 비용을 일 년에 100만 달러가량 절감해주는 데다 환자들을 더욱 편안하게 해주는 방편이므로 환자 설득도 용이했다. 병원 측에도 환자에게도 이익이 되는 윈윈 전략이었다!

저먼 박사가 병원 재정 문제에 접근하는 방식도 탁월했지만 해결책을 도출할 수 있었던 것은 무엇보다 직원 한 사람 한 사람에 대한 공감과 배려 덕분이었다. 박사는 모든 의사, 행정가, 직원들을 개입시켜 그들에게 잠재되어 있던 능력을 풀어놓았다. 저먼 박사는 직접 책임을 지려는 태도뿐 아니라 우선해야 하는 것과 절박한 사항에 대한 의식과 실천을 모두 생생히 보여주었다.

박사의 솔선수범과 창의성 덕분에 병원은 불과 3~4개월 만에 월 적자 200만 달러에서 탈출했고 단 한 명의 직원도 해고하지 않고 월 400만 달러 이상을 아꼈다. 손에 잡힐 듯 확실한 결과였지만, 그 외에도 팀의 사기 진작, 신뢰와 응집력 향상 같은 비가시적 성과도 못지않았다. 가장 중요한 것은 조직 전체가 병원장이자 최고경영자인 저먼 박사에게 갖게 된 신뢰와 믿음이었다.

인성이 강한 리더에게 배려는 중요한 기준일까? 장담컨대 그러하다! 저먼 박사와 한 시간 정도만 함께 있어보라. 매일 그의 팀에서 일하고 싶은 마음이 들 것이다.

퇴사를 종용한 회사의 결말

조직이 능력과 인성과 배려라는 세 가지 원칙을 의도적으로 위반하여 직원들의 신뢰와 확신을 침해하는 경우에는 어떤 일이 벌어질까? 프랑스 텔레콤France Télécom(프랑스 국영 통신사였다가 지금은 오렌지Orange라는 민간 기업으로 전환)이 3C 원칙의 실패 사례를 제공한다. 애덤 노시터Adam Nossiter라는 저자는《뉴욕타임스》에 실린 기사에서 프랑스 텔레콤이 직원들에게 '정신적 학대'를 가해 퇴사를 종용했던 일을 기술한다. 노시터에 따르면 당시 프랑스 텔레콤의 경영진은 경쟁력을 높이기 위해 13만 명의 고용인 가운데 2만2천 명을 해고하기로 결정했다. 프랑스법이 노동권을 보호하고 있어 해고를 쉽게 할 수 없었던 경영진은 직원들이 자발적으로 퇴직 신청을 하도록 형편없는 근무 환경을 만들기로 했다. 그러나 프랑스 취업 시장이 열악했던 탓에 대부분의 노동자들은 직장을 떠나지 않았고 경영진이 어떤 책략으로 괴롭혀도 감내하려 했다.[14]

경영진은 다양한 수단을 이용해 퇴사를 종용했다. 일부 직원들은 잘 모르거나 좋아하지 않는 일에 재배치되었다. 무의미한 일을 맡거나 아예 일을 맡지 못한 직원도 있었다. 경영진은 회사가 직원에 대해 신경 쓰지 않는다는 것을 여실히 드러내는 근무 환경을 조성한 것이다.

《뉴욕타임스》기사에서 노시터는 이러한 전략이 노동자들에게 끼친 가장 끔찍한 영향을 기술한다. 프랑스 텔레콤의 전직 경영진은 정신적 학대 혐의로 기소당했다. 검사들은 2008년 4월에서 2010년 6월 사이에 프랑스 텔레콤 노동자들 가운데서 최소 18건의 자살과 13건의 자살 시도가 발생했다고 주장했다. 2019년 12월《로이터통신》은 파리 법원이 프랑스 텔레콤과 전직 최고경영자에게 정신적 학대 혐의에 대해 유죄 판결을 내렸다고 보도했다. 사측은 "직원들을 학대하려는 체계적 계획이나

조직적 의도가 있었다는 것"을 계속 부정했지만, 판결에 항소하지 않겠다고 발표했다.[15]

프랑스 텔레콤 사의 퇴사 종용이 끼친 영향은 마틴 셀리그먼의 학습된 무기력 이론에 근거해 얼마든지 예측할 수 있다. 셀리그먼은 동물과 인간에게 피할 수 없는 해를 입히면 많은 피해자들이 우울 증상을 보인다는 것을 발견했다. 프랑스 텔레콤의 경우 다른 고용 기회나 대안이 있었다면 노동자들은 경영진의 바람대로 직장을 그만두고 다른 선택지를 따라갔을 것이다. 그러나 취업 시장이 불황이어서 대부분은 직장에 남아 있을 수밖에 없었고, 시간이 지나면서 무기력과 우울감이 쌓였을 것이다. 학습된 무기력 연구에 등장하는 실험실의 개들처럼 수천 명의 노동자들은 상당한 정서적 스트레스를 겪어야만 했다.[16]

우리는 직원들을 향한 기업의 조직적 학대 사례가 프랑스 텔레콤 정도뿐이기를 바란다. 의도적이건 아니건 프랑스 텔레콤의 직원 학대는 인성 및 배려를 갖추지 못한 조직이 구성원들에게 끼치는 심각한 부작용을 여실히 드러낸다.

내가 속한 조직을 _ 평가하자

독자 여러분이 속한 조직의 성적을 IROC 원칙에 근거해 평가해 보라고 권고한다. 다음 설문지를 여러분 회사의 고용인 전체나 일부에게 샘플로 뽑아 배포하라. 그들의 반응을 주의 깊게 검토하라. 높은 점수(4~5점)는 여러분의 조직이 우수한 성적임을 나타낸다. 낮은 점수(1~3점)는 우려해야 한다는 뜻이다. 이 평가를 통해 받은 피드백은 여러분이 속한 조직의 풍토를 개선하기 위한 전략들을 개발하는 데 활용할 수 있다.

아래의 5점 표를 사용해 다음의 각 질문에 대해 자신이 속한 조직을 평가하라.

1. 아주 형편없다
2. 형편없다
3. 보통이다
4. 평균 이상이다
5. 우수하다

개인의 신뢰성 | 내가 속한 조직에서 나의 상관은

A. 유능하다				
1	2	3	4	5

B. 높은 인성 수준을 보인다				
1	2	3	4	5

C. 나의 복지를 진정으로 배려한다				
1	2	3	4	5

관계 | 내가 속한 조직에서 나의 상사는 타인들에게 ___을 보여준다.

A. 존중과 관심				
1	2	3	4	5

B. 개방적인 소통				
1	2	3	4	5

C. 협력적 상호의존				
1	2	3	4	5

D. 신뢰와 권한 위임				
1	2	3	4	5

내가 속한 조직이 포함하는 것

A. 공유된 가치와 신념과 규범				
1	2	3	4	5

B. 긍정적인 정책, 실천, 절차				
1	2	3	4	5

내가 속한 조직은

A. 변화하는 환경에 맞추어 쉽게 적응한다				
1	2	3	4	5

B. 의지처 및 필요의 변화에 대응하기 위한 정식 계획을 갖추고 있다				
1	2	3	4	5

포인트

인성은 진공 속에서 발생하지 않는다. IROC 원칙을 따르는, 강력하고 긍정적인 조직의 풍토와 문화를 확립하는 일은 지속적으로 성공하는 데 꼭 필요하다. 존슨앤드존슨과 샌안토니오 스퍼스 같은 조직은 이러한 문화를 확립하기 때문에 꾸준히 승리한다. IROC 원칙에 부합하지 못하는 조직은 큰 시련을 겪는다.

IROC 평가부터 시작하되, 우리가 제시한 간편한 조사를 활용하거나 아니면 스스로 평가를 고안해보라. 결과를 이용하여 필요하다면 여러분이 속한 조직 풍토를 개선할 계획을 개발하라. 승리, 꾸준한 승리, 올바른 방식의 승리는 긍정적인 조직 풍토를 조성하느냐 여부에 달려 있다.

인성이 뛰어난 인재를 뽑는 법

**'올바른 사람들'을 택할 때 훌륭한 기업이나 위대한 기업은
교육 배경, 기술, 전문 지식이나 경력보다 인성을 더 중시한다.**

짐 콜린스Jim Collins[1]

07

한번 상상해보라. 여러분은 새로 회사를 차리려 하고, 100명을 고용해야
한다. 말단 직원부터 상급 관리직까지 모조리 새로 뽑아야 한다. 실적이
좋은 기업의 설립자로서 인성의 중요성을 아는 여러분은 이제부터 뽑을
최하위 직원부터 최상위 리더까지 모두 긍정적인 인성을 보여주기를, 또
한 동료들의 인성 역시 중시하기를 바란다. 이러한 목표를 이루려면 네
가지 과제를 수행해야 한다.

1 | 내 조직에서는 어떤 긍정적 인성이 가장 중요한지 결정하기

2 | 고용을 하는 초창기 동안 인성 수준이 높은 사람들을 선발하기

3 | 직원들이 조직에서 자기 역할을 최적화해 조직에 기여할 수 있
도록 이들의 발전을 지속적으로 도모할 계획 세우기

4 | 조직의 개별 구성원들과 하위문화를 부단히 점검해 조직의 가치
를 계속 지킬 수 있도록 보장하기

이 네 가지 과제를 인식했으니, 이제 여러분은 인적 지원HR 전문가
의 도움을 받을 것이다. 지능과 적성을 평가할 도구를 다양하게 갖춘 전
문가는 직원 채용에 필요한 다양한 전략을 추천해줄 것이다. 각 지원자
의 교육 및 직무 이력 등의 배경 정보 수집도 전략에 포함된다. 그다음에
는 배경 조사, 추천서 검토, 그리고 최종적으로 면접이 이루어진다.

인성은 _ 어떻게 측정하는가?

지금까지는 순조롭다. 그러나 표준적인 고용 전략으로만 인성을 평
가하려 할 때는 한계가 있다. 이러한 표준 전략들은 대개 재능, 그것도 지
능이나 적성검사 점수로 편협하게 정의하는 능력에만 초점을 맞추기 때
문이다. 군은 매년 수십만 명의 신병들에게 군복무직업적성검사ASVAB
를 실시한다. 검사에서 커트라인 아래 낙제점을 받으면 군의 부서는 아
무데도 들어갈 수 없다. 이 검사는 대입시험과 비슷하다. 여러분이나 여
러분의 자식들은 이 시험을 본 적이 있을 것이다. SAT 점수는 다닐 대학
을 결정할 때 중요한 기준이 된다. 높은 점수는 우수 대학에서 입학 허가
를 받을 때 필요조건이 되지만 충분조건은 아니다. SAT 점수가 약간만
모자라도 일류 대학에서 2선으로 밀려난다. 그보다 더 낮은 경우 2년제

커뮤니티 칼리지나 직업학교에 들어갈 수 있다. 열심히 공부하고 투지를 불태워서 고등학교 때 우수한 성적을 받아도 원하는 학교에 들어가지 못하는 일이 일어날 수 있다.

시험 점수 때문에 직장이나 대학 문 앞에서 밀려나본 사람들은 모두 '적성 편향'이라는 편견을 겪은 셈이다. 적성 편향이란 100년 넘는 세월 동안 심리학자들이 지능과 적성 평가에만 노력을 쏟아부은 데서 비롯된 편견이다. 인간관계 전문가들은 이 검사들이 신뢰할 만하고 유효하다는 이유로 좋아한다. 그러나 이 검사들의 예측 능력은 잘해봐야 학업 성적과 일의 실적 면에서 고작 25퍼센트 정도이다. 75퍼센트나 그 이상의 실적은 다른 자질과 관련이 있다는 뜻이다. 난제는 여기 있다. 심리학자들과 인간관계 전문가들에게는 75퍼센트를 차지하는 자질을 확인하고 평가할 만한 정교하거나 유효한 방안이 없다는 것.

적성 편향은 실적이 좋은 사람들로 자리를 채우고 싶어하는 조직들에게는 좋지 않은 문제이다. 한 고등학생을 예로 들어보자. 그는 공부를 열심히 하고 여름방학에도 계절 수업을 듣고, 필요할 때는 과외도 받고, 내신점수로 평균 A를 받아 졸업한다. 그러나 어떤 이유에선지 SAT 점수는 평균밖에 안 된다. 이 경우 그는 최고 대학에는 입학하지 못한다. 만일 여러분이 이 학생이 대학에서 잘해내리라고 예상한다면 앞에서 기술한 요인 중 무엇에 내기를 걸겠는가? 보통밖에 안 되는 SAT 점수(성공 가능성의 25퍼센트도 안 되는 요인)인가? 아니면 고등학교에서 4년이라는 긴 시간 동안 공부하면서 보여준 (성공 가능성의 상당 부분을 차지하는) 그릿과 결단력인가?

SAT와 유사한 다른 테스트들은 대학에서의 성공을 예측할 때 확실히 유용하다. 특히 고등학교 성적과 결합될 경우가 그러하다. 둘을 합친 것이 미래의 학업 성과를 예측할 수 있는 가장 강력한 방법으로 사용되어온 것이 사실이다. 그러나 표준화된 시험 성적과 결합하여 개인의 성공 여부에 관한 예측을 최적화해주는 요인은 비인지적 자질이다. SAT 점수가 높게 나온 지원자가 그릿과 자기 절제, 배움에 대한 애정 등의 자질까지 높은 점수를 받는다면 그는 인지 및 비인지 능력이 이상적으로 결합된 경우다. SAT 같은 시험 점수는 대개 오해나 남용의 대상이 되기도 하니, 대학들은 SAT 점수와 함께 다른 많은 학습 잠재력 지표도 같이 고려해야 한다.

미국 대학위원회College Board는 시험 점수를 입학 결정을 내릴 때 고려할 많은 요인 가운데 한 가지로만 이용하자는 입장을 견지해왔다. 이를 위해 대학위원회는 '랜드스케이프'Landscape라는 프로그램에 투자했다. 학교들이 성적 이외의 다른 요인들을 더 잘 이해하고, 입학 허가 결정을 내릴 때 SAT 점수를 더 적절히 이용하도록 돕기 위해 고안한 프로그램이다.[2]

직원을 고용할 때도 재능 평가는 물론 중요하다. 그러나 표준적인 인간관계 전략들만으로는 회사의 인력 구성을 최적화할 수 있는 그릿, 진실성, 자기절제, 사회 지능 같은 자질을 활용할 수 없다. 인성은 개인의 성과나 조직의 실적에 매우 중요하기 때문에 높은 수준의 인성을 지닌 사람들을 끌어들이고 유지하고 지탱하기 위한 접근법을 검토해보아야 한다. 가령 앤절라 더크워스와 동료들은 신체 능력이 웨스트포인트 사관생도의 강력한 성공 예측 요인이라는 것을 발견했다. 신체 능력은 그릿과 함께, SAT 점수가 측정한 인지 능력보다 웨스트포인트 졸업생들의 성과를 더욱 잘 예측했다. 신체 능력과 그 밖의 다른 비인지적 자질이 다른 조직에서의 성공에 끼치는 영향은 대체로 알려져 있지 않다.

그러나 우리는 어떤 유형의 조직이건 비인지적 요인을 고려해 구성원을 선발하고 직무를 배정하는 것이 타당하다고 본다.[3]

제1단계
조직의 가장 중요한 _ 특징 파악

웨스트포인트는 조직에서 성공하는 데 필요한 긍정적인 인성 특징을 확인하려 할 때 유용한 사례를 제공한다. 더 큰 육군 조직의 일부인 웨스트포인트는 육군의 일곱 가지 가치를 수용한다. 즉 충성, 의무, 존중, 이타적 행위, 명예, 청렴 및 진실성, 용기다. 웨스트포인트의 명예 규약("사관생도는 거짓을 말하지 않으며 부정행위나 도둑질을 하지 않으며 또한 그러한 행위를 하는 자를 용인하지도 않는다.")은 오랫동안 웨스트포인트를 규정하는 대표적인 특징이었다. 다음의 편지를 살펴보자. 1946년 육군 참모총장 드와이트 D. 아이젠하워Dwight D. Eisenhower 장군이 웨스트포인트의 교장 맥스웰 테일러Maxwell Taylor 소장에게 쓴 편지다.

친애하는 테일러 소장

귀관이 며칠 전 내 집무실을 방문한 이후 웨스트포인트 생각이 머릿속에서 떠나지 않았습니다. 귀관과 긴 대화를 나눌 수 있기를 바라왔죠. 직접 만나 생각을 나눌 기회가 올 때까지, 아주 거칠게나마 제가 받은 인상 중 일부를 이렇게 편지로 써 보냅니다. 귀관이 추후에 더 논의를 하거나, 적절한 조치를 취하도록 생각해볼 수 있게 말입니다. 물론 그럴 만한 구석이 제 편지에 있다면 말입니다만.

제 생각에 웨스트포인트를 아는 사람은 누구나 세계의 다른 학교와 웨스트포인트를 확실하게 구별지어주는 특징이 오랜 세월 동안 '명예 제도'가 존재했을 뿐 아니라 이 제도가 실제로 효력을 발휘했다는 사실이라는 데 바로 동의할 겁니다. 이러한 성과의 원인은 여러 가지가 있겠지만 가장 중요한 두 가지는 ① 웨스트포인트 당국이 사소한 규율 위반을 찾아내는 데 명예 제도를 이용하는 일을 일관되게 거부해왔다는 점, ② 군 당국과 교육 담당자들의 지속성 덕분에 생도가 학교에 들어올 때부터 그에게 명예 제도에 대한 숭상에 가까운 존경심을 불어넣는 데 성공했다는 점입니다. 웨스트포인트의 특징인 명예 제도는 시간이 지날수록 졸업생들에게 더욱 중요해지는 것 같습니다.

이에 관해 저 역시 귀관이나 웨스트포인트의 다른 모든 책임감 있는 장교들 못지않게 깊이 느끼고 있습니다. 명예 제도를 제가 거론하는 이유는 최근 웨스트포인트의 규모가 확장되었고, 웨스트포인트의 교장이 스스로 선발한 교직원 장교들을 지키느라 고군분투한 것으로 보이기 때문입니다. 제가 진정 믿는 바, 시간이 갈수록 고군분투하느라 생긴 어려움은 대개 극복할 수 있을 겁니다. 그러나 제가 보기에 못지않게 중요한 것은 이제 웨스트포인트에 있는 교직원들과 사관생도 모두 명예 제도가 생도 자신들의 손에 있다는 것, 웨스트포인트에서 가장 소중한 가치라는 것, 그리고 그 어떤 상황에서도 명예 제도가 생도들을 희생시켜 사소한 규제 위반이나 찾아내는 데 쓰이면 안 된다는 것을 확실히 이해하는 것입니다.

제가 웨스트포인트에 다닐 때 겪었던 가장 불행한 일 한 가지가 기억납니다. 백열전구 하나가 땅에 내팽개쳐진 사건이었습니다. 범인은 잡혔습니다. 생도들을 일렬로 세운 다음 각각에게 이 비행을 탐문하는 방법을 써서 말입니다. 명예 제도를 터무니없이 남용한 것이지요. 물론 이런 절차나 이와 관련된 어떤 조치라도, 그것이 명예 제도에 끼칠 끔찍한 영향을 그려볼 수 있을 정도로 훌륭한 판단력을 갖춘 책임감 있는 장교에 의해 거부되리라 생각합니다만, 제 생각에는 명예 제도와 관련된 방침은 최소한 일 년에 한 번이라도 교장 정도 서열의 권위자가 분명히 설명해주어야 할 듯싶습니다.

웨스트포인트의 교과 과정에서 제가 특히 관심 있는 건 실용심리학 또는 응용심리학 과목입니다. 제가 생도이던 시절 이후 리더십과 인력 관리 분야에서 엄청난 진보가 이루어졌음을 압니다. 그럼에도 저는 리더십 및 인력 관리와 관련해서 응용심리학이야말로 교장과 교무위원회 소속 보좌진의 지속적이고 열의 있는 관심을 받아야 하는 과목이라고 믿습니다. 다른 학교들이나 기업 · 경제 부문에서 두드러진 성공을 거둔 사람들로 이루어진 전문적인 자문가들에게도 자주 도움을 받아야 하는 문제가 리더십과 인력 관리지요. 젊은 장교들이 인력을 관리하고 리더십을 발휘할 때 지나치게 경험과 의례적인 방법에만 의지하는 것 같습니다. 제 생각에 인력 관리 및 리더십 관련 이론과 실전을 모두 교육해야만, 다수의 생도들에게 인간 문제를 인간이라는 바탕에서 다룰 필요성을 일깨우고 웨스트포인트 전체에서 리더십과 인사 관리를 개선하는 데 많은 일을 할 수 있습니다.

제가 생도였던 시절 이후 많은 변화가 있었다고, 특히 소위로 임관하게 될 1학년생도들에게 책임의식을 고취시키는 데서 많은 발전이 있었다고 들었습니다. 좋은 노선이라고 생각합니다. 이런 노선을 따라 더 많은 일을 할수록 좋습니다. 웨스트포인트의 사관생도는 소규모 집단을 다루고, 적절한 과제를 조직하며, 휘하의 부하들을 흡족한 방식으로 통찰할 수 있는 자신의 능력에 타당한 자신감을 갖춘 상태로 졸업해야 합니다.

저는 웨스트포인트의 기술이나 전문성에 관해서는 할 말이 전혀 없습니다. 그런 일들은 능력이 출중한 분들이 잘 처리한다고 느낄 뿐 아니라, 제가 앞에서 간략히 설명드린 더 큰 문제보다 중요성이 덜하다고 확신하기 때문입니다. 생도 한 명 한 명이 장교로서 조국에 대한 분명한 책임감을 갖고, 개인적 명예와 웨스트포인트의 명예 제도에 대해 능동적으로 지속적인 관심을 가지며, 육군을 발전 및 단련시키고 이끄는 일과 관련된 인간적 측면들을 명확히 이해하는 가운데 자신의 문제에 접근할 수 있도록 만드는 귀관의 노력, 이러한 능력을 갖춘 장교들을 지속적으로 배출하려는 그 노력을 통해 실로 웨스트포인트는 앞으로도 미 국민의 의식에서 중요한 위상을 차지할 것이고, 정부가 학교에 지출하는 액수만큼의 가치를 해낼 것입니다.

_드와이트 D. 아이젠하워[4]

이 놀라운 편지는 웨스트포인트의 핵심 가치로 명예와 진실의 중요성을 강조하고 있다. 아이젠하워가 보기에 명예와 진실은 사관생도의 가장 중요한 인성 자질이다. 아이젠하워는 재능은 언급조차 하지 않는다. 다수의 지원자들 가운데서 엄선된 생도들의 재능이 탁월한 것은 당연하다 생각했을 것이다. 군에서는 신뢰가 근본적인 중요성을 갖는다는 점은 앞에서 살펴보았다. 신뢰의 인성 요소 중 큰 부분이 바로 명예와 진실성이다.

아이젠하워가 쓴 편지에서 두 번째로 놀라운 점은 테일러에게 웨스트포인트에 응용심리학 과목을 개설해야 한다고 권고한 것이다. 아이젠하워는 2차 세계대전 당시 전문성은 출중하지만 인간적인 면을 이해하지 못하는 장교를 수도 없이 보고 겪었던 것이다. 그는 생도들이 심리학을 공부함으로써 인성을 비롯한 인간 본성에 대한 이해를 향상하고 그리하여 리더십 역량을 키울 수 있다고 생각했다. 웨스트포인트의 행동과학 및 리더십 학과는 이 편지에서 그 기원을 찾아볼 수 있다.

여러분의 조직에 가장 필요한 인성의 강점이 무엇인지 어떻게 알아낼 수 있을까? 첫 단계는 어떤 인성 강점들이 여러분 회사(혹은 학교나 다른 유형의 조직)의 직무나 소명과 관련성이 높고 중요한지 확정하는 일이다. 육군 전투 지휘관들에 대한 연구는 팀워크와 용기와 사랑하는 능력과 끈기와 진실성이 전투 상황을 성공적으로 헤쳐나가는 데서 가장 중요한 강점임을 보여준다.[5] 유치원 교사들은 공정함, 유머, 친절, 배움에 대한 사랑을 비롯해 그 밖의 강점을 이용한다. 24가지 인성 강점을 고찰한 다음 여러분의 조직을 잘 아는 사람들에게, 탁월한 직원들에게 도움이 되는 강점 서너 가지를 찾아달라고 요청하라.

제2단계
최상의 인재를 _ 선발하려면

일단 이 강점들을 찾아내면 조직에 고용할 지원자들에게서 이러한 강점을 어떻게 파악할지 그 방법을 고안해내야 한다. 끈기가 중요하다면 시간과 결단력을 요하는 어려운 과제들을 성공적으로 완수한 과거의 이력을 찾아보아야 한다. 창의성이 중요하다면 이력서에서 혹은 면접을 하는 동안 창의력을 보여주는 지표들을 찾아보라.

웨스트포인트는 인성 수준이 높은 생도를 어떻게 선발할까? 학업 능력을 평가할 때는 표준 시험 점수, 고등학교 성적, 고등학교 학급 등수 등 비교적 객관적인 방법을 사용한다. 그러나 인성에 관해서는 파악할 수 있는 객관적인 시험이 전혀 없는 탓에 간접적인 지표에 의지한다. 가령 그릿은 고등학교 때 참여했던 다수의 활동과 성과로부터 추론한다. 신입생 때 스포츠 종목을 골라 4년 동안 꾸준히 운동을 한 것이 그 한 사례다. 이글 스카우트Eagle Scout(다수의 공훈 배지를 받은 스카우트 명예 단원)가 되는 것은 장기간의 끈기와 헌신이 필요하므로 그릿을 평가하기 위한 지표로 기능할 수 있다. 바람직한 또 하나의 인성 자질인 리더십은 지원자가 동아리 대표나 팀의 주장으로 선출된 이력을 통해 추론할 수 있다.

인성 강점 목록 같은 기존의 인성 검사를 활용해 조직 구성원을 선발할 때는 신중해야 한다. 이러한 인성 검사들은 개인의 자기 평가나 고찰에는 가치가 있지만 기업의 고용인을 선발할 때는 지나치게 빤한 구석이 있어 유용성이 떨어진다. 지원자들은 평가 문항을 이용해 자신이 취업에 필요한 인성의 강점을 지닌 척할 수 있다. 이러한 검사보다는 과거의 이력과 성과에 주안점을 두는 편이 더 낫다.

"미래의 행동을 가장 잘 보여주는 최고의 요인은 과거의 행동이다." 심리학에서 중요히 여기는 경구다. 이는 학업 성공을 예측할 때도 통한다. 근면히 공부하는 고등학생은 대학생이 되어서도 똑같이 할 가능성이 높다. 인성도 마찬가지다. 좋은 인성을 지닌 후보를 선발하고 싶다면 여러분이 찾는 긍정적인 인성 자질을 반영하는 행동과 활동의 객관적 지표를 찾아보라. 조직의 가치와 반대되는 인성 자질을 보여주는 증거도 찾아보아야 한다. 꼼꼼하고 철저하게 배경을 점검하다 보면 지원자의 가치가 여러분의 조직에 썩 어울리지 않는다는 지표들이 드러날 수 있다.

조직은 인성을 평가하기 위해 창의적인 접근법을 활용할 수 있다. 가령 웨스트포인트는 지원자들에게 윤리적 상황에 대한 글, 즉 딜레마를 어떻게 다룰지 의견을 표명하는 글을 쓰도록 한다. 이런 글을 통해 인성의 자질이 드러날 수 있다.

제3단계
조직에 필요한 _ 인성을 키워라

일단 최상의 후보를 선발했다면, 그다음에는 원하는 자질을 기르고 더 발전시키는 방법으로 초점을 옮겨야 한다. 따라서 정기적인 인성 평가가 필요하다. 존슨앤드존슨의 사례에서 보았던 대로다. 학생들과 노동자들에게는 피드백이 필요하다. 그러려면 좋은 멘토가 평가를 해석하고 문제를 해결하는 방법에 관해 노동자들을 코칭해주어야 하고, 언제나 계획을 마련해야 한다.

웨스트포인트는 인성을 기르는 문제를 진지하게 고려하는 조직이다. 웨스트포인트의 모든 생도들은 1년 동안 각 학기와 여름 훈련 세 차례에 걸쳐 정기발달평가Periodic Development Review(PDR)를 통해 인성을 평가받는다. 이 전면적인 평가에서 생도는 선후배와 동급생 모두의 평가를 받는다. 정기발달평가는 생도의 성적, 신체 능력, 군인으로서의 능력, 인성 등을 평가한다. 인성 평가는 가장 중요한 요소로 간주된다.

평가 대상이 되는 인성 자질 중에는 일곱 가지 육군의 가치, 공감 능력, 전사로서의 정신 및 봉사 정신(전문가 정신을 구현하는 태도와 신념 공유), 단련(자기 절제) 등이 있다. 여러 질문으로 리더십과 신뢰도를 평가한다. 생도들은 1점(낮음, 상당한 개선이 필요함)부터 5점(우수, 장교가 될 준비가 되어 있음)

까지 점수를 받는다. 생도들은 색깔 상징으로 피드백을 받는다. 최하는 검은색이고, 빨강, 오렌지, 노랑을 거쳐 최고는 초록색으로 표현한다. 이 피드백을 통해 생도들은 후배 생도, 동급생, 생도 대표, 교관과 교수들이 자신을 어떻게 인식하는지 쉽게 알 수 있다. 강점(가령 초록색)이나 약점(가령 검은색)을 즉시 알 수 있을 뿐 아니라 시간의 흐름에 따른 전반적인 추세도 파악할 수 있다.

멘토는 정기발달평가 결과를 자신이 맡은 생도와 함께 검토하고 그의 강점과 약점이 어디 있는지, 추세가 어떠한지, 생도가 약점을 해결하려면 무엇을 해야 하는지 의논한다. 이러한 논의는 자기반성과 실행 가능한 개선 계획으로 이어진다.

이러한 평가 제도가 효과를 낼 수 있는 건 짜임새 있고 자원이 뒷받침되는 기관에서 추진하는 평가이기 때문 아닐까? 나는 어떨까? 나는 생도도 아니고 평가나 피드백을 받는 직업군도 아닌데 어떻게 인성 발달이 포함된 리더십 능력을 평가받을 수 있지? 이렇게 생각할 수도 있다. 정말 좋은 질문이다. 학생이든 고용된 직장인이든 리더든 누구나 자신이 리더 노릇을 얼마나 잘하고 있는지, 자신의 인성이 직무와 리더십 효과에 어떤 영향을 끼치는지 개방적이고 솔직한 평가를 받아야 한다. 우리는 대개 우호적인 피드백은 반갑게 환영하지만 불리한 피드백, 비판적인 피드백은 합리화하거나 거부한다. 나의 인성이 내가 속한 기관의 가치와 잘 맞는지 알고 싶다면 마음을 굳게 먹고 동료들이 나에 관해 하는 말에 귀 기울여야 한다. 피드백을 환영하자!

여러 가지 방법 가운데 몇 가지를 제안해보려고 한다. 첫 번째, 인성에 대해 자기평가 해보기. 직무에 중요한 자질을 찾아낼 때 쓰도록 제안했던 것과 비슷한 전략을 쓰면 된다. 여러분이 하는 일에 중요하다고 생각하는, 그리고 여러분의 삶에서 하는 다른 활동(가령 부모 노릇, 자원봉사 등)에 필요하다고 생각하는 인성의 특징을 적어보라. 인성 강점 목록을 참고해서 인성 특징을 목록으로 만들면 된다. 그런 다음, 이 인성 강점 각각과 관련된 행동 목록을 만들라. '존중'에 적합한 행동은 '경청하기, 특히 세계관이 다른 사람들에게 귀 기울이기'일 것이다. '의무'에 적합한 행동은 '아무도 안 보는 순간에도 늘 옳은 일을 하기'일 수 있다. 각 인성 강점과 관련된 행동 목록을 만들고 나면 각 행동의 점수를 1점에서 5점까지 매겨보라. 웨스트포인트의 정기발달검사와 유사한 방식이다.

두 번째, 주변인들의 피드백 받아보기. 자신의 인성 특징 및 행동 목록을 가져다가 직장 상사, 부하 직원, 배우자와 아이들, 만나고 교류하는 이들과 공유해보라. 그들에게 인성 특징 영역 각각에 대해 1점부터 5점까지 점수를 매겨달라고 요청하고, 정말 개방적인 태도를 갖고 있다면 앉아서 그들에게 왜 그런 점수를 주었는지 물어보라.[6] 사람들이 여러분을 어떻게 인식하는지에 관해 새로 알게 된 사실들을 보면 놀라움을 금치 못할 것이다.

새로운 평가 도구들도 등장하고 있다. 심리학자 브라이언 데이비드슨Brian Davidson은 마인드뷰MindVue의 창립자이다. 마인드뷰는 인간의 우수성을 측정, 예측, 구축 하는 일에 주력하는 인적 자원 회사다. 데이비드슨과 그의 동료들은 최첨단 평가 도구를 개발했다. 일명 '마인드뷰 프로파일'MindVue Profile이다.[7] 이는 다양한 비인지적 능력과 자질을 평가한다. 그릿, 자기조절, 양심, 희망, 성장하려는 자세, 자기수양, 회복탄력성, 진실성 등을 측정한다. 마인드뷰 프로파일은 지금까지 논했던 다른 인성 평가 도구와 달리 테스트를 치르는 사람이 정직하고 일관되게 질문에 답하는지 여부를 표시해주는 기능을 탑재하고 있다. 이 기능 덕에 평가 도구의 신뢰도가 상당히 올라간다.

신입 직원 100명을 고용해 키우는 시나리오로 돌아가 보자. 이때 취업 지원자들의 인성을 파악해 선발하기 위한 우리의 다른 제안들과 마인드뷰 프로파일을 같이 쓸 수 있다. 상급 관리자들에게 마인드뷰 프로파일은 계기판 역할을 해준다. 개별 직원들의 인성 점수를 팀이나 회사 내 다른 하위 부서의 평균과 비교해볼 수 있는 계기판 말이다. 따라서 리더들과 경영진은 기업의 다양한 구성원들이 인성 자질 면에서 어느 위치에 있는지 믿을 만한 데이터를 보유하게 된다. 가령 프로파일 상에서 회복탄력성이 낮은 팀은 개선에 도움이 되는 추가 연수를 받을 수 있다.

마인드뷰 프로파일을 이용해 개인과 집단이 피드백을 받게 되면 인성 평가에서 추측을 하지 않아도 된다. 종래의 면접 및 조사와 결합할 경우 마인드뷰 프로파일은 다양한 조직들이 '개인에게 잠재된 능력을 열어' 개발할 수 있도록 해주는 귀중한 도구가 될 수 있다. 인성 평가에서 면접 및 조사와 다른 평가 수단의 비율을 25 대 75로 하느니 마느니 하는 문제로 고민할 필요도 없어진다.

정직한 피드백, 특히 인성에 대해서 솔직한 피드백을 주고받는 일은 어렵다. 피드백을 구해 이를 진지하게 받아들이지 않으면 긍정적이건 부정적이건 이미 보여주던 행동만을 지속적으로 보여주게 되며, 결과 역시 변하지 않는다. 그것은 개선도 성장도 아니고, 성장할 기회를 놓치는 것이다. 여러분이 적극적으로 인성 피드백을 받아보길 권한다. 얼굴에 두껍게 철판을 깔고 용기를 내어 동료와 가족이 여러분의 인성 특징, 그와 관련된 행동을 어떻게 평가하는지 의견을 청하라.

제4단계
인성 결함에 _ 대응하기

인간의 본성상 개인이나 집단은 내가 속한 조직의 가치와 어긋나는 방식으로 행동하곤 한다. 이때 최상의 방안은 해당 직원을 해고하거나 학생을 퇴학시키는 것이다. 위반 내용에 따라 대응은 달라질 텐데, 많은 경우 리더는 인성 및 인성 발달에 관한 자신의 지식을 이용해 행동을 교정한다.

다음에 소개할 두 사례는 인성 결함에 대응하는 단계가 얼마나 중요한지 예증한다. 리더들은 조직을 위해 훌륭한 개인들을 선발했고 이들이 계속 윤리적으로 행동하리라 생각했다. 다 잘되고 있다고 생각했지만 사실 이 조직의 리더들은 구성원들의 행동을 성실하게 모니터링하지 못했다. 두 조직 모두 그로 인해 존립의 위기를 맞았다.

1 | 2013년 웨스트포인트 남자 럭비 팀

2013년 여름 캐슬런 장군은 웨스트포인트 미 육군사관학교의 신임 교장으로 지명되어 객원위원회 회의에 전임 교장과 함께 참석했다. 웨스트포인트의 교장은 대학 총장과 비슷한 자리다. 객원위원회는 대학의 이사회와 비슷하지만 관리 · 감독 권한은 없다. 위원회는 미 상원의원 6~7인, 하원의원 7~8인, 대통령이 지정한 공무원 5~6인으로 구성된다. 주요 업무는 웨스트포인트의 사정에 관해 대통령에게 연간 보고서를 쓰는 것이다.

2013년 객원위원회 회의는 졸업식 약 2주 뒤, 캐슬런이 교장직을 맡기 2주 전인 6월에 열렸다. 통상 위원회 회의는 친근하고 격식을 차리지 않는 모임이다. 논의할 의제들은 미리 공동으로 마련하고 조치할 항목들과 쟁점들도 회의 전에 미리 준비해둔다. 최소한 캐슬런이 기대한 바는 그러했다. 그러나 그날, 실제로는 상상도 못했던 일이 벌어졌다.

회의가 시작되자마자 대통령이 지명한 위원 한 사람이 말을 꺼냈다. 역사적인 해였던 1980년(웨스트포인트에서 여성 생도가 장교로 졸업한 첫 해)에 웨스트포인트를 졸업한 여성 장교였던 그는 비판조의 문서를 읽었다. 웨스트포인트의 지도부가 최근 남자 럭비 팀의 성희롱 혐의에 대처했던 방식을 신랄하게 비판하는 글이었다. 동일한 상황이 벌써 5년 이상 이어지고 있었고, 이는 졸업식 불과 몇 주 뒤 표면화되었다.

모멸과 비하로 이루어진 적대적인 내용의 이메일이 경기가 끝난 뒤면 어김없이 럭비 팀 일부 멤버들 사이에 돌았는데, 거기서는 경기 때 팀의 실적을 놓고 팀원들을 비판했을 뿐 아니라 상대 팀과 관중까지 비난했고 심지어 경기와 무관한 강사·교관·생도에 관한 부적절한 언급까지 담고 있었다. 메일에 쓰인 의견들은 사적이고 모멸적이며 공동체의 책임 있는 시민은 고사하고 미 육군을 이끌고 갈 미래의 지도자에게서 기대할 법한 내용이 전혀 아니었다. 조잡한 언어를 써서 부적절한 행동을 묘사한 내용이 많았다. 위원회 구성원들이 가장 주목한 것은 다수의 여성 생도에 대한 언급이었다. 심지어 이름까지 언급되어 있었다. 육군의 가치, 의무와 명예와 조국의 가치와 완전히 동떨어진 수준의 하위문화를 드러내는 이메일이었다.

하위문화는 원래부터 나쁜 것이 아니다. 예를 들어 콧대 높은 선수 팀은 집요함, 회복탄력성, 정신적·신체적 강인함을 특징으로 하는 자신들의 하위문화를 자랑스러워한다. 하위문화 내의 이러한 가치는 조직의 가치와 잘 맞는다. 그러나 팀이 웨스트포인트 럭비 팀의 이메일에 표현해놓은 것과 같은 가치를 지녔다면 얘기가 다르다. 이러한 문제는 공개적으로 인정해야 하고, 불쾌감을 주는 문제의 가치들을 교정해야 하며 이를 퍼뜨리는 사람들을 내보내는 조치를 취해야 한다.

공적인 가치와 개인의 가치는 나란히 가야 한다. 군이라는 직업군을 구성하는 개인들은 24시간, 일주일 내내 리더십을 증명하라는 기대를 받는다. 편리할 때는 인성이라는 스위치를 켜고 불편할 때는 끄는 특권 따위는 이들에겐 없다. 언제나 동일한 가치로 다른 사람들을 이끌어야 하기 때문이다. 군뿐 아니라 다른 직업군이라 해도 리더라면 예외는 없다. 신뢰는 효과적인 리더십의 가장 필수적인 요소이며, 신뢰를 잃는 가장 확실한 실책이 바로 조직의 가치와 개인적인 삶을 영위하는 가치를 일치시키지 못하는 것이다.

웨스트포인트의 객원위원회에서 비판이 나온 것은 럭비 팀에서 수용할 수 없는 가치를 내보였다는 사실 때문이 아니라, 학교의 지도부가 이러한 폭로에 대응한 방식이 잘못되었기 때문이다. 문제가 발견된 것은 졸업식 약 2주 전이었다. 교장과 생도대장은 졸업이 예정된 4학년생들을 포함한 럭비 팀 구성원들에게 멘토십 프로그램을 이수하도록 조치했다. 이수 기간을 단축한 프로그램이었다. 그런 다음 이들에게 심경의 변화가 일어났고 이제 이들의 가치는 국가가 웨스트포인트 졸업생들에게 기대하는 가치와 일치하게 되었다고 평가했다. 멘토십 프로그램을 이수한 이들이 동급생과 똑같은 시기에 졸업하도록 해준 것이다. 객원위원회 위원들이 보기에 이러한 조치, 특히 4학년생들을 제때 졸업시키도록 허용한 조치는 명백한 잘못이었다.

캐슬런은 이즈음 새 교장으로 부임했기 때문에 외부자의 시선으로 사안을 볼 수 있었다. 조사를 마무리하면서 캐슬런은 럭비 팀을 맡고 있던 코치와 교관을 내보냈고, 팀을 한 학기 동안 해체했으며, 모든 팀원들에게 새 멘토십 프로그램을 다시 이수하도록 했다. 자신의 행동에 책임을 지도록 조치하는 일은 조직에 올바른 메시지를 보내는 데 꼭 필요하다. 캐슬런은 올바른 메시지를 보내야 했다. 특히 그때는 그가 교장 임기를 막 시작하던 시점이었다. 조직의 가치와 어긋나는 가치를 드러내는 행동, 무례하고 타인을 비하하는 행동은 결코 용인할 수 없었다. 미래의 육군 지휘관들에게 국가가 기대하는 가치가 아니기 때문이다.

이 사건의 충격적인 측면은 팀의 이러한 문제가 무려 5년 동안이나 밝혀지지 않은 채 방치되었다는 것이다. 하위 조직의 문화를 평가할 도구가 필요했다. 캐슬런은 문화 평가 조사를 창설하도록 인가한 뒤 매년 웨스트포인트 내 모든 동아리, 동아리 수준의 스포츠 팀, 그리고 전미대학경기협회National Collegiate Athletic Association(NCAA) 팀까지 문화 평가를 실시했다. 조사는 익명이었고 하위문화 평가에 크게 도움이 되었다. 매년 모은 데이터를 기반으로 평가를 개정했다. 이를 테면 이렇다. 한 팀이 함께 모여 조사를 조작해 결과에 영향을 미쳤다. 다행히 다른 팀 생도가 익명으로 이 사실을 캐슬런에게 알렸다. 이후의 조사에서는 팀원들이 자기 팀뿐 아니라 다른 팀 역시 평가하도록 규정을 바꾸었다.

캐슬런은 이러한 평가를 매우 중요하게 여겼기 때문에 모든 조사 결과를 직접 검토했고, 동아리와 팀을 위해 데이터를 통합했으며, 모든 생도 팀의 주장과 교관 대표들을 만났고, 감독들에게 코치와 함께 조사 결과를 검토하라고 지시했다. 문제가 있을 경우 찾아서 해결했다.

조직의 가치를 지키지 않은 조직 내 행동에 직면한 기관은 웨스트포인트 외에도 더 있다.

2 | 센트럴플로리다대학교

센트럴플로리다대학교는 미국 최대 규모의 대학 중 한 곳으로, 1968년 설립된 이후 성장세가 가장 가파른 대학에 속한다. 등록한 학생의 숫자는 1968년 1천9백 명에서 1992년 2만1천 명, 2019년에는 무려 6만 8천 명으로 기하급수적으로 늘었다. 예산이 17억 달러에 이르는 이 대학은 수많은 분야에서 100개 이상의 학사·석사·박사 학위 과정을 운영하며, 매년 1만6천 개 이상의 학위를 수여한다. 학생 6만8천 명은 교수진 2천 5백 명의 가르침과 직원 1만 3천 명의 지원을 받는다. 2018년 한 해 센트럴플로리다대학교의 연구 기금은 1억8천3백만 달러에 달했다.

급속히 성장하는 와중이었던 2018년 8월, 플로리다주 감사에서 대학 내 트레버 콜번 홀Travor Colbourn Hall을 짓는 데 교육 및 일반 기금이라는 이름의 부적격 자금 3천8백만 달러를 썼다는 사실이 밝혀졌다. 후속 조사를 해보니 이런 일은 한 차례가 아니었다. 2013년부터 2018년까지 5년에 걸쳐 주요 프로젝트 11개에 남은 운영 자금 가운데서 총 8470만 달러를 사용한 것이다. 기존에 있던 콜번 홀은 1974년에 지은 건물로 상당 부분 보수가 필요했다. 대학 지도부에서는 건물을 수리하지 않으면 안전 및 건강상의 문제가 심각할 것이라고 말했다. 이들은 콜번 홀을 수리하는 것이 절박한 문제라고 느꼈다는 점을 기금 유용의 근거로 들었다. 조사 결과 "실제 증거는 콜번 홀이 응급조치가 필요할 만큼 안전이나 건강상으로 위험할 정도라는 결론도, 교육 및 일반 기금을 사용하는 것 밖에 다른 대안이 없다는 주장도 뒷받침하지 않는다"는 것이 밝혀졌다.[8] 대학 지도부의 콜번 홀 수리에 대한 근거는 재단운영이사회나 이사회총회 같은 감독 기관 어디서도 받아들이지 않았다.

건강이나 안전상의 문제가 있다면 비윤리적인 행동을 정당화해도 될까? 비윤리적 행동을 정당화할 수 있는 수준의 액수는 얼마일까? 이사회총회는 센트럴플로리다대학교의 지도부에 책임이 있다고 판단했다. 부도덕하거나 비윤리적이거나 불법적인 행동을 정당화할 만한 적정 액수의 기금이란 존재하지 않는다는 뜻이다. 당연히 그러하다. 1백만 달러를 유용했건 3천8백만 달러를 유용했건 거짓을 저질렀다면 진실하지 못한 사람이 되는 것은 자명하다. 그것이 매일 아침 거울을 보면서 살펴야할 냉정한 모습이다.

센트럴플로리다대학교의 경우 등록하는 학생 수와 교수진의 수가 급속히 증가하면서 인적 자원과 캠퍼스의 기반시설에 대한 수요도 증가했다. 과거에 가동했던 체제와 절차로는 커진 학교의 규모에 대응하기 어려웠다. 달리 말해 교육 및 일반 기금을 건축비로 전용한 비윤리적 조치는 나름의 요구를 충족하기 위한 선택지였지만, 올바른 조치 대신 부도덕한 선택을 하자는 유혹을 수용한 결과물이었다. 5년 동안 11개 주요 항목에 8470만 달러를 유용했다는 사실은 이러한 유혹을 정기적으로 수용했음을 뜻했다. 센트럴플로리다대학교의 리더들은 어려운 선 대신 쉬운 악을 선택한 것이다.

그렇다면 책임은 어디에 있을까? 플로리다주 하원 의장 리처드 코코런Richard Corcoran은 센트럴플로리다대학교의 재무담당이사 혼자만의 책임이라거나 범죄 행각을 혼자만 알고 있었다는 말을 믿지 않았다. 코코런은 이 대학의 신임 총장인 데일 휘태커Dale Whittaker 박사에게 의구심을 표명했다. "4년 동안이나 이렇게 엄청난 규모로 자행된 불법 행동이 단 한 명의 무책임한 공직자가 의회와 주립대학 체제의 예산 통제를 어겨서 발생한 것이라는 주장은 믿기 어렵다. 설명할 방법은 두 가지뿐이다. 첫째는 센트럴플로리다대학교 내의 다른 지휘부 인사들이 이 정도

공금 횡령을 알고 공모했을 가능성, 둘째는 재정을 관리하는 데 필요한 대학 행정부 내부의 통제가 결여되어 있었을 가능성이다."⁹ 코코런 의장이 제기한 문제는 이것이다. 조직의 운영진은 조직 내의 불법과 비윤리적 행동에 대해 어느 정도 책임이 있는가?

플로리다주 의회는 운영 지도부에 분명히 책임이 있다고 보았다. 직접 공모한 게 아니라면 올바른 법 준수 절차가 없거나 불법 행동이 발견되었을 때 적절한 조치를 취하지 못한 잘못이라도 저지른 것이다.

어찌됐건 소수의 행동이 대학 전체에 끼친 영향은 엄청났다. 전직 총장은 사임했고 퇴직 위로금을 받지 못하게 되었으며, 재무담당이사 역시 사임했고, 네 명의 부총장보는 해고되었으며, 운영이사회장에다 신임 총장으로 내정되어 있던 교무처장도 사임했다. 가장 우려스러운 결과는 대학, 운영이사회나 총이사회 같은 감독위원회, 대중 사이의 신뢰가 깨졌다는 사실이었다.

신임 임시 총장은 지역 신문에 이메일을 보냈다. "잘못된 일이 일어났습니다. 이 일을 저지른 사람들, 자기 행동을 은폐한 사람들은 더 이상 대학에 존재하지 않습니다. 센트럴플로리다대학교는 재발 방지를 위해 갖가지 공격적인 조치를 취했습니다. 저희는 총이사회와 플로리다 하원의 신뢰를 회복하기 위해 힘쓰고 있습니다"라는 내용이었다.

센트럴플로리다대학교의 노력은 칭찬받을 만했다. 신임 지도부는 문제를 해결하기 위한 공세적 계획을 세웠다. 첫 단계는 재정과 건축을 같은 지도부에서 관장하도록 허용한 조직 구조를 개혁하는 것이었다. 두 직무를 분리함으로써 전에는 없던 강도의 책임이 생겼다. 해결책은 센트럴플로리다대학교 지도부와 직원이 (운영이사회와 총이사회를 포함하는) 감독위원회와 일하는 방식에 대한 방침·절차·규제를 모두 바꾸는 것이었다. 연수 및 교육 프로그램을 정착시켜 대학 지도부와 직원뿐 아니라 감독위원회 구성원들에게도 관리·통치·신탁·책임 절차를 교육했다.

연수·훈련·교육을 통해 감독 기관을 장애물로 보는 풍토 또한 개혁해야 했다. 새로운 문화는 투명성과 협동과 파트너십을 수용해야 했다. 대학은 내부자 고발 프로그램도 도입했다. 교수진이나 직원이 옳지 못한 일을 하라는 압력을 받는 경우, 보복에 대한 두려움 없이 보고할 수단을 제공했다.

센트럴플로리다대학교의 과거 리더십 아래서는 이 대학 조직의 가치와 신념, 규범과 목표가 균형을 이루지 못했다. 행정부 또한 자기 조직의 기준을 지켜내지 못했다. 개혁을 거친 이 대학의 직원 행동 규약은 이제 IROC 모델이 인성 수준 높은 조직에 꼭 필요하다고 제시한 조직 원칙을 담고 있다.[10] 비전을 명확히 제시한 강령은 대학의 목적과 연계된다. 대학의 비전을 나타내는 다섯 가지 목표 중에는 "플로리다대학교의 학부 및 대학원 교육" "대학원 연구 핵심 프로그램의 국제적 명성 획득" "포용성과 다양성 향상" 등이 있다. 행동 규약에는 인성 수준이 높은 조직에 걸맞은 네 분야에 초점이 맞춰져 있다. 정직과 진실성, 타인에 대한 존중, 책임, 우수한 관리 등이다. 마지막 초점인 우수한 관리는 지도부와 직원들에게 재정 직무의 도덕성을 요구한다. 이 행동 규약은 재정 관련 결정을 내릴 때 고려해야 할 네 가지 질문을 명시하고 있다.

1 | 내가 처리하는 이 일은 향후 내가 내리게 될 어떤 사업 결정에 영향을 끼치는가?

2 | 내가 처리하는 이 일은 언론이나 다른 매체에 이해충돌로 보이는가?

3 | 기금을 쓰거나 받거나 관리하라는 사전 승인을 받았는가?

4 | 올바른 모금을 실천하고 내부 통제 교육을 받았는가?

현대적인 강의실 건물을 짓는 일 자체는 칭찬할 만한 목표다. 그러나 기금을 유용함으로써 목적을 이루는 조치는 조직 전체에 파괴적인 여파를 초래했다. 지옥으로 가는 길은 선의로 포장되어 있다는 옛말이 있다. 제4단계를 따라 인성 결함에 대응함으로써 이러한 위험을 미연에 방지할 수 있다.

단 한 명의 규칙 위반 행위 때문에 수년에 걸쳐 쌓아놓은 신뢰가 무너질 수 있다. 신뢰가 무너질 경우 원인을 알아내 가능한 한 신속하고 공격적으로 개선해야 한다. 신뢰를 재구축하는 일은 몇 주나 몇 년(혹은 그 이상의 세월)이 소요되지만 시간이 얼마나 걸리든 조직이 비전을 이루고 소명을 완수하려면 반드시 해내야 한다.

포인트

맛있는 수프를 잘 끓이려면 좋은 재료 이상의 것이 필요하다. 어떤 맛의 수프를 원하는지 알아내고 최상의 고기와 채소를 사서 세심하게 조리법을 따른다 해도 충분하지 않을 수 있다. 재료가 올바른 방식으로 잘 섞였는지 확인하기 위해 음식에 주의를 기울이고 그때그때 맛을 보아야 한다. 웨스트포인트와 센트럴플로리다대학교는 인성 결함 대응이라는 4단계에서 실패했고, 그 탓에 치유에 어마어마한 노력을 들여야 했다.

1992년 미국 대선에서 빌 클린턴 후보는 지극히 단순한 구호 하나로 유세의 틀을 짰다. "바보야, 문제는 경제란 말이야!"라는 구호였다. 민주당 선거 전략가였던 제임스 카빌James Carville이 만든 이 구호는 경제라는 강력한 메시지 단 한 가지에 유권자들의 관심을 온통 집중시켰다. 미국이 불황에서 벗어나자 클린턴은 경제에 집중하는 것이 백악관 입성 가능성을 높여준다는 것을 제대로 파악했던 것이다.

클린턴을 모방하여 인성에 대해 말하고 싶다. "바보야, 문제는 조직이란 말이야!" 인성 수준이 높은 사람을 찾아내고 선발하고 발전시키는 일은 양질의 기업, 학교 혹은 그 밖의 단체를 만드는 데 긴요한 과제이다. 그리고 최상의 조직들은 개인의 인성과 윤리뿐 아니라 조직을 구성하는 하위문화를 지속적으로 모니터하고 평가하는 후속조치를 취한다.

훌륭한 인성의 씨앗

훌륭한 인성은 일주일이나 한 달에 완성되지 않는다.
훌륭한 인성은 매일매일 차차 만들어진다.
훌륭한 인성을 키우려면 오랜 시간에 걸친 각고의 인내와 노력이 필요하다.

헤라클레이토스Heracleitus[1]

08

농부는 최상의 작물을 재배하려면 최상의 씨앗을 구해야 한다는 것을 잘 안다. 씨앗에는 성장을 위한 유전 정보가 들어 있다. 양질의 씨앗을 고르면 수확량을 늘릴 수 있을 뿐 아니라 다양한 질환과 병충해에 저항력이 강한 작물을 얻을 수 있다. 그러나 농부들은 양질의 씨앗이 풍작의 필요조건이긴 해도 충분조건은 아니라는 점도 안다. 토양의 질 또한 중요하다. 작물이 익어갈 때도 신경 써서 돌보아야 한다. 농사라는 게 씨앗을 심고 콩이나 토마토나 옥수수나 다른 농산물을 수확할 때까지 기다리기만 해도 되는 일이라면 훨씬 쉬울 것이다. 봄과 여름에 논밭을 돌보는 대신 여행이나 낚시에 빠져 놀면 될 테니까!

인성도 씨앗과 다르지 않다. 농부가 씨앗을 고르듯이 인재를 선발하되, 좋은 인성을 강화하는 환경을 만들어 유지하는 것 역시 중요하다. 샌 안토니오 스퍼스 같은 성과 좋은 조직들이 매해 이러한 수준을 어떻게 유지하는지 앞에서 살펴보았다. 조직의 실적을 높게 유지하는 일은 농부가 좋은 토양에 씨앗을 심는 일과 유사하다. 그러나 작물을 돌보듯 인성 또한 돌보아야 한다. 출발점은 최상의 씨앗이지만 씨앗만으로는 양질의 작물을 산출하지 못한다. 인성을 키우는 일은 지속적으로 해야 한다. 인성은 있거나 없거나 한 것이 아니다. 인성의 상징이라고 존경받는 사람들조차 때로는 도덕적으로 행동하지 못할 때가 있다.

은퇴한 장성이자 전직 미 중앙정보부CIA 국장을 역임했던 데이비드 퍼트레이어스를 살펴보자. 뉴욕주 콘월온허드슨 토박이이자 2차 세계대전 당시 리버티Liberty 호('자유의 선박'이라는 뜻으로, 독일 침략군을 무찔러 유럽을 해방시키는 데서 결정적 역할을 했던 수하물 선적선) 함장의 아들이었던 퍼트레이어스가 집에서 고작 몇 마일 거리인 허드슨강 유역의 웨스트포인트에 들어가기로 결정한 것은 필연적인 일이었다. 그는 탁월한 생도였고 학년 전체에서 5위권이라는 우수한 성적으로 졸업했다. 그는 육군에서 두각을 드러내면서 승승장구했다. 이라크전쟁 당시 사단장으로서 그가 실행한 전략은 미군 전략 가운데서 가장 뛰어난 효과를 거둔 것으로 각광받는다. 그는 여러 고위직을 거쳐 2011년 8월 4성 장군으로 전역했다.

그 직후 퍼트레이어스는 중앙정보부 국장에 취임하게 된다. 문제가 시작된 것은 이곳에서였다. 퍼트레이어스는 폴라 브로드웰Paula Broadwell과 혼외 관계를 맺어온 것으로 드러났다. 브로드웰은 웨스트포인트 졸업생이었고 퍼트레이어스는 그와 기밀을 공유한 것으로 밝혀졌다. 퍼트레이어스는 결국 기밀 자료를 허가 없이 옮기고 보유한 혐의를 받았고 유죄를 인정했다. 퍼트레이어스는 2012년 11월 9일 재임 14개월 만에 중앙정보부 국장직을 사임했다.

웨스트포인트는 1974년에 세심한 평가를 통해 그를 선발했고 그에게 지속적으로 성장할 수 있는 최적의 토양을 제공했다. 육군에서 일하는 기간에 그는 대체로 모범적인 성적을 보였다. 기밀 정보를 공유한 행동은 과거 수십 년간 명예롭게 복무한 그의 전적을 고려하면 분명 그의 '인성과 어긋나는' 행동이었다. 무엇 때문에 이러한 짓을 저질렀는지는 결코 알 도리가 없겠지만 비슷한 실패를 우리와 동료들이 저지르지 않도록 예방하는 방법이 한 가지 있다. 양질의 작물을 재배하는 세 번째 조치, 즉 인성을 기르고 가꾸는 일에 주의를 기울이는 것이다.

인성을 형성하는 _ 세 가지 요인은?

훌륭한 인성을 기르는 일은 처음에는 엄두가 나지 않을 만큼 어렵고 벅찬 일로 보일 수 있다. 그러나 성과가 좋은 조직은 다양한 전략을 이용해 인성을 함양한다. '인성 수준이 높은 조직' 하면 무엇이 떠오르는가? 스카우트, 종교기관, 초·중·고등학교, 대학 등이다. 이 다양한 기관들의 공통분모는 무엇일까?

심리학자들은 인성을 형성하는 데 필요한 세 가지 큰 요인, 즉 '빅 3'를 확인했다.

1 │ 긍정적이고 지속적인 멘토링
2 │ 기술 – 역량을 길러주는 커리큘럼과 훈련

3 | 리더십 기회²

이 세 가지 요인 모두를 인성을 키우는 조치에 체계적으로 통합하는 기관이 있는가 하면, 직관적으로 실천하는 기관도 있다. 물론 아예 실천하지 않는 기관도 있다.

긍정적이고 지속적인 멘토링

성과가 좋은 모든 조직은 긍정적이고 지속적인 멘토링을 실시한다. 샌안토니오 스퍼스의 농구 운영 및 혁신 감독인 필 컬런Phil Cullen은 멘토링의 힘을 보여주는 탁월한 사례 하나를 전해주었다.

농구 팬이라면 누구나 전설적인 농구선수 팀 덩컨Tim Duncan을 잘 안다. 1997년부터 열아홉 시즌 동안 선수로 뛰면서 농구장 안팎에서 스퍼스의 리더 역할을 톡톡히 해낸 인물이다. 그 기간 동안 스퍼스는 NBA에서 5회 우승했고, 15회 NBA 올스타 팀에 들어 2000년 올스타전에서는 덩컨이 최우수선수MVP의 영예를 안았고, 두 번이나 NBA 최우수선수로 뽑혔다. 그는 1994년 올림픽 대표 팀으로 뛰었고, 당시 웨이크포리스트대학교 소속 대학 농구 선수였다. 그는 이 대학에서 심리학과를 졸업했다. 다른 성과도 물론 수없이 많지만 그를 소개하는 요점을 독자 여러분은 눈치챘을 것이다.

이 정도로 우수한 선수라면 좀 지나치다 싶게 자기중심적이라 하더라도 대개 너그럽게 용서 받는다. 남달리 뛰어난 선수는 특별 대우를 요구하고, 언론에 쉽게 짜증을 내며 자신이 속한 팀의 기록보다 개인의 성적에 더 관심을 기울인다. 그러나 덩컨은 탁월한 선수로 코트를 누비는 내내 겸손과 팀워크라는 긍정적인 인성 특징을 일관되게 보여주었다.

컬런은 매슈스에게 2018년 여름 시즌 연습 때 있었던 일화를 소개해주었다. 여름 시즌 연습은 팀의 매니저와 코치들에게 선수들의 기량과 '행적'을 볼 수 있는 좋은 기회가 된다. 특히 새로 드래프트 픽(팀 간 전력 평준화를 위해 하위 팀에게 먼저 선수를 뽑을 기회를 주는 NBA의 드래프트 제도)으로 뽑힌 선수들이나 트레이드 혹은 자유 에이전시를 통해 새로 영입한 선수들의 기량을 살펴볼 수 있다. '행적'makeup이라는 단어는 스포츠에서 선수의 심리적·사회적·정서적 특징을 기술할 때 쓰인다. 즉 선수가 경기에서 탁월함을 발휘할 수 있는 긍정적 인성 특징, 즉 그릿, 팀워크, 용기를 지녔음을 간략히 표현한 말이다.

이 연습 때 드래프트 픽으로 뽑힌 신예 선수 하나가 팀에 좋은 인상을 주기 위해 최선을 다하고 있었다. 그는 모든 훈련에 100퍼센트 이상의 노력을 기울였다. 특별히 힘들었던 연습이 끝나고 거의 기진맥진한 신입 선수는 농구장 바닥에 토했다. 스포츠에서 특별히 이례적인 일은 아니었다.

하지만 그다음 벌어진 일은 그야말로 이례적인 사건이었다. 다름 아닌 농구의 전설 팀 덩컨이 손에 수건을 들고 나타나 바닥의 토사물을 치운 것이다. 그런 다음 그는 (분명히 당황하고 창피해했을) 어린 선수에게 계속해서 매진하라고 격려도 해주었다. 이를 '머리'와 '배짱'과 '마음'으로 분석해보면 덩컨은 신입 선수와 다른 팀원들에게 조망 능력, 용기, 친절, 리더십, 겸손이라는 인성 강점을 멘토링한 것이다.

팀 덩컨에 얽힌 다른 많은 일화들 역시 멘토링의 힘을 예증한다. 덩컨은 연습에 늘 가장 일찍 나와 가장 늦게 나갔다. 2016년 선수 생활에서는 은퇴했지만 그는 여전히 똑같은 패턴으로 생활하고 있다. 이는 다른 선수들에게 탁월한 모범을 보이는 것이다. 이들은 덩컨을 전설로 우러러

본다. 2019년까지 덩컨은 정식 코치는 아니었지만 연습 내내 선수들과 늘 함께하며 기량을 연마해주었고, 그것도 2군 3군 선수들과 많은 시간을 보냈다.

여러분 조직의 멘토는 누구인가? 그들은 관리자일 수도 있고 관리자가 아닐 수도 있다. 공식적인 멘토로 지정된 리더일 수도 있고 아닐 수도 있다. 긍정적인 멘토링은 상사들과의 관계만큼, 아니 오히려 그보다 더 빈번히 동료들 사이에서 일어난다. 여러분은 누구를 우러러보는가? 그리고 왜 우러러보는가? 자신이 우러러보는 사람과 더 닮기 위해 무엇을 할 수 있는가?

멘토링에는 어두운 면도 있으니 주의하자. 기능이 원활하지 못한 조직에서는 부정적인 멘토들이 출현할 수 있다. 이를 테면 부하직원들에게는 엄격한 스케줄을 떠맡기면서 자신은 두 시간 동안 점심을 먹는 상사. 특별 대우를 바라고 자기 실적만 챙기는 운동선수. 여러분이 학생이건, 운동선수건, 대기업 직원이건 이런 사람들은 늘 주변에 있게 마련이다. 이들에게 카리스마까지 있다면 이들이 여러분과 조직에 끼치는 부정적 여파는 더 심각하다.

스포츠 팀이나 조직의 리더들은 이런 사람들을 경계하고 이들이 상담에 응하지 않을 경우 조직에서 내보내야 한다는 조언을 받는다. 필 컬런은 긍정적인 인성과 부정적인 인성의 증거가 선수 선발, 자유계약, 트레이드, 퇴출 등의 결정을 내릴 때 중요한 고려 사항이라고 설명해주었다. 인성이 탁월한 선수들은 인기가 좋고, 미심쩍은 인성을 갖춘 선수들은 선발 및 계약이 안 되거나 팀에서 퇴출된다. 때로는 줄이는 것이 오히려 득이 된다.

효과적인 멘토가 되는 것. 효과적인 멘토링은 우연히 이루어지지 않는다. 동료나 또래 멘토들이 조직 내에서 출현할 수 있고 긍정적인 문화를 만들어 유지하는 데 도움을 주기도 하지만 거기에만 의존할 수는 없다. 리더와 관리자들은 멘토링이 일어나고 멘토링이 조직의 목적과 가치에 맞게 확립되도록 체계적인 계획을 마련해야 한다. 다음과 같이 제안하는 바다.

1 | 리더와 관리자는 멘토링을 우선하고 시의적절하게 이행해 완결해야 한다. 상급자와 하급자들 사이의 비공식적이고 일상적인 교류도 중요하지만, 심층 논의를 위한 공식 회의나 만남의 시간 역시 따로 마련해야 한다.

2 | 정식 멘토링 활동 기간 및 시간을 체계화해 조직 구조로 확립해야 한다. 미팅 전에 직원들에게 자기 개발 평가 계획을 완성하고 그 계획을 논의의 토대로 사용하라고 요청하는 것이 좋다. 웨스트포인트의 행동과학 및 리더십 학과에서는 간단한 한 쪽짜리 서식을 이용한다(219쪽 표 참조). 하급 교관은 임무 수행(수행 성적이 좋은가?), 전문가로서의 성장(미래가 있는가?), 복지(생활이 있는가?)와 관련된 질문 세 개에 답한다. 이 멘토링은 분기별로 이루어지지만 교관의 정식 연간 평가(교관 실적 보고)에 포함되지는 않는다. 우리가 특히 강조하는 부분은 마지막 복지에 관한 평가다. 가족, 그리고 일과 무관한 목적 및 활동이 전반적인 복지에 중요하기 때문이다. 기업이나 다른 조직들은 각각의 소명 및 가치에 맞게 이 양식을 변형해 활용하면 된다. 이 양식의 목적은 자기 분석, 반성, 평가 이후에 멘토와 의미 있는 대화를 하는 것이다. 이 경우

멘토는 상급 교관이 맡는다.

3 | 멘토링은 진정성이 있어야 한다. 상부의 지시에 떠밀리듯 멘토링을 하는 관리자는 실패한다. 구성원들은 멘토링에 진정성이 있는지 없는지 본능적으로 즉시 감지한다. 조직의 각급 리더들과 관리자들은 경력 상담 기술을 교육받아야 하고, 멘토링 능력 또한 이들 자신의 평가 및 피드백 요소로 포함시켜야 한다.

4 | 멘토링과 실적 평가를 혼동하지 말라. 멘토링의 주안점은 성장과 발전이지 평가가 아니다. 실적의 일부 측면을 논의할 수는 있지만 초점은 어디까지나 하급자가 어떤 교육과 지원을 받아야 향상될 수 있는가에 맞춰야 한다. 급여나 승진에 영향을 끼치는 실적 평가는 멘토링의 주안점이 아니다.

5 | 정직하라. 대부분의 고용인들은 잘하고 싶어하며, 건설적인 피드백이 멘토링 시간에 포함되어 있어야 호의적으로 반응한다.

6 | 조직에서 비공식적 멘토를 찾으라. 이들을 독려하고 노력에 대해 보상하라. 이 타고난 멘토들은 대개 어떤 조직에서건 멘토링을 활발히 실행하며, 유능한 리더라면 이를 십분 활용해 정식 멘토링 전략을 보완할 방법을 찾아낸다.

자발적 발달 프레임워크

취지: 높은 성과, 자발적인 개인의 발달에 도움되는 실행 가능한 전략을 군의 요구에 맞추어 개별 병사에게 맞는 수준으로 실행하기 위한 전략 개발

범위	의무 수행	전문성 발전	복지	비고
지향	현재	미래	현재와 미래	
지배적인 방식	훈련	계발	권한 부여	
도구(툴)	67-9-1(미군용으로 작성된 발달 점검 포맷, 인터넷에서 다운로드 가능)	인성 발달 전략(SWOT: 강점 Strengths, 약점 Weaknesses, 기회 Opportunities, 위협 Threats)	필요/열망 분석	
행동과학 및 리더십 리더 역할	전문성	장교 직위 능력	멘토십	
자원	임시 근무, 부대 훈련, 지속적 교육 시간, 역량 발달 워크숍	보조금/특별 기금으로 교육 전체 지원, 시간	임의 임시 근무/시간/재정 지원 혜택에 관한 지식	
특별 임무	관련 서비스	외부 과제	임무, 면제, 휴가, 품위	
집행 책임	개별 당사자	개별 당사자	개별 당사자	
집행 의무	평가자	상급 평가자	개별 당사자	
검토	4분기별	4분기별	4분기별	
리더 질문	수행 성적이 좋은가?	미래가 있는가?	자기 생활이 있는가?	

핵심 포인트

- 자발성, 상향식
- 비지시적인 포맷(양식 없음)
- 시간과 자원 동시 지원
- 멘토링 대화 확립
- 모범으로 리드할 것

인성은 _ 계속 진화한다

인성은 고정된 실체가 아니다. 기질 중 일부 측면은 유전이겠지만 인성은 시간이 가면서 발달한다. 이중 많은 변화는 아동기와 청소년기 동안 일어나지만 성인기 내내 계속 진화한다. 게다가 인성 발달은 성인의 경우라 해도 그가 처한 상황에 크게 의존한다. 심리학자 리처드 러너 Richard Lerner는 인성 발달을 개인과 환경의 상호작용으로 설명한다.[3] 이에 따르면 '훌륭한' 인성은 개인과 그가 속한 사회 환경에 상호 이익이 되는 행동거지, 생각, 행위 등을 가리킨다.

심리학자 앤절라 더크워스도 이에 동의한다. 그는 인성 발달의 세 가지 구성 요소를 구체적으로 명시한다. 사고방식, 전문성 연습, 배울 기회를 제공하는 환경.[4] 이 가운데 '사고방식'은 스탠퍼드대학교의 심리학자 캐럴 드웩Carol Dweck의 연구를 바탕으로 한 것으로, 특히 유의미한 요소이다.[5] 고정된 사고방식에 사로잡힌 사람들은 지능이나 인성 등의 속성이 변할 수 없다고 생각한다. 이는 인지 능력이나 기량을 개선하려는 노력을 좌절시킨다. 반면 성장을 믿는 사고방식의 소유자들은 인성 능력이 노력과 피드백으로 변화 가능하다고 믿는다. 게다가 성장을 믿는 사고방식은 그릿을 증가시키고, 증대된 그릿은 다시 성장을 믿는 사고방식을 강화해 '선순환'을 초래한다.

개개인이 이미 확정된 인성 특징을 갖춘 채 새 조직에 들어오는 것이 아니다. 인성을 유연한 기량으로 바라보면서 조직은 인성을 연마하고 발달시키기 위한 창의적인 전략들을 고안할 수 있다. 성공하는 조직은 인성 연마를 위한 다양한 방안들을 생각해낸다.

1 | 인성 교육과 자기 고찰

사람들에게 인성을 가르치고 이들에게 자신의 인성을 스스로 평가할 기회를 제공하며, 개인과 조직의 목적을 이루기 위해 긍정적인 인성을 활용하는 방법을 논의하는 일은 중요하다. 군자녀교육연맹Military Child Education Coalition(MCEC)은 그 한 가지 사례다. 이곳은 군 자녀들에게 필요한 것들을 지원하기 위해 만든 비영리단체로, '학생 간 교류'Student 2 Student(S2S)라는 프로그램을 운영한다.

미국 등 13개국에서 군자녀교육연맹은 S2S 프로그램을 통해 초·중·고등학교 1천 곳 이상에서 군인 및 비군인 자녀 수천 명에게 도움을 주었다. 각 학교 S2S 지부는 자주 전학을 다녀야 하고, 부모 중 한 사람이나 두 사람 모두 전투 지대에 배치되는 상황을 감내해야 하거나, 부모가 전투 중 심각한 부상을 당하거나 사망하는 일까지 마주해야 하는 군 자녀들을 사회적·정서적으로 지원한다.

S2S 지부에서는 고등학교 1~3학년생 가운데 약 120명을 선발하여, 매년 여름 워싱턴DC에서 개최하는 군자녀교육연맹의 전국 연수 세미나에 참가시킨다. 이 세미나의 프로그램 가운데 인성 발달 워크숍이 있다. 참석 전에 10대 참가자들은 인성 강점 목록을 작성해 그 결과를 제출한다.

먼저 10대 참가들은 자신의 여섯 가지 최고 인성 강점을 열거하고, 무언가 어려운 것을 이루거나 목표를 달성하거나 장애를 극복하기 위해 '자신의 특징적 강점 중 하나를 어떻게 써왔는지 고찰하라'는 과제를 받는다. 그런 다음 이들은 둘씩 짝을 지어 상대에게 난관에 대처할 때 어떻게 자신의 강점을 활용했는지 이야기한다. 워크숍 진행자는 이제 참가자들에게 전체 그룹에 경험을 공유해달라고 요청한다. 워크숍 때 16세 고등학생이 말한 내용이다. "저의 가장 중요한 인성 강점은 유머입니다. 하지만 제 유머는 약점이기도 해요. 그것 때문에 곤란할 때가 종종 있거든요." 탁월한 통찰이다.

　그다음 학생들은 지식, 지혜, 용기, 인간애, 정의, 절제, 초월이라는 인성 덕목에 따라 6개 그룹 중 하나에 배정된다. 여기서 이들은 대부분의 10대들이 마주치는 현실적인 시나리오를 받아 든다. 가령 다음과 같은 시나리오다.

　새 학교로 전학을 왔다(벌써 네 번째 전학이다). 새 학교가 있는 지역에서 다른 친구들은 어린 시절부터 함께 자란 덕에 이미 자기들끼리 친해진 상태다. 여기서는 진정한 친구를 사귀기가 쉽지 않아 보인다. 겉도는 느낌이 들고 남는 시간 대부분을 전 학교 친구들(아주 친했고 친구도 많았다)과 소셜미디어에서 이야기를 주고받으며 보낸다. 새 학교 친구들과는 즐거운 시간을 보내지 못하고 있다.

　내가 속한 그룹의 도덕적 덕목에 대해 생각해보라. 그룹에 속한 구성원들끼리 정한 덕목에 더해 개인적 강점을 이용해 어떻게 새 친구들을 사귀고 새 학교에 더 잘 적응할 수 있는지 토론해보라. 그 내용은 구체적이어야 한다. 자신의 생각을 다른 그룹들과 나눌 준비를 하라.

　학생들은 방안을 토론한다. 가령 '인간애' 그룹에 속하는 경우 학생들은 친절, 사랑하는 능력, 사회 지능이라는 인성 강점들을 문제 해결에 어떻게 이용할지 함께 의논한다. 진행자는 각 탁자에 앉은 학생들에게 스스로 선택한 전략에 관해 토론을 이끌어보라고 요청한다. 학생들은 문제를 해결하기 위해 인성을 지렛대로 쓸 수 있는, 매우 혁신적이면서도 영감이 될 만한 아이디어를 떠올린다. 시간이 허락한다면 학급 친구의 죽음을 대하는 내용 같은 전혀 다른 두 번째 시나리오에 대해 생각해보게 될 수도 있다.

워크숍은 세 번째 활동으로 마무리된다. 여기서 학생들은 우리가 이 책에서 논의한 인성 구축 방법(긍정적이고 지속적인 멘토링, 기량 키우기, 리드할 기회 등)을 소개받고, 이 원칙을 자신의 학교에 더 잘 통합할 방안을 토론해본다. 이 단계에서도 학생들은 매우 참신하고 창의적인 아이디어를 낸다. 많은 경우 이들은 이러한 아이디어들을 자기 학교로 가져가서 기존의 S2S 전략에 통합시킨다.

이러한 활동은 24가지 인성 강점이 '도구 상자'를 나타내고, 개별 강점이 여러 활동이나 직무에 어울리는 '도구(툴)'를 나타낸다는 관념에 기반을 둔 것이다. 학업에서 탁월한 성과를 발휘하는 데 필요한 인성 강점은 사랑하는 사람의 죽음이나 전투에 나간 부모님과 떨어져서 경험하는 슬픔과 외로움에 대처할 때 필요한 강점들과는 다르다.

2 | 인성 발달 훈련

신뢰와 리더십이라는 인성 자질은 현장 훈련을 통해 벼릴 수 있다. 세이어 리더 양성 그룹Thayer Leader Development Group은 웨스트포인트 인근에 위치한 민간 기업으로, 기업들을 위해 리더 및 인성 양성 훈련 및 연수를 제공한다. 이들은 군자녀교육연맹의 전국 연수 세미나에서 활용되는 훈련들과 유사한 리더십 교육 및 성찰 연수를 제공한다. 고객들은 리더 대응 과정Leader Reaction Course(LRC)을 수료하게 된다. 리더 대응 과정은 집단이 극복해야 하는 실질적 문제와 장애를 실제로 해결해보는 현장 훈련이다.

문제를 해결하려면 소통과 상호 신뢰와 상호 의존이 필요하다. 프로그램 진행자는 팀 활동을 감독한 다음 참가자들에게 잘된 것은 무엇이고 안 된 것은 무엇인지 피드백을 제공한다. 이 현장 훈련을 통해 참가자들이 자신의 인성 강점들을 알아내고, 다른 팀 구성원들이 자신의 강점을 동원해 어려운 과제를 어떻게 완수하는지 알게 된다. 군자녀교육연맹의 워크숍과 마찬가지로 목적은 참가자들이 자신의 인성과 리더십 스타일을 파악하고 관련 통찰을 가지고 자신이 속한 조직으로 돌아가도록 하는 것이다.

조금만 조사를 해보면 이런 종류의 리더십 및 인성 양성 교육을 제공하는 기관이나 기업을 가까운 곳에서 찾아낼 수 있을 것이다.[6]

3 | 인성 기반 훈련

긍정심리학은 긍정적인 인성 강점들을 기르는 여러 가지 방법을 고안했다.[7] 한 훈련 활동은 인성 강점 목록을 작성하고, 특징적 강점signature strengths이라 부르는 최고의 인성 강점 다섯 가지를 열거하는 것부터 시작한다. 그런 다음 참가자들은 그다음 주 동안 어려운 상황에서 자신의 특징적 강점 중 하나 이상을 의도적으로 주의 깊게 사용하라는 지시를 받는다.

이 훈련은 자신의 인성 강점에 대한 인식을 스스로 키우고, 자기 존중감을 바탕으로 이러한 인성 강점들이 지적 능력과 함께 문제에 효과적으로 대응하기 위한 도구라는 생각을 심어준다. 이러한 훈련은 리더들에게도 꼭 필요하다.

또 다른 훈련 방법은 "좋은 일 찾아내기"다. 이 훈련에서는 매일을 마무리하면서 잘되었던 일을 곰곰이 생각하는 시간을 잠시 갖는다. 그런 다음 잘되었던 서너 가지 일들을 써두고, 잘된 일의 내용을 짤막하게 기술하고 일이 잘된 이유를 작성한다. 이러한 성찰 활동 훈련은 특히 조망 능력과 감사라는 인성 강점을 길러준다.

감사 방문도 강력한 훈련법이다. 4장에서 이를 언급한 바 있다. 다른 이들이 베풀어준 호의에 관해 생각하고 그들이 해준 일이 왜 그토록 중요했는지 그 이유를 당사자들에게 명확히 설명하는 일은 감동적일 뿐 아니라 기분과 세계관에 오래오래 긍정적 영향을 끼친다.

이러한 훈련은 인성 강점을 키워주고 덤으로 기분까지 좋게 만든다.[8] 이런 의미에서 감사 방문 활동은 회복탄력성을 키워주는데, 이런 회복탄력성 훈련은 군이나 경찰처럼 스트레스가 높은 조직에서 흔하다. 직원 양성 교육에 인성 강점 양성 훈련을 포함하는 기업들은 인성 향상과 회복탄력성 향상이라는 두 마리 토끼를 다 잡을 수 있다. 육군에서는 '포괄적 군인 건강'Comprehensive Soldier Fitness(CSF)이라는 회복탄력성 프로그램을 앞에서 말한 훈련들이나 또 다른 훈련 프로토콜에 통합하여 매년 수십만 병사들의 인성 및 회복탄력성 향상이라는 목적을 달성하려 애쓰고 있다.[9]

4 | 단체 스포츠에 참여하기

단체 스포츠 참여, 특히 아동과 10대들의 스포츠 활동은 인성을 형성하고 발달시킬 좋은 기회다. 더글러스 맥아더 장군의 유명한 말대로 "친구들끼리 싸우는 운동장에는 훗날 전장에서 승리의 결실을 맺을 씨앗이 뿌려진다".[10] 맥아더 장군의 주장은 스포츠 참여가 신체뿐 아니라 인성 또한 강화해준다는 널리 알려진 통념을 반영한다. 웨스트포인트에서 이 통념은 아주 굳건히 뿌리박혀 있기 때문에 이곳의 미식축구 선수들은 경기를 시작하기 전에 손을 명판에 올려놓고 스포츠의 중요성을 되새긴다. 청동 명판에는 조지 마셜George C. Marshall 장군이 육군참모총장이었던 제2차 세계대전 당시 했다는 말이 새겨져 있다. "나는 위험천만한 기밀 임무를 수행할 장교를 원한다. 나는 웨스트포인트 미식축구 선수를 원한다." 미식축구라는 스포츠가 장교들을 신체적으로 강인하게 대비시킬 뿐 아니라 결단력과 그릿과 용기라는 인성상의 강점 역시 갖추도록 한다는 관념이 함축된 말이다.

여기서 비롯되는 타당한 질문 하나는, 단체 스포츠가 아동의 인성 발달과 연계되어 있는가 하는 것이다. 많은 부모들은 그렇다고 생각하지만 심리학자들은 어떨까? 점점 더 많은 심리학 연구들이 아동 및 청소년의 긍정적 인성 발달에 스포츠 활동이 기여하는 가치를 확인해주고 있다.

텍사스 A&M 대학교의 앤드리아 에티컬Andrea Ettekal 박사는 군 자녀의 스포츠 및 긍정적 아동·청소년기 발달 문제를 연구해왔다. 앞에서 논했듯이 군 자녀들은 빈번한 이사 등 남다른 난관을 맞닥뜨린다. 에티컬의 연구가 보여주는 바에 따르면 단체 스포츠 참여는 아동이 자신이 중요하다는 느낌을 갖게 해주고, 사회적 지지와 타인을 이끌 기회, 소속감을 제공할 뿐 아니라 자기 효능감까지 키워준다.[11] 그의 연구는 스포츠가 성과 관련 인성(그릿, 자기조절 등)과 도덕적 인성(청렴과 진실성, 공정함, 공감, 신의 등)을 키워준다는 것을 보여준다.

에티컬은 스포츠가 스트레스나 공격행동 같은 부정적 결과를 초래할 수 있다는 점을 인정하면서도, 올바르게 행하기만 하면 청소년의 긍정적 발달을 촉진한다고 주장한다. 스포츠를 올바르게 실행하는 몇 가지 요소가 있다.

1 | 무조건 이기고 보자는 태도가 아닌 긍정적인 경쟁

2 | 스포츠를 통한 인성 발달을 강조하고 이를 명시적으로
교육할 코치를 섭외하는 것

3 | 자식들에게 스포츠가 제공하는 인성의 교훈을 이해시키도록
그 부모를 교육하는 것

4 | 도전과 재미, 신체적·정신적 건강 등 올바른 이유로 운동을
하는 것[12]

　재미를 위한 스포츠 활동을 연구한 인물은 조지워싱턴대학교의 어맨다 비섹Amanda Visek 박사이다. 비섹과 동료들은 아동들과 함께 아동의 시각에서 스포츠의 재미 요소를 알아냈다. 결과는 매혹적이었다. 연구자들은 아이들에게서 확인한 81개 재미 요소를 클러스터 지도상에 더 포괄적인 11가지 재미 요인으로 분류했다. 이 11가지 측면들에는 긍정적인 코칭, 팀 의례, 배움과 향상, 팀원들의 우정, 긍정적인 팀 역학이 포함되어 있었다.[13]

　일시적인 긍정적 감정(득의만만함, 감정적 고조 상태 등)은 스포츠가 주는 재미의 중요한 결정인자가 아니었다. 오히려 참여·의미·목적에 관련된 측면들(열심히 노력하기, 배우기, 향상되기)이 스포츠가 주는 재미의 주된 기여 인자였다. 이는 참여와 의미와 목적의식이 단순한 쾌락보다 삶의 만족감을 결정하는 더 중요한 요소라는 긍정심리학의 연구 결과와 일치한다.

　비섹의 연구는 또한 아동들의 스포츠 활동 참여에 관한 여러 편견이 거짓임을 폭로한다. 가령 승리는 재미의 81가지 요인 중 40위에 불과했다. 그리고 웃고 떠들고 시간을 허비하는 것은 재미의 신뢰할 만한 지표가 아니다. 오히려 집중하는 듯 보이는 아이들, 자신의 운동 기량을 발

전시키는 아이들이 농담하고 익살 떠는 아이들보다 더 재미를 느꼈다.

가장 중요하게는, 여자아이들이 스포츠에서 느끼는 재미는 친구관계를 형성하는 것 같은 사회적 측면인 반면 남자아이들은 경쟁과 기량 발달에서 재미를 찾는다는 문화적 통념이 편견이었음이 드러났다. 비섹의 연구 결과는 대중의 통념과 달리 운동을 하는 아동들이 가장 재미있어하는 것에는 성별이나 나이나 운동 수준 차이가 별로 없음을 보여준다.

에티컬과 비섹의 연구는 더크워스의 관점과 일치한다. 더크워스는 사고방식, 전문성 연마와 지원 환경이 인성 형성에 중요하다고 보았다. 스포츠는 이 세 가지 요인에 모두 기여할 수 있다. 스포츠는 아동들로 하여금 자신이 어려운 과제에서 기량이 더 나아질 수 있음을 직접 배우도록 해줌으로써 긍정적인 사고방식을 길러준다.

아이들은 또한 전문성 연마를 통해 신체 능력 및 사회적 역량을 모두 기를 수 있다. 더크워스는 전문성 연마, 즉 목표가 명료한 연습은 재미라는 단어가 통상 의미하는 바대로의 '재미'를 주지는 않는다는 점을 강조한다. 오히려 전문성 연마 과정에서 얻는 재미는 비섹이 찾아낸 종류의 재미다. 더크워스가 말하는 제3의 요소인 인성 성장을 극대화하려면 학교 행정가, 코치, 부모 등이 아이들이 스포츠의 긍정적 이득을 끌어낼 수 있도록 좋은 환경을 조성해주어야 한다.

성장 중심의 사고방식을 기르고, 도전적이고 어려운 기량을 발달시키며, 긍정적인 조직 가치가 있는 팀의 일원이 될 기회로 스포츠를 활용하면 맥아더 및 마셜 장군이 스포츠와 군인의 인성 발달에 대해 생각할 때 염두에 두었던 유형의 인성이 형성된다.[14]

5 | 정식 커리큘럼에 인성 교육 포함하기

미국 대학위원회는 대학에 갈 준비, 훌륭한 시민이 될 준비를 할 때 인성 교육이 중요하다는 것을 인식하고 있다. SAT를 실시하는 대학위원회 지도부는 위원회 측에서 테스트하는 모든 기량과 지식 가운데 무엇이 대학 입시와 인생의 성공에 가장 중요한지 고려하기 시작했다. 이들의 답을 들으면 놀랄 것이다.

답은 컴퓨터공학과 미국 헌법이다. 대학위원회는 대학과목 선이수제advanced placement(AP)(대학 과정을 고등학교에서 미리 듣는 제도. 고등학생들이 자신의 능력을 감안해 선택한다. 대학위원회가 1955년 처음 시작한 제도이며 주로 고등학교에서 이뤄진다. 미국 대학들은 SAT 성적을 자격 기준으로 활용하고 지원자의 AP 과목 이수 여부와 성적, 면접 결과 등을 종합적으로 고려해 학생을 선발한다) 과목들에 컴퓨터공학과 헌법이 포함되도록 갱신 및 개선했다.[15]

컴퓨터공학은 당연해 보이지만 미국 헌법은 왜 들어간 것일까? 대학위원회 글로벌 정책 및 대외관계 의장인 스테파니 샌퍼드Stefanie Sanford의 설명에 따르면 학생의 성공에서 인성과 시민의식 및 자질이 중요하다는 인식이 높아지고 있어서다. 그리하여 AP 과목 커리큘럼은 이제 9가지 건국 문서에 대한 학습을 포함해야 한다. 이 문서에는 헌법과 중요한 대법원 판례 15건이 포함된다. 이들 각각은 미국 헌법 수정조항 제1조에 포함된 다섯 가지 자유(표현의 자유, 종교의 자유, 언론의 자유, 평화 집회의 자유, 고충 처리를 위한 대정부 청원의 자유) 가운데 하나 이상을 다룬다.

샌퍼드는 미국 헌법을 심층적으로 공부하면 정의라는 도덕적 가치를 직접 알고 그 가치를 높이 사기 때문에 인성이 길러진다고 주장한다. 이 도덕적 가치에 포함된 구체적 강점은 시민의식, 공정함, 리더십이다.

리더십 기회

스포츠 참여와 정식 커리큘럼 이외에 인성 발달을 위한 세 번째 요소는 리더십 기회를 제공하는 것이다. 리더 역할을 하는 사람은 자신의 인성이 타인들에게 어떤 영향을 끼치는지 배우게 된다. 남들을 이끌고 그들에게 영향을 끼칠 때는 다양한 인성 강점들을 이용하는 법을 배워야 한다. 정직, 진실성, 비판적 사고, 사회 지능, 친절, 공감, 조망 능력, 공정성, 그 밖의 많은 인성상의 강점은 효과적인 리더십의 근본이다.

학생들은 초·중·고등학교에서부터 타인들을 이끌고 이들에게 영향을 줄 다양한 기회를 부여받는다. 리더십은 교실, 학교 동아리, 운동장에서 발생할 수 있다. 취학 연령대의 아이들은 스카우트 활동 등 과외 활동에 참여하면서 리더십을 배울 수 있다. 리더십의 상징 격인 인물들은 대부분 어린 시절부터 리더십 활동에 참여했다.

웨스트포인트는 입학 요건을 통해 리더십 기회의 중요성을 수용하고 있다. 생도 후보자들은 고등학교 성적, 학급 등수, 표준 시험점수 등을 통해 학업 잠재력을 평가받는다. 이들의 신체 능력은 스포츠나 정식 사관생도 체력 검사를 통해 평가한다. 세 번째 입학 요건으로는 리더십 잠재력을 보는데, 동아리에서 리더 위치에 있었거나 스포츠 팀의 주장이었거나 이글스카우트 등의 이력을 지닌 지원자들이 입학을 허가받을 공산이 더 크다. 웨스트포인트가 이러한 지원자들을 귀중히 여기는 이유는 이런 청년들이 다년간의 리더십 연습을 통해 필요한 기량을 갈고 닦았을 뿐 아니라 긍정적인 인성 특징도 발달시키고 다듬었다는 것을 입증해주었기 때문이다.

조직들은 책임 수준을 높이는 리더십 기회를 구성원들에게 주도록 권한다. S2S에 참여했던 한 학생은 학교 측에서 동일한 학생들에게만 반복적으로 리더십 기회를 주는 대신 누구나 그런 기회를 갖도록 격려하고 보장해야 한다는 점을 지적했다. 우리도 같은 생각이다. 학교들은 전체 학생들에게 리더십 기회를 보장할 더 집중적인 방안을 마련할 수 있을 것이다. 기업들도 마찬가지다. 전도유망한 하급 직원은 팀 리더로서 중요한 과제와 씨름할 기회를 부여받으면 많은 걸 얻는다. 단기 리더 업무를 체계화해 직원들에게 교대로 맡겨보자. 더 많은 노동자들이 리더십을 갈고 닦아 그에 수반되는 인성의 강점까지 다듬도록 해줌으로써 결과적으로 생산성을 강화할 것이다.

웨스트포인트는 _ 어떻게 다른가?

1802년 설립된 미 육군사관학교 웨스트포인트는 토목공학을 위시한 기초공학과 군인 기량에 집중했다. 21세기 들어 웨스트포인트는 공학, 수학, 과학부터 인문학과 사회과학에 이르는 전공을 갖춘 대학으로 확장했다. 이러한 발전의 일환으로 웨스트포인트는 명예 규약을 넘어서는 인성의 측면을 강조하고 의무, 명예, 조국의 신조를 강화하기에 이르렀다.

사관생도들을 교육, 훈련 및 양성하는 사람들은 장교 양성에서 인성의 중요성이 얼마나 압도적인지 잘 안다. 지난 몇 년 동안 웨스트포인트는 인성에 더욱 집중하는 쪽으로 리더 양성 프로그램을 개선했다. 리더 양성 프로그램이 사관 후보생들에게 키워주고자 하는 바람직한 인성은 배짱·두뇌·마음 등 이 책에서 논한 모든 측면을 아우른다.

웨스트포인트에 입학하는 생도들은 지역 하원의원이나 상원의원이 지명한다. 미래의 육군 지도자들이 미국 전체를 대변하도록 보장하기 위해서다. 이 생도들은 자기 지역에서 성장하면서 배운 가치를 탑재하고 웨스트포인트에 입학한다. 집과 학교, 스포츠 팀과 지역사회 단체의 영향을 받은 가치들이다. 웨스트포인트의 가치들은 강령에 '의무' '명예' '조국'으로 언급되어 있고, 학교의 리더 양성 프로그램의 목표는 생도들이 이 가치를 내면화해 중심으로 삼도록 하는 것이다. 향후 도덕적으로 옳지 못한 수치스러운 상황에 직면하면, 웨스트포인트 졸업생들은 학교 프로그램을 통해 내면화된 가치에 기반을 두고 자연스럽게 대응하게 된다. 커피 잔을 쳤을 때 안에 가득 찬 음료가 쏟아지듯 생도의 내면에 가득 차 있던 가치들이 자연스레 쏟아져야 한다는 비유를 앞에서 쓴 적 있다. 웨스트포인트가 졸업생 장교들에게 기대하는 바가 바로 이것이다.

웨스트포인트 리더 양성 시스템은 인성을 갖춘 지도자의 세 가지 자질을 성과로 산출하도록 설계되어 있다. ① 명예로운 삶, ② 명예로운 리더십, ③ 탁월함의 가시화. 우선 '명예롭게 살기 위해' 웨스트포인트 졸업생은 자신에게 닥칠 결과에 상관없이 도덕적·윤리적으로 적절한 행동을 취하고, 모든 개인들에게 공감과 존중을 보이며, 어떤 상황이나 환경에서건 적절한 예의범절을 갖추어 행동해야 한다. '명예로운 리더십'을 실행하기 위해 웨스트포인트 졸업생은 복잡한 문제들을 예상하고 해결하며, 동료들이 육군의 가치에 맞추어 소명을 완수하도록 영향을 끼치며, 타인을 포용하고 발전시키고, 표준 규범을 실행해야 한다. '탁월함을 보이기 위해'서는 지적·군사적·신체적 전문성을 추구하고, 건전하고 시의적절한 결정을 내리며 동료들과 효과적으로 소통 및 상호작용 하고 피드백을 구하며 이를 숙고해야 한다.[16]

각 생도를 리더로 양성하기 위해서 네 가지 정식 프로그램을 만들었고 각 프로그램은 인성 발달에 초점을 맞춘다. 첫 번째 프로그램의 주안점은 학업 프로그램을 통한 지적 발달이다.

매년 웨스트포인트는 미국 전역의 공립대학 중 최고 순위에 오른다. 2017년《포브스》지는 웨스트포인트를 최고의 공립대학교로 뽑았고, 2016년《US 뉴스 앤드 월드 리포트》지는 2위로 꼽았다. 웨스트포인트의 학업 프로그램은 세이어 교수법의 지침에 따른다. 세이어 교수법에서는 생도들이 자신의 학습을 책임지고 실행하며 강의는 극히 적다. 교수진이 진행자 역할을 하는 세미나 형식으로 수업을 진행하며, 이렇듯 남다른 학습 경험 덕에 학생들은 지적 영민함과 적응 능력과 사유의 다양성을 키운다. 매년 25~30명의 생도들이 국립 장학금(로즈Rhodes, 드레이퍼 Draper, 마셜Marshall, 풀브라이트Fulbright, 이스트웨스트East-West, 링컨연구소Lincoln Labs 장학금이 대표적)을 받는다. 경합을 통해 따내는 장학금이다.

웨스트포인트에서 4년을 보내는 생도들은 3년 동안은 주로 리더십 이론과 실천에 관한 과정을 이수한다. 1학년 신입생들은 모두 '일반 리더 심리학'을 수강한다. 이 과목은 여느 대학의 심리학 과목과 동일한 주제를 다루지만, 여기서 배우는 개념의 틀은 모두 리더십과 관련 있다. 이 과목을 1학년 때 수강하는 이유는 생도들이 웨스트포인트에서 더 크고 다양한 리더십 기회를 얻을 때 강의실에서 배운 지식을 밖에서 끌어올리도록 하기 위함이다.

3학년(cow)이 되면 모든 생도들은 '군사 리더십' 과목을 수강한다. 3학년을 마친 뒤 여름 훈련 기간에는 야전훈련을 받으며 리더가 될 기회를 얻는다. 이들은 리더 실습을 통해 1학년과 2학년 때 배운 것들을 적용해보게 된다. 마지막으로 4학년이 되면 생도들은 '장교 정신'이라는 과목을 이수한다. 전투 경험이 많은 노련한 육군 장교들이 가르치는 과목으로서 생도들이 웨스트포인트의 강의실과 야전 훈련장에서 지난 3년간 배운 내용을 종합한다.

웨스트포인트 리더 양성 시스템의 두 번째 프로그램은 생도의 군사 기량 발달에 관한 것이다. 군사 훈련 대부분은 여름에 실시하며 사격술부터 지상 항법까지 모든 것을 망라한다. 생도들은 한 달 이상 현역 육군 내 20~23명의 소대를 지휘하는 실습을 한다.

첫 여름은 생도 기본 훈련으로, 민간인을 사관생도로 탈바꿈하기 위해 고안한 프로그램이다. 기본 훈련의 목적은 기초 군사 기량을 쌓는 것 외에도 리더십의 근본 가운데 하나인 '좋은 부하와 팀 구성원이 되는 법'을 가르치는 것이다. 두 번째 여름에는 개인 및 집단 군사 훈련을 확대하고, 조지아주 포트 베닝Fort Benning에서의 항공 훈련이나 알래스카주 포트 그릴리Fort Greely에서의 산악 훈련 등 군사 교육기관에 다닐 기회를 부여한다. 세 번째 여름 생도들은 군사 훈련을 받는 1~2학년 생도들을 지도하는 지휘관이 된다. 이 자리에서 생도들은 리더십을 실천하고, 성공이나 실패를 거둔다. 피드백을 받아 성장의 발판으로 삼는다. 마지막 여름 일부 생도들은 4학년일 때 정식 리더 자리에 오르게 되고 다른 생도들도 육군의 실무직으로 배치받아 작전 중인 육군 소대의 통솔을 보조한다. 생도들은 이 과정을 통해 졸업 후 육군 장교로 임관했을 때 하게 될 일을 직접 체험한다. 학교에 다니는 동안에는 군사과학 과목을 수강한다. 이 과목들을 통해 생도들은 여름 군사 훈련을 보강하고 과거에 했던 경험과 훈련들을 연구하고 숙고할 수 있게 된다.

웨스트포인트 리더 양성 시스템 세 번째는 신체 관련 프로그램이다. 여기에는 학과 수업(생존 수영, 권투, 무술), 연간 신체검사(육군의 신체 건강 테스트와 웨스트포인트의 실내 장애물 코스 테스트) 그리고 교내, 동아리 혹은 대학 간 팀 스포츠 참여가 포함된다. 더글러스 맥아더는 1차 세계대전을 경험한 뒤 신체적 감각이 효과적인 리더십의 필수요건이라고 느꼈다. 1919년 웨스트포인트의 총장이 되었을 때 그는 "모든 생도는 프로 선수다"라는 슬로건을 만들었다. 신체 단련 및 훈련 프로그램은 생도들에게 그릿, 결단력, 자신감 같은 인성의 힘을 불어넣기 위해 설계한다. 가령 복싱은 전투 기술을 가르칠 뿐 아니라 생도들이 공포와 일대일로 대면해 극복할 수 있게 해준다.

웨스트포인트 리더 양성 시스템의 네 번째 요소는 인성 발달 프로그램이다. 인성 윤리, 즉 행동 가치와 기준으로 정의되는 일련의 원칙들을 포용하는 풍토 위에서 인성은 발달한다. 이 윤리의 근본은 '생도 명예 규약'Cadet Honor Code이다. "생도는 거짓말하지 않으며 부정행위를 하거나 훔치거나 그런 짓을 하는 자들을 용인하지 않는다"라고 명시된 규약이다. 윤리는 단지 거짓말이나 부정행위나 도둑질을 하지 않는 것 이상으로 나아가, '명예로운 삶' 또한 명예 규약에 내재되어 있다. 명예로운 삶은 생도와 군 모두의 가치를 내면화하는 것을 뜻한다. 생도와 군의 가치가 군인의 본성에 각인되도록 하는 것이다.

명예로운 삶을 열망하는 것은 생도들만이 아니다. 교관, 강사, 교직원, 교수진, 생도들의 교육과 삶에 관여하는 모든 육사 구성원의 행동을 규정하는 것이 명예 규약이다. "공동체의 모든 구성원들은 인성과 리더십의 모범을 본받아야 하며, 이 모범이 기준이 되는 공동체에서 생활하고 공부하고 활동함으로써 인성과 리더십을 구축하고 강화하고 정교화한다."[17]

생도 명예 규약으로 다시 돌아가자. 명예 규약에서 중요한 것은 '불관용' 문구를 강조하는 것이다. 다른 명예 규약과 웨스트포인트 명예 규약의 차별점이 바로 불관용이다. 신뢰는 인성과 능력에 비례하므로 군 지도자, 특히 상급 지도자들에게 인성의 결함이 있으면 국가와 군 사이의 신뢰는 땅에 떨어진다. 군인이라는 직업은 다른 누군가에게 책임을 빼앗겨서는 안 된다. 각 군인은 자신과 타인들에게 책임을 묻기 이전에 자신이 온전히 책임을 질 수 있어야 한다. 이런 이유로 '불관용'은 군 조직에서 인성을 갖춘 리더들이 지닌 책임을 말하는 중요한 요소가 된다.

아래의 〈사관생도 신조〉Cadet Creed는 이러한 가치들을 분명히 표명한다. 신입 생도들은 웨스트포인트에서 첫 해 여름을 보내는 동안 이 신조를 암기해야 한다. 인성과 가치들에 대해 〈생도 알마 마테르〉Cadet Alma Mater와 〈생도 군단〉The Corps도 참조할 수 있다. 이는 동일한 가치들을 강조하는 일종의 시다.[18]

미래의 장교로서
나는 의무, 명예, 조국의 가치에 헌신한다.
나는 대망을 품은 군 구성원이며,
국민에게 봉사하고 국민의 신뢰를 얻기 위해 헌신한다.
나의 의무는 군의 명예를 지키는 것이다.
나는 평범한 삶보다 수준 높은 삶을 영위할 것이며,
쉬운 그릇됨 대신 어려운 옳음을 선택할 용기를 낼 것이다.
명예롭고 청렴하게 살 것이며, 불의를 멸시하고
표준에 미치지 못하는 행동거지에 늘 맞설 것이다.
나는 인내로 역경을 견뎌낼 것이고 실패를 극복할 것이다.
나는 전사 정신을 포용하고 모든 일에서 탁월함을 추구할 것이다.
나는 미래의 장교이자 웨스트포인트 육군사관학교의 구성원이다.

자기 성찰을 위한 피드백은 생도들의 인성 발달에 매우 중요하다. 나의 행동은 성장하는 장교인 나에 관해 무엇을 말해주는가? 나는 장교 정신과 리더십에 관해 무엇을 배웠는가? 나의 경험은 내 강점과 약점에 관해 무엇을 드러냈는가? 나의 발전을 더욱 도모하기 위해 장차 나는 무엇을 해야 하는가? 웨스트포인트에서 일상을 보내는 생도들은 피드백을 받을 기회를 얻는다. 멘토들은 생도들이 피드백을 통해 배우는 교훈을 강화해준다.

'리더 챌린지'라 불리는 프로그램은 전투 경험이 있는 웨스트포인트 졸업생들을 학교로 초청해 생도들과 소그룹을 짜 만남을 주선한다. 그룹에서 만난 선후배들은 선배들이 전장에서 마주했던 윤리적 문제들을 상세히 토론한다. 생도들은 명예와 존중과 성 관련 문제(성희롱과 성폭력 문제를 다루기 위해 설계한 문제)에 관한 소그룹 토론에도 참여한다. 이러한 대화의 핵심은 내적인 성찰과 반성이다. 이 시간에는 개방적이고 정직한 토론이 가능하며, 사회는 동급생이 본다. 동급생이 주도하는 모임과 토론은 생생한 변화를 추진하는 동력이 된다.

생도들은 때로 인성 결함으로 실책을 저지르기도 한다. 여기에도 대처해야 한다. 생도들에게 책임을 묻기 위해서이기도 하고 이들이 배우고 성장할 기회를 제공하기 위해서이기도 하다. 실책을 저지르면 생도들은 '특별 리더 양성 프로그램'에 참여해야 한다. 집중적인 반성을 위한 이 일대일 멘토십에는 프로젝트와 공부와 교육이 포함된다. 프로그램 성공의 열쇠는 멘토가 이끄는 성찰 요소다. 생도의 동기와 행동을 개방적이고 정직하게 평가해 군직 수행과 어떤 관련이 있는지 성찰하는 과정을 앞으로의 동력으로 삼는다. 이 프로그램을 마치는 대부분의 생도들은 애초에 인성 문제를 아예 겪지 않았던 동급생들을 포함해 대부분의 동급생보다 인성 면에서 더욱 강해진다.

웨스트포인트 리더 양성 시스템은 생도의 지능, 군사 기량, 신체 능력 및 인성을 발달시키고, 생도의 리더십 능력, 다시 말해 처음에는 리더십을 따르는 자로서 그다음에는 리더로서 능력을 발달시키려는 목적으로 설계된다. 생도들은 조직에서 수많은 리더 지위를 할당받게 되며 자신의 직무를 수행함으로써 남을 따르는 일과 이끄는 일에 수반되는 보람과 시련을 모두 배운다.

웨스트포인트 _ 리더 양성 시스템의 기적

웨스트포인트 리더 양성 시스템이 효력을 발휘하는 비결은 '인성 발달의 세 가지 요소를 모두 포함하는 것'이다. 신입 사관생도들은 웨스트포인트에 도착하는 날부터 졸업해서 육군 소위로 임관하는 날까지 끊임없는 멘토링을 받는다. 생도들을 멘토링하고 양성할 책임은 이들과 접촉하는 웨스트포인트 내 모든 사람에게 있다. 이것이 이 시스템의 주목할 만한 특징이다.

우선 교관과 교수들이 있고, 각 생도에게는 또한 후원자가 있다. 후원자는 대개 교직원이나 교수진이다. 이들은 생도가 웨스트포인트에서 생활하는 내내 그에게 자신의 집을 개방한다. 후원자들은 생도들에게 긴장을 풀 장소, 힘든 일과에서 벗어날 공간, 학교 식당 외의 가족적인 식사 분위기, 빨래를 할 장소 등을 제공한다. 그 과정에서 후원자는 육군 장교가 되는 데 필요한 가치들과 인성 강점들의 모범을 보인다. 동아리와 스포츠 팀에도 멘토가 있다.

웨스트포인트의 기량 육성 커리큘럼은 군사 훈련, 스포츠, 그 밖의 다른 활동에서 실제 리더십 기회를 부여받는 방법 등이 통합되어 있다. 1학년들은 '리더를 위한 일반 심리학'을 공부하면서 웨스트포인트의 일상생활로부터 배운 것을 실행해볼 수 있다. 3학년생들은 '군 리더십'에서 배운 것들을 이듬해 여름 현장에서 적용해보고, 거기서 무엇이 자신에게 유용하고 쓸모없는지 알아볼 수 있다. 강의실에서 배운 것과 실습 사이의 이러한 조율 덕에 시스템은 효과를 발휘한다.

인성 발달의 세 번째 요소, 즉 리더 역할을 수행할 기회는 생도가 웨스트포인트에서 보내는 시간 내내 강조된다. 1학년 때 생도들은 남의 지휘를 우수하게 따르는 법을 배운다. 2학년이 되면 모든 생도들이 각자 속한 팀의 리더로 일하면서 자신이 맡은 1학년 생도의 성장을 담당하게 된다. 웨스트포인트에서 3~4학년을 보내는 생도들은 다양한 리더 지위를 맡는다. 수준이 올라갈수록 책임 수위도 점진적으로 높아진다. 직위는 교대로 돌아가기 때문에 누구나 리더가 되는 경험을 할 수 있다. 중대, 연대 혹은 군단을 지휘하거나, 정규 학기(한 학년) 동안 선임하사로 복무할 수도 있다. 여름 야전 훈련에다 동아리 활동과 대학 간 활동, 교내 스포츠 활동까지 합하면 모든 생도는 육군 장교로 임관할 때까지 다양한 리더십 기량 및 인성 발달 기회를 얻는 셈이다.

포인트

여러분의 조직에는 웨스트포인트 리더 양성 시스템과 비슷한 유형의 접근법을 온전히 실행할 자원이 없을 수 있으나, 이를 참조할 수 있다. 웨스트포인트와 실행 방식이 다르다 하더라도 멘토십 문화는 어떤 조직에서건 만들 수 있고, 어떤 조직이건 인성 그리고 인성과 리더십의 관계에 대해 구성원들을 교육할 다양한 전략을 수립할 수 있다. 마지막으로 조직들은 조직 내 모든 층위에서 리더십 기회를 늘리기 위한 방안들을 고안할 수도 있다.

전체적으로 볼 때 우리가 제시한 웨스트포인트 리더 양성 시스템과 리더 및 인성 발달의 다른 사례들은 인성 수준이 높은 조직을 만드는 데 청사진이 될 수 있다. 여러분이 주의 깊게 선택하여 비옥한 땅(가치로 굴러가는 문화 풍토)에 심고 세심하게 재배한(인성으로 길러낸) 씨앗들(좋은 사람들)을 보유하게 된다면, 지속 가능한 조직 효율성이 증가해 풍성한 결실을 맺을 수 있다.

___

시련이라는 기회

우리를 죽이지 못하는 것들은 더 강하게 만들 뿐이다.

프리드리히 니체Friedrich Nietzsche[1]

09

벤저민 프랭클린의 말을 빌리면, 인생에서 확실한 두 가지는 죽음과 세금이다.[2] 하나 더 보태자면 시련이다. 우리는 살아가면서 필연적으로 시련과 난제들을 마주한다. 때로 시련은 예상치 못하게 등장하며 우리의 통제를 벗어난다. 예측할 수는 있지만 피할 수 없는 시련도 있다. 역경은 우리의 행복감을 무너뜨릴 수 있다. 아니면 우리가 회복탄력성과 성장으로 역경에 대응하면서 삶의 시련으로부터 뭔가 배우고 더 강해질 수도 있다. 니체의 말이 암시하는 바가 그것이다.

인성은 우리가 시련에 대처할 수 있도록 도움을 주지만 시련은 나라는 인간을 다시 형성해주기도 한다. 우리가 인생의 시련에 대응하는 방식이 체념이건 병적인 반응이건 희망과 성장이건 그것은 우리의 인성에 크게 좌우된다. 9장에서 우리가 탐색할 내용은 개인이 시련에 어떻게 대응하는지, 그리고 긍정적이든 부정적이든 대응 방식을 결정할 때 인성이 어떤 역할을 하는지다. 우리는 여러분이 개인으로서 역경을 마주해 긍정적이고 적응력 있는 궤적을 스스로 만들어가기 위해 무엇을 할 수 있는지를, 그리고 긍정적인 대응을 촉진하기 위해 리더와 조직이 맡는 역할이 무엇인지를 살펴볼 것이다.

부러진 뼈는 _ 더 단단하게 붙는다

1970년대 캐슬런 장군이 사관생도였던 시절, 입학 직후든 졸업 직전이든 명예 규약을 위반한 생도들은 학교에서 즉시 퇴학을 당했다. 웨스트포인트는 명예 규약 관련 스캔들을 주기적으로 겪었고, 1976년의 스캔들 동안 육군성 장관은 보먼 위원회(웨스트포인트의 유명한 졸업생 중 한 명이자 나사NASA 우주비행사였던 프랭크 보먼Frank Borman이 의장을 맡았다)를 만들었다. 명예 체제의 변화를 제안할 소명을 맡은 위원회였다. 보먼 위원회는 명예 규약 자체의 변화는 권고하지 않았다. 인성에서 명예가 갖는 중요성, 군 내의 신뢰 형성에서 인성이 차지하는 중요성을 잘 알았기 때문이다. 그러나 보먼 위원회는 명예 규약을 위반한 생도들에 대한 교장의 '재량권'이 필요하다는 권고는 했다.

즉 명예 규약을 위반하는 생도들에게 위반에 대해 책임을 묻되, 생도를 바로 퇴학시키는 대신 멘토십 프로그램에 참여하도록 하는 것이다. 대부분의 경우 생도는 웨스트포인트에서 보낸 시간 중 일부를 다시 보내야 한다. 기간은 한 학기가 될 수도 있고 1년이 될 수도 있다. 문제를 일으킨 생도에게 명예 규약의 윤리를 내면화할 시간을 더 주기 위해서다. 해당 생도를 1~2년 동안 육군 징집병으로 부대에 배치한 다음, 다시 웨스트포인트에 지원하게 해 떠난 시점부터 다시 학업을 마치고 졸업해 소위로 임관하게 하면 혁신적이면서도 효과적으로 책임을 지도록 할 수 있다. 그 생도의 멘토인 육군 장교가 이 프로그램을 6~12개월 동안 이끌며, 상당한 수준의 반성과 내면 성찰을 요구한다. 이 프로그램에는 생도가 명예 윤리뿐 아니라 인격을 갖춘 졸업생으로 나아가는 법을 이해하도록 설계한 프로젝트와 수업도 포함되어 있다.

캐슬런은 웨스트포인트에 처음 부임해 생도대장으로 재직하던 시절, 캠프 버크너Camp Buckner의 여름 군사 훈련 프로그램을 관찰했다. 캠프 버크너는 2학년 생도들이 4학년 생도들의 지휘 아래 기초 군사 기량을 닦는 웨스트포인트의 지역 훈련지다. 이 시찰 방문 중에 캐슬런은 2학년 전체의 여름 군사 훈련을 담당하는 4학년 생도단장의 브리핑을 받았다. 이때는 캐슬런이 국방부를 떠난 지 얼마 안 된 시점이었고, 합동참모본부에서 근무했기 때문에 국방부 최고 서열의 전문 군사 브리핑을 무수히 받은 터였다. 그는 4학년 생도단장의 브리핑 수준이 전문가 못지않다는 데 깊은 감명을 받았다. 캐슬런은 2학년 생도들이 뛰어난 선배들의 지도를 받고 있음을 단박에 알아보았다. 여름이 지나가면서도 실망할 일은 없었다. 4학년 생도의 리더십은 탁월했다.

그해 여름 후반부 캐슬런은 이 탁월한 4학년 생도단장이 1학년 때 명예 규약을 위반했고 당시 교장의 재량권으로 퇴학을 면했음을 알게 되었다. 그는 멘토십 프로그램에 들어갔고 한 학기를 더 다녀야 했다. 캐슬런이 웨스트포인트 생도이던 시절 명예 규약 위반은 어떤 종류든 즉각적이고 타협 없는 퇴학으로 이어졌다. 다시 모교로 돌아와 생도대장이 된 그는 새로운 재량권 방침에 대해 알고는 있었지만 그것이 생도와 학교에 유익할지 의구심을 갖고 있었다. 그러나 이 생도단장을 알게 되고 그의 행동을 관찰한 다음 캐슬런은 잘못을 저지른 생도에게 인성의 실패로부터 회복할 기회를 주는 것이 지혜로운 조치일 수 있음을 깨달았다. 그가 명예 규약을 위반하자마자 웨스트포인트에서 쫓아냈다면 어떻게 되었을까? 학교와 육군과 미국은 모두 이 유능하고 역량이 탁월한 장교를 잃었을 것이다.

감명 깊은 리더십은 유능함 이상의 역량, 훌륭한 인성을 요구하지만 인성은 때로 발전을 거쳐야 한다. 멘토십 프로그램은 바로 이 인성 발전 부분에서 효과를 발휘한다.

뼈가 부러져도 제대로 치료만 한다면 부러진 부위는 부러지기 전보다 더욱 튼튼해진다. 인성 실패의 회복에도 적용 가능한 이야기다. 멘토의 도움을 받아 반성과 내적 성찰을 거친 생도는 한 번도 규약을 어기지 않은 생도만큼 혹은 그보다 더 강한 인성을 갖추는 쪽으로 성장한 채 실패에서 빠져나올 수 있다. 캐슬런 장군은 웨스트포인트에서 7년간 생도대장과 교장으로 재직하면서 생도들의 명예 규약 위반을 감독했고 그러는 동안 멘토십 프로그램을 강력히 옹호하게 되었다. 중요한 것은 규약을 위반한 생도를 분리하는 것이 아니라 위반에 대한 책임을 묻는 것이다. 생도들에게 책임을 묻는 것은 생도 군단에 중요한 메시지를 전달하기 위해서이기도 하지만, 이들의 인성이 성장하는 데에도 중요하다. 캐슬런은 교장의 재량권 방침과 명예 멘토십 프로그램의 효과가 크다는 것을 알았다. 실로 생도들 중에 명예 프로그램을 가장 강력하게 옹호하는 사람들은 명예 규약 위반을 저지른 다음 프로그램을 성공적으로 마친 사람들이다.

그렇다고 해서 생도들이 교장의 재량권을 가볍게 생각하는 것은 결코 아니다. 의도적으로 명예 규약을 어기고 발각된다 해도 재량권이 자신에게 주어지겠지 여기는 생도는 없다. 우선 재량권은 말 그대로 재량권일 뿐이다. 생도는 교장의 재량에 따라서만 학교에 남아 명예 멘토십 프로그램에 들어갈 수 있다. 퇴학 역시 여전히 교장의 선택지일 수 있고 그럴 만할 때는 퇴학도 이루어진다. 둘째, 재량권은 사용된다 해도 자유로운 형식의 '재도전'이 아니다. 규약을 어긴 생도는 아주 길고 힘든 명예 멘토십 프로그램에 등록해야 할 뿐 아니라 대개 한 학기나 1년 동안 학교를 더 다녀야 한다. 대개는 47개월인 학교생활이 훨씬 더 길어질 수 있는 것이다. 명예 규약 위반이라는 죄를 저질렀다는 수치와 부끄러움도 상당하다. 비행을 교정해 다시 한 번 교관과 동급생들과 후배들의 온전한 신망을 받고 싶은 생도들의 동기는 상당히 강하다.

실패 경험 뒤에 오는 체계적인 멘토링은 생도들의 인성을 성장시킨다. 인간은 실패로부터 배울 수 있으며 실패 덕에 결국 더 강해진다는 것을 인식하고 있는 조직의 정책 아래서 성장은 가능하다.

성장에 대해 _ 스스로 말하게 하라

심리학자들은 어려운 인생 경험이 어떻게 인성을 성장시키는지, 더 많은 것을 알아가고 있다. 매체에서는 역경과 인성의 성장에 관한 이야기는 별로 다루지 않는다. 텔레비전 뉴스는 '피를 흘려야 시청자를 끌어들인다'라고들 할 정도니까. 외상과 역경, 난관의 영향에 대한 흔한 이야기에도 분명 그러한 측면이 있다. 9·11 공격 이후나 이라크와 아프가니스탄 전쟁이 한창 일어나는 동안 대중매체는 외상 후 스트레스 장애PTSD 를 앓는 병사들에 대한 기사를 신속하게 보도했다. 외상 후 스트레스 장애, 우울, 불안, 약물남용을 비롯한 다른 심리 문제들이 전투를 치른 뒤에 생길 수 있고 이들은 의료 및 심리 치료를 통해 대처해야 한다. 그러나 참전 용사의 85퍼센트는 이러한 병리적 문제를 겪지 않으며, 많은 이들은 인성의 강점을 포함하여 자기 삶의 다양한 측면에서 성장을 경험한다고 보고한다.

불과 몇 년 전 매슈스 박사는 전투 복무를 위해 이라크 배치 준비를 하고 있던 일군의 육군 지휘관들에게 강연을 했다. 지휘관들은 대부분 최소 한 번은 전투지에 주둔해봤기 때문에 전투의 공포와 난관을 체험한 바 있었다. 이들은 매슈스 박사가 심리학자라는 것을 알고 그가 외상 후 스트레스 장애나 다른 전투 스트레스 관련 병리 문제를 이야기하리라 예상했다. 그러나 그날의 주제는 질환·병리 문제에서부터 회복탄력성과 인성의 성장에 이르기까지 병사들이 전투 동안과 전투 후에 겪는 심리 반응 전체에 관한 것이었다.

반응은 폭발적이었다. 매슈스 박사가 의견을 개진하는 중간중간 강연을 들은 지휘관들은 전투가 병사들의 실적과 적응에 끼치는 영향에 관해 박사가 기획하고 있던 연구에 지지를 보냈고, 여단 군의관에게 어떤 부분이건 필요하다면 도움을 제공하라고 지시했다. 발표가 끝나자 많은 군인들이 매슈스 박사에게 다가와 자신의 전투 경험을 공유했다. 이들은 전쟁의 외상과 역경을 겪었지만 그 개인적인 이야기에는 병보다는 회복탄력성과 성장에 관한 사연이 더 많았다. 많은 이들은 자신의 경험으로 고통을 받았지만 전투 복무를 통해 더욱 강해지고 적응력도 더 좋아진 자신의 모습 또한 보았다. 이러한 회복탄력성과 성장이라는 주제는 군인들의 전투 관련 경험과 크게 공명했다.

　남북전쟁 시절 유명했던 조슈아 체임벌린 대령의 말이 이 문제를 가장 잘 요약한다. "참가한 자에게 전쟁은 인격의 시험대다. 전쟁은 나쁜 인간은 더 나쁜 인간으로, 좋은 인간은 더 훌륭한 인간으로 만든다."[3] 군인이든 민간인이든 우리 누구나 인생에서 마주해야 하는 불가피한 난관에 성공적으로 대응하도록 해주는 것이 무엇인지 더 정확하게 이해하는 일은 마음에 달려 있다.

역경의 네 가지 결과

　사람들이 외상과 역경과 난관에 반응하는 방식을 파악하는 일은 서로 다른 삶의 경험들이 왜 대개 특정 인성 특징을 강화하는 등의 인격 성

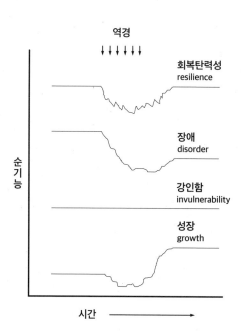

장을 불러오는지 그 이유를 이해할 때 중요하다. 앞의 그림은 어려운 인생 경험 뒤 사람들이 겪을 수 있는 네 가지 궤적을 보여준다.[4] 수직 축에 있는 순기능은 정서적 행복, 원만한 사회관계, 긍정적인 인성을 나타낸다. 수평 축은 시간이다. 넓게 정의해서 역경의 영향은 역경 이후의 기능 변화로 기술할 수 있다.

1 | 회복탄력성

회복탄력성은 역경의 시기가 지나고 역경을 겪은 사람의 적응이 이전의 수준으로 돌아갈 때 발생한다. 이혼, 사랑하는 사람의 질병이나 죽음은 얼마간 삶의 질에 부정적 영향을 끼친다. 그러나 난관을 돌파한 다음에는 적응 능력도 정상으로 돌아간다. 이때 회복탄력성이 생겼다고 한다. 이혼의 경우 사랑하는 능력이라는 인성의 힘은 일시적으로는 줄어들지만 시간이 가면서 정상으로 되돌아온다.

회복탄력성은 건강의 한 형태라고 볼 수 있다. 스트레스가 높거나 위험한 상황이라면, 회복탄력성 훈련 프로그램을 만드는 것이 개인과 조직의 효력을 유지하는 데 꼭 필요하다. 미국 육군의 좋은 사례가 있다. 2008년 무렵까지 육군은 7년간 전쟁을 치렀다. 처음에는 아프가니스탄, 그다음은 이라크였다. 2차 세계대전이나 베트남전 때에 비해 자원병으로만 이루어진 21세기 모병제 아래 육군은 규모가 비교적 작다. 그리고 징병 복무제라 의무적으로 전투를 한 번만 치르면 민간인 생활로 돌아갔던 과거와 달리 오늘날의 육군 병사들은 여러 차례 전투지로 가야 하며, 평생 동안 복무하는 이들도 많다.

군인들은 전투를 나갈 때마다 7~12개월 혹은 그보다 더 긴 기간을 복무하게 되었고, 2008년 무렵에는 많은 군인들이 두 차례 이상 전투에 배치되는 경험을 하기에 이르렀다. 끝이 보이지 않는 것 같은 시련이었다. 주둔을 위한 끊임없는 훈련 사이클, 수개월간의 전투, 그리고 다음 배치를 위한 재훈련은 병사들의 심리적 안정감에 부정적인 여파를 끼쳤다. 군의 자살률은 2001년에서 2011년 사이 거의 두 배로 뛰었고 그 이후 계속 높게 유지되었다.[5] 우울증과 외상 후 스트레스 장애 같은 심리적 문제들이 증가했고, 육군 근무지에서 나오는 보고들은 과도한 음주와 가정폭력 같은 문제 행동이 극적으로 늘었음을 시사했다.

당시 육군참모총장이었던 조지 케이시George Casey 장군은 육군과 민간의 행동 건강 전문가들에게 자문을 구해 군인들의 회복탄력성을 개선할 계획을 고안해달라고 요청했다. 포괄적 군인 건강Comprehensive Solider Fitness(CSF)이라는 프로그램은 바로 이러한 논의에서 탄생했다. 임상심리학자와 정신과 의사들을 더 고용해 전투 스트레스를 겪는 병사들을 치료하는 대신, 전투 전 병사들에게 회복탄력 대처 기술을 훈련하고자 한 것이다. 질병을 미연에 방지하고 회복탄력성을 증진하는 것이 주안점이다.[6]

회복탄력성은 일반적인 용어이고, 포괄적 군인 건강 프로그램은 회복탄력성을 네 가지 범주로 나눈다. 정서적 건강, 사회적 건강, 가정의 건강, 정신적 건강이다. 회복탄력성 대신 건강fitness이라는 말을 쓰는 이유는 병사들이 이 말에 더 공감하기 때문이다. 신체 훈련을 통해 몸을 더 건강하게 만들 수 있다면 정서적·사회적·가정적·정신적 건강도 훈련을 통해 증대시킬 수 있다.

군인 50만 명의 회복탄력성을 훈련하는 일은 보통 일이 아니다. 이훈련을 성공시키기 위해 프로그램에서는 수천 명의 중간급 부사관들을 교육시켜 이들에게 회복탄력성 트레이너 마스터 자격을 준다. 다양한 온라인 회복탄력성 평가 및 훈련 모듈과 결합된 포괄적 군인 건강 프로그램은 지난 10년 동안 수십만 명의 군인들에게 회복탄력성 훈련을 실시했다. 프로그램의 효과에 대한 체계적 평가 결과는 고무적이었고, 이 프로그램은 현재에도 육군의 주된 회복탄력 – 교육 프로그램으로 자리 잡고 있다.[7] 미 공군과 해군도 유사한 훈련 프로그램을 개발했고 다른 나라 군대도 마찬가지다.[8]

경찰, 응급요원, 다른 고위험군 조직에서 회복탄력성 훈련 프로그램이 갖는 중요성은 명확하다. 회복탄력성 훈련은 조직의 실적뿐 아니라 개인의 실적 또한 높인다. 육군 같은 거대 규모의 조직에서 병사들의 복지와 적응 능력이 향상될 뿐 아니라 비용도 상당히 절약할 수 있다. 병사 50만 명이 일하는 육군의 경우 심리 문제 피해자 수를 15퍼센트에서 10퍼센트로 줄인다는 것은 심리적으로 건강한 상태로 병사 2만5천 명의 임무 수행 능력을 증대시킬 수 있다는 뜻이다. 2만5천 명이면 육군 사단 2개 이상의 규모로, 군의 전투 효율성이 상당히 증대된다. 경찰관 1천 명이 근무하는 경찰서 등 더 작은 조직에서조차 시련으로 인한 질환 궤적이 10퍼센트만 감소해도 순찰 등 다른 임무에 경관을 50명 더 온전히 투입할 수 있게 되는 효과를 낸다.

2 | 장애

장애는 역경이 개인의 적응에 부정적 변화를 초래할 때, 그래서 시간이 지나도 회복하지 못할 때 발생한다. 이럴 때는 회복탄력 궤도에 올라서지 못하고 계속해서 우울하고 불안하며 외상 후 스트레스 장애를 겪게 된다. 이혼을 한 사람들은 사랑하는 능력 같은, 인간애라는 인성의 강점이 영구적으로 손상되었다고 여길지 모른다. 일단 손상을 입은 신뢰는 회복하기가 어렵다. 환경 스트레스는 불안부터 우울증에 이르기까지 다양한 심리적 장애를 일으킨다.

그러나 장애가 역경과 관련된 궤적에서 차지하는 비율은 약 15퍼센트 정도다. 그리고 역경만으로 장애 궤적을 보이는 것도 아니다. 유전적 성향과 역경을 만나기 전 삶의 경험 역시 이에 기여한다.

소방관들은 수많은 외상에 노출된다. 심한 화상을 입은 피해자를 구출한다거나 사망자의 시신을 거둔다거나 그 외에도 많다. 이런 일에 노출되면 대개 외상 후 스트레스 장애 등을 보이는 소방관들이 많아지리라 흔히 예상한다. 그러나 이는 사실이 아니다. 소방관 142명을 조사한 어느 연구에서 소방관들 가운데 외상 후 스트레스 장애나 우울증이나 불안, 알코올 관련 문제를 진단받은 사람은 4.2퍼센트에 불과했다. 심리학 문헌들의 검토 결과, 소방관들의 외상과 스트레스 관련 질환 사이의 관계는 일관성이 없다. 오히려 사회적 지원과 대처 기술 같은 완화 요인들이 역경이나 스트레스보다 증상을 더 잘 예측하는 요소로 드러났다.[9] 스트레스 수준이 높은 다른 직종에서도 이와 비슷한 일이 전형적으로 나타난다.[10]

3 | 강인함

강인함을 지닌 이는 겉으로는 아무런 변화도 보이지 않고 역경을 견뎌낸다. 이혼과 애정 능력이라는 인성 강점의 사례를 들어보면, 이런 사람은 이혼 스트레스 속에서도 타인을 사랑하는 능력을 유지한다. 이들은 역경에 영향받지 않고 계속 자신이 할 일을 굳건히 해나간다.

전역한 육군 준장 론다 코넘Rhonda Cornum의 이야기가 한 사례다. 1991년 2월 27일 당시 소령이었던 코넘은 군의관 신분으로 이라크에서 육군 의료 헬리콥터에 탑승해 있었다. 사막의 폭풍 작전을 지원 중이었다. 그와 대원들은 추락한 조종사를 구조하라는 임무를 받고 파견되었지만 적군의 포화에 격추당했다. 허리에 심한 총상을 입고 여러 군데 골절상을 입은 채 코넘은 적군의 포로로 잡혔다. 그의 육군 팀원 가운데 다섯 명이 이 교전 중에 목숨을 잃었고, 코넘은 적에게 억류당한 상태에서 성폭행과 모의처형을 당했다. 엄청난 고통에다 자신과 다른 포로들의 목숨을 잃을 수도 있다는 공포 속에서 그는 8일 뒤 송환되기까지 외상뿐 아니라 상당한 역경도 버텨냈다.

1992년 코넘은 『그녀는 전쟁에 나갔다』She Went to War라는 책을 출간했다.[11] 이 책에 코넘은 군의관 임무, 전쟁포로로 보냈던 시간, 송환, 가족과 정상 육군의 직무로 돌아오기까지의 체험을 담았다. 이러한 경험을 하는 동안 마음에 어떤 일이 벌어지는지를 다룬 매혹적인 이야기다. 책의 마지막 장에서 코넘은 자신의 적응력과 이 경험이 자신의 삶에 끼친 여파에 관해 말한다. 그가 대부분 강조하는 점은 극도로 힘든 경험을 한 것은 사실이지만 그 경험이 그에게 좋은 쪽으로건 나쁜 쪽으로건 근본적인 영향을 끼치지는 못했다는 것이다. "사람들은 내가 어떻게 달라졌는지 혹은 그 경험이 나를 어떻게 바꾸어놓았는지 질문했다. 내 대답은 근본적인 변화는 전혀 없는 듯하다는 것이다."[12]

코넘은 심한 역경을 겪고도 왜 무너지지 않았을까? 첫째, 그의 직업이 삶에 의미와 목적을 제공했다. 그는 삶의 목표가 충분히 많았고, 동료 포로들을 돕고 싶었으며, 타인들에게 계속 봉사하고 도움이 되고 싶었다. 둘째, 그는 신체적·정서적으로 건강한 상태로 시련을 겪었다. 효과적인 대처 기술과 짝을 이룬 건강함은 회복탄력성에 보탬이 되는 쪽으로 작용했다. 그리고 지극히 중요한 마지막 원인은 코넘이 가족과 동료

군인들의 강력한 지원을 낱낱이 받았다는 것이다. 세 가지 요인 중 하나나 그 이상만 빠졌더라도 코넘은 장애 궤적을 보였을지 모른다. 소방관들의 사례에서 보았듯이 사회적 지지와 대처 기술은 부정적 결과를 완화한다.

코넘은 자신의 경험이 긍정적인 인성 특징들을 강화해주었다는 것을 안다. 특히 감사라는 인성 강점이 강화되었다. "난생 처음 의사가 아니라 환자가 되어본 경험은 내게 의학과 의사라는 직업에 대한 교훈을 주었다. 앞으로 간호사들, 물리치료사들, 병원 다른 직원들의 공헌을 과소평가하는 일은 결코 없을 것이다."[13]

흥미롭게도 코넘의 경우 일부 환자들에 대한 공감은 줄어들었다! "자기연민에 빠진 환자들에 대한 참을성과 용인하는 태도는 줄어든 것 같다. 나는 원래도 징징대는 것을 별로 좋아하지 않는다. 이제 나는 징징거리는 것이 아무런 이득도 없을 뿐만 아니라 심지어 치유 과정을 둔화시킨다는 절대적인 확신을 갖게 되었다."[14] 그는 냉정한 사람이지만, 우리 중 누구라도 환자가 되면 의사로 만나고 싶은 그런 사람이다.

4 | 성장

성장은 힘든 경험 뒤 정서적으로 더 강해질 때, 더 좋은 사회관계를 맺을 때 혹은 인성의 강점을 더욱 발달시킬 때 때 일어난다. 이혼한 사람은 사랑하고 사랑받는 능력이 훨씬 더 커질 수 있다.

심리학 연구에 따르면 특정 인성 강점은 공격을 받거나, 자연재해를 겪고 살아남거나, 치명적인 질병에서 살아남는 상처 뒤에 성장할 수 있다. 이런 경험을 한 일부 사람들은 영성, 감사, 친절을 비롯해 광범위한 인성의 강점이 증가하는 경향을 보인다.[15] 앞에서 역경이 마음의 강점(감사와 사랑하는 능력)을 증가시킨다는 것을 살펴보았다. 같은 연구에서 매슈스 박사는 전투의 시련이 추가한 강점들, 구체적으로 팀워크·용기·정직 등의 강점을 키운다는 것을 발견했다.[16] 이 결과들을 모두 합치면 역경은 여섯 가지 도덕적 덕목 전체에 걸쳐 인성의 성장을 유발할 수 있다.

우리는 외상 이후 장애보다 성장이 더 흔히 나타나는 결과라고 주장하는 바다. 여러분 역시 살면서 중병을 극복했거나 또 다른 주요 외상을 겪은 사람들을 알 것이다. 그 경험 때문에 그들의 인생이 어떻게 바뀌었는지 직접 물어보라. 이들은 자신의 경험 덕에 더 나은 사람이 되었다고 말할 것이다. 최소한 일부는 그러할 것이다.

인성 강점에 영향을 끼치는 삶의 궤적들

앞에서 소개한 네 개의 결과들은 우리가 역경에 모두 동일하게 반응하지 않는다는 것을 보여준다. 개인이 따르는 궤적에 따라 인성 강점에 영향을 끼치는 요인은 여럿이다.

1 | 과거의 인생 역정

사람들마다 인생 사연이 다 다르듯, 삶에서 벌어지는 사건에 대응하는 법을 배운 방식도 다르다. 유명한 심리학자 B.F. 스키너는 『월든 2』 Walden Two라는 유토피아 소설에서 자신이 상상한 미래 사회를 묘사했다. 이곳에서 아이들은 행동주의 원리에 따라 체계적으로 양육된다. 잘 적응된 아이를 생산함으로써 궁극적으로는 더욱 잘 기능하는 친사회적 사회를 만들고자 한다.[17] 긍정강화, 부정강화, 처벌의 원리 등이 아동들의 행동을 형성하는 데 쓰인다. 스키너는 삶에서 역경과 난관을 피할 수 없다는 것을 알았고, 아동기 교육에 역경과 난관을 계획적·체계적으로 포함시켰다. 스키너는 체계화된 역경을 경험한 월든의 성인들은 부정적인 사건에 더 효과적으로 대처하리라 보았다.

대부분의 심리학자들은 스키너의 아동발달에 관한 행동주의 모델에 동의하지 않지만, 그럼에도 이들이 동의하는 점 한 가지는 좌절에 대처하고 적응하는 것을 배우는 일이 성인기의 안정적인 적응에 중요하다는 것이다. 심리학자들이 이런 이야기를 굳이 해주지 않아도 여러분은 이미 알고 있을 것이다. 부모나 양육자를 비롯한 돌봄 제공자들이 늘 애지중지하고 과잉보호한 아이들에게 어떤 일이 벌어지는지 말이다. 아동기 스포츠는 대체로 모든 아동에게 상이 돌아가도록 표창 체계를 구성한다. 패자가 전혀 없는 것이다. 이런 아이들도 큰 장애물을 피할 수 없을 텐데, 이에 대처할 준비는 되어 있지 않다. 좌절과 분노가 장애가 되고 최악의 인성 특징들이 활성화된다.

불리한 상황이 닥칠 때 우리가 의지하는 인성의 강점은 대처 방식에 적지 않은 영향을 끼친다. 부모, 학교, 종교기관, 스포츠, 스카우트나 동아리 같은 다른 활동은 우리의 인성 형성에 종합적인 영향을 끼친다. 심지어 성인이 되어서도 자신의 인성 강점에 관해 더 배울 수 있고 이 강점을 이용해 장애를 극복하는 연습을 할 수 있다.

2 | 유전과 생물학적 요인

인간의 행동은 복잡하다. 과장할 필요 없는 진실이다. 유전과 생물학적 요인이 인간의 정체성과 스트레스 및 역경에 대처하는 방식에 기여한다. 사람들마다 기본 기질이 다르다. 일부는 아동기부터 부끄러움을 잘 타고 내성적인 반면 외향적인 사람도 있다. 선천적 요인들은 개인이 역경에 맞서 어떤 궤적을 따르는가에 어느 정도 영향을 끼친다. 하버드

대학교의 심리학자 제롬 케이건Jerome Kagan은 영아의 기질과 이들이 성인이 되었을 때의 기질 간 연계성을 연구하는 데 많은 시간을 쏟았다. 청소년과 성인의 기질은 환경 요인으로 변화되긴 하지만 케이건이 발견한 바에 따르면 기질이 '까다롭다'고 분류되는 영아들은 '수월하다'고 분류되는 영아들보다 10대가 되어도 곤란에 처할 확률이 더 높았다.[18]

3 | 사회적 지지

역경을 겪을 때 홀로인 것은 결코 좋지 않다. 론다 코넘은 전쟁포로로 시련을 겪고 난 뒤 가족과 동료 군인들에게서 받은 강력한 사회적 지지의 혜택을 보았다. 사회적 지지는 역경과 마주할 때 우리를 보호해주는 중요한 요소다.

고위험 환경에서 일하는 사람들에게는 직장 내 집단이나 팀이 제공하는 사회적 지지가 때로는 가족의 지지보다 중요할 수 있다. 응집력이 높은 팀은 군인, 경찰, 소방관 등이 직무의 일환으로 겪는 스트레스·분노·고통을 완화해주는 완충제를 제공한다. 애석하게도 이들의 경험 중일부는 너무도 끔찍해서 '민간인'과 공유가 불가능하다. 심지어 배우자나 사랑하는 사람조차 그 고통을 헤아려줄 수 없다. 같은 경험을 해본 타인들만이 적절한 회복에 필요한 이해와 조언을 줄 수 있다. 따라서 고도의 기량을 갖춘 응집력 강한 특공대 같은 군부대 구성원들은 장애 궤적을 보일 확률이 훨씬 더 낮다.[19]

응집력과 결속력이 강한 집단은 고위험 직업군에 속한 구성원들이 장애 궤적으로 진입하지 못하도록 일종의 예방주사를 놓지만, 그가 집단을 떠나면 취약성이 증가한다. 서배스천 영거Sebastian Junger의 『종족』Tribe과 『전쟁』War이라는 사회비평서는 이러한 역학을 뛰어나게 포착해낸다.

영거는 은퇴나 재배치로 팀에서 분리되었을 때 병사들이 우울증 및 질병 궤도와 연관된 다른 병리적 문제를 겪을 위험이 특히 커진다고 기술한다.[20] 예비군에게는 중대한 문제다. 예비군은 현역으로 전투에 배치된 이후 부대에 머물지 않고 민간인 생활로 돌아온다. 군 동지들과의 이러한 분리와 고립은 필수적인 안전망을 제거하며 자살, 우울, 기타 다른 심리질환의 발생을 증가시킬 수 있다. 재향군인 단체들은 전 세계적으로 다른 곳에서는 구할 수 없는 중요한 사회적 지원을 제공한다. 미국 내 재향군인회American Legion와 해외참전군인회Veterans of Foreign Wars는 수많은 회원을 유치한다.

4 | 유해한 사건의 강도와 성격

9장에서는 힘든 사건들을 기술하기 위해 일부러 여러 가지 다른 용어를 사용했다. 외상과 역경과 난제는 뜻이 다르다. 외상trauma은 생명이나 건강을 위협하고 자신의 죽음이나 취약성을 인식하게 만드는 상황이나 사건을 직접 경험하는 것이다. 외상이 되는 사건들은 다 다르며 구체적인데다 지속 기간도 짧다. 목숨을 걸고 직무를 수행하는 군인이나 경찰관은 외상을 경험한다. 자동차 사고나 폭력범죄로 심한 부상을 입는 것은 외상이다.

역경은 심각한 어려움과 같은 말로서, 더 오랫동안 지속될 수 있다. 대개 역경과 외상은 함께 일어나기도 하지만 반드시 그런 것은 아니다. 우리의 경험상 모든 전투 경험에는 역경이 내포되어 있지만 외상을 겪는 군인은 많지 않다. 전투에 배치되는 경우 역경은 수개월 동안 가족과 떨어져 있는 것, 끊임없는 공격의 위협을 받으며 지내는 것, 그리고 한 번에 몇 달 동안이나 위협이 높은 지대에서 박탈과 불확실성 속에서 생활해야 하는 불가피함에서 온다. 질병과 부상은 외상이지만 장기간에 걸친 아픔과 고통과 불편함, 끝도 없어 보이는 병원 예약, 불확실한 치료 결과 등은 장애, 회복탄력성, 강인함, 혹은 인격의 성장이라는 결과로 이어질 수 있다.

난관은 중요한 목표의 성취를 막거나 방해하는 장애물을 가리킨다. 정규직으로 일하면서 어린 자식을 기르는 어머니가 대학 학위를 마치고 싶을 수 있다. 못할 일은 아니지만 많은 장애물을 극복해야 한다. 여섯 가지 도덕적 덕목 속 인성의 강점들은 난제들을 극복하는 데 도움이 된다. 그러나 이 난제들은 생명을 위협할 정도의 어려움은 아니다.

외상과 역경과 난관은 상이한 방식으로 이를 겪는 사람에게 영향을 끼칠 수 있다. 그뿐만 아니라 각각의 지속 기간과 강도도 다르다. 코넘의 전쟁포로 경험은 8일이었다. 앞에서 보았던 배리 브리저는 6년 넘는 세월 동안 포로였다. 용량 반응 곡선이 여기서 작동한다. 역경이 클수록 여파도 커진다.

삶의 시련을 _ 최상으로 활용하라

예방이 치유보다 낫다

"우리를 죽이지 못하는 것들은 더 강하게 만들 뿐이다"라는 니체의 주장이 과장일 수도 있겠지만 인생이 힘든 것은 사실이다. 자신에게 유익한 궤적으로 대응할 확률을 어떻게 높일 수 있을까? 결과를 최적화하기 위해 개인적으로 할 수 있는 일도 있고, 조직 또한 구성원들의 궤적을 최적화하기 위해 할 수 있는 일들이 있다.

개인적으로 할 수 있는 일부터 살펴보자. 심리학자들은 **강인함**의 특징이 역경 앞에서도 긍정적인 결과를 내는 것과 일관된 연관성이 있다는 것을 발견했다.[21] 강인한 사람들은 강인한 식물이나 나무와 같다. 이들은 엄혹한 환경에서도 죽지 않으며 오히려 더 무성하게 자란다. 강인함은 세 가지 요소로 나눌 수 있다. 헌신과 도전과 통제이다.

헌신은 앞에 놓인 과제가 아무리 어려워도 끝까지 응시하며 할 일을 해내는 것이다. 헌신은 그릿 개념과 비슷하다. 끈기나 인내는 헌신을 기술하는 다른 표현이다. 끈기는 인성 강점 목록에 포함된 24가지 인성 강점 중 하나이며, 연마 가능한 기량이다. 부모는 자식들의 헌신을 기르고 발달시킬 창의적인 방법을 생각해내야 한다. 성인으로서 일을 할 때나 또 다른 환경에서 끈기와 헌신을 연습한다면 이 기량이 정말 필요할 때를 대비할 수 있다.

도전은 우리가 바라는 목표에 대한 장애물을 인식하는 방식이다. 장애물을 위협으로 보는 것은 부정적인 반응이다. 장애물을 위협으로 보는 경우 불안이 생기고 회피 행동이 증가해 일을 지속하기 어려워진다. 그러나 도전으로 보는 경우 새로운 기술을 배울 방법 혹은 기존의 기술을 활용할 방법으로 장애물을 인식할 수 있게 된다. 이 경우 유능감과 만족감이 높아진다.

모든 도전이 외부에서 오는 것은 아니다. 일부 도전은 개인의 한계를 바탕으로 내면에서 유래한다. 평생 경찰관이 되고 싶은 소망이 강력한데 태어날 때부터 왼팔이 온전하지 못하다면 어떻게 하겠는가? 많은 사람들은 장애를 위협으로 여기고 포기할 확률이 높다. 경찰에서 근무한다 해도 통신 관련 직무를 맡거나 범죄연구소 전문가가 되는 등 다른 업무를 생각하지, 순찰을 해야 하는 일선 경찰이 되려는 시도는 꿈도 꾸지 않을 것이다.

자, 조지프 프레슬리Joseph Presley를 만나보자. '조'라고 불리는 이 청년은 태어날 때부터 왼쪽 팔이 온전치 못했다. 은행 강도 범죄로 유죄 판결을 받은 범법자의 아들이었던 조는 작고한 아버지와 달리 법을 수호하는 일을 하고 싶었다. 경찰직을 향한 길을 모색하면서 그는 경찰서장들이나 다른 경찰기관의 격려를 거의 받지 못했다. 할 수 없다는 말을 들으면 들을수록 열망은 더 커졌다. 조는 꿈을 포기하지 않고 버텨냈고 결국 드루리대학교Drury University 소속 경찰학교를 졸업했다. 750시간의 엄격한 과정을 마치면 졸업생들은 미주리주의 경찰관으로 일할 자격이 생긴다. 경찰학교 교장인 토니 바워스는 다음과 같이 말했다.[22]

우리는 그가 자신에게 생길 수 있는 어떤 장애물이건 극복하고 싶어한다는 것을 알았습니다. 그것은 모든 신입 경찰관의 좋은 자질입니다. 문제는 해결해야 합니다. 그는 경찰이 될 준비를 하기 위해 많은 일을 해냈습니다. 그야말로 헌신을 한 것이지요.

경찰관이 되는 데 필요한 학위 자격을 갖추기 위해 조는 몸이 온전한 후보생들과 동일한 신체 조건들을 충족시켜야 했다. 자기방어, 재소자들을 통제하거나 제압하는 일도 해야 했다. 과거의 스포츠 경험이 힘과 인내에 도움이 되었지만 밧줄 타기 같은 일부 과제를 완수하는 데에는 창의력을 발휘해야 했다. 두 팔과 손이 온전한 보통사람에게도 밧줄을 타는 일은 난해한 과제다. 한 손만으로 밧줄 타기를 해보라. 조는 온전한 손을 사용하고 밧줄을 불편한 왼쪽 팔 겨드랑이 밑에 끼운 다음, 밧줄 맨 위까지 자신을 밀어줄 추가 지렛대로 두 다리를 활용할 방안을 생각해냈다.

조지프 프레슬리의 그릿과 결단력은 보상을 받았을까? 장담해도 좋다! 프레슬리는 2019년 8월 미주리주의 스톤카운티 보안관 사무소에서 정규직을 제안받았다. "만감이 교차했습니다. 특히 보안관 배지를 받았을 때요. 꿈을 꾸는 것만 같았어요." 프레슬리의 회고다. 스톤카운티 보안관 사무소로서도 열정적이고 사명감 넘치는 신입 경찰관을 선사받은 셈이다.[23]

조지프 프레슬리는 어떤 인성 강점을 활용한 것일까? 잠깐 시간을 들여 1장에서 제시한 24개 인성 강점을 다시 검토해보라. 조가 사용했던 강점에 동그라미 표시를 해보자. 그런 다음 여러분도 자기 삶의 장애물을 극복하기 위해 어떻게 그처럼 할 수 있을지 생각해보자.

통제. 심리학에서 가장 꾸준히 발견되는 결과 중 하나는 자신의 운명을 자신이 통제할 수 있다는 생각이 긍정적인 적응의 원인이라는 것이다. 때로 이를 '통제 위치'locus of control(사회심리학에서 제시한 개념으로, 살아오면서 자신의 영향력 밖에 있는 외력에 대항하여 사건의 결과를 스스로 통제해왔다고 믿는 정도)라 한다. 통제 위치가 높은 사람들은 목표를 성취하고 역경에 대처하는 데서 자신을 대표할 사람은 자신이라고 생각한다. 이들은 문제를 해결하고 장애를 극복할 능동적인 방안들을 생각해낸다. 반면에 통제 위치가 낮은 사람들은 우연이나 운명, 혹은 자신이 통제할 수 없는 힘이나 상황이 삶의 결과를 결정한다고 믿는다.

전투를 수행하는 군인들부터 판매사원에 이르는 여러 환경을 수년 동안 연구한 결과, 통제 위치가 높은 사람들이 역경과 마주할 때 성공하는 경향이 더 크고 부정적인 궤적을 덜 따르는 것으로 나타났다.[24] 자신의 행동이 성공으로 이어진다는 믿음은 탁월한 적응력의 근원적인 요인이다.

웨스트포인트 사관생도들 가운데 강인한 생도들은 학업, 리더십, 신체 건강 면에서 덜 강인한 생도들보다 성적이 좋다. 어느 연구에 따르면 웨스트포인트에 입학한 직후 강인하다는 테스트 결과를 받은 생도들은 7년 뒤 육군 현장 임무나 전투 임무를 맡았을 때 더 나은 지휘관이라는 평가를 받았다.[25]

헌신과 도전과 통제를 기르는 인성 강점을 키워보자. 배움에 대한 애정과 끈기와 자기통제와 낙관주의는 이러한 목표를 이루기 위해 사용할 수 있는 인성 강점이다.

역경에 대비할_행동 계획을 세워라

대비책을 마련할 수 있는 경우도 있지만 경고 없이 느닷없이 닥치는 역경도 있다. 삶에서 좋은 일에 대비할 때처럼 역경에도 대비해야 한다. 아래와 같은 제안을 하고 싶다.

1 | 역경을 예상하고 미리 계획을 세워라. 곧 심장 수술이나 중요한 의료 처치를 받아야 한다고 생각해보자. 당연히 불안하다. 그러나 이러한 상황에 대처할 인성 강점을 활용해 체계적인 계획을 세우면 불안을 줄일 수 있다. 수술 절차에 대해 더 알아보고, 회복 단계 동안 어떤 현상이 예상되는지 파악하면 지혜와 지식이라는 덕목으로부터 오는 강점에 의지할 수 있다. 용기라는 덕목을 호출해 정면으로 도전에 응할 힘을 얻을 수도 있다. 인간애라는 덕목의 강점에 기대면 나를 도와줄 수 있는 타인들의 사회적 지원과 애정과 친절로 향할 때 큰 도움이 될 것이다. 초월이라는

덕목은 감사와 희망과 영성에 의지해 상황을 조망할 수 있게 해준다. 불안할 수 있는 일이 내 앞으로 다가올 때 이러한 강점을 활용해 어떻게 공포와 불안을 극복할지 구체적인 계획을 적어보자.

2│ 사건이 벌어진 뒤를 대비해 계획을 세워라. 수술이나 다른 역경에 대비하도록 도움을 주는 인성 강점들은 수술이나 역경이 지나간 뒤 회복기 때 가장 도움이 되는 강점과는 또 다르다. 회복 시기에는 감사와 영성의 중요성이 커질 수 있다. 아니면 경험을 이용해 자신이 용감하고 지혜로운 사람이라는 개념을 강화할 수도 있다. 이러한 강점에 기반을 두고 행동하라. 수술을 집도한 의사들과 그 외 의료진들에게 직접 감사를 표하라. 필요할 때 옆에 있어주고 지원해주었던 친구들과 가족에게 감사의 편지를 써보라. 지식과 지혜의 힘을 이용해 회복을 촉진할 계획표를 작성하라. 그릿과 자기통제 능력을 활용해 건강한 식사와 운동 계획을 꾸준히 지켜보라. 가장 중요한 것. 이 모든 것들을 명시적으로 할 것. 행동 계획을 세워 활용하라!

3│ 예기치 못한 역경. 늘 미리 계획을 세울 수는 없다. 군인이라면 자신이 언제 전투에 배치될지 미리 알고 그에 따라 인성 관련 행동을 발달시킬 수 있다. 그러나 만일 폭력범죄나 자동차 사고의 피해자라면 어떨까? 사고의 충격 뒤에는 시간을 갖고 여섯 가지 도덕적 덕목 전체를 살펴 자신의 인성 강점을 평가하고, 역경을 극복하기 위해 그 강점을 적용할 방법에 대한 행동 계획을 다시

한 번 개발해야 한다. 회복 기간을 강점 호출의 기회로 삼아 가족 및 가까운 친구들과 자신의 강점을 이야기하면서 강화하고 되새겨보자.

자신의 인성 강점들을 알고 의식하는 가운데 이들을 활용해 성공적인 인생을 사는 것은 역경에 대응하고 긍정적인 궤적을 만들어내는 근본이다. 이것이 군의 포괄적 군인 건강 프로그램 같은 회복탄력성 프로그램의 기초다. 역경에 대처할 때는 20그램만큼의 준비가 반 근만큼의 치유 못지않다.

시련이 오면 _ 리더는 무엇을 해야 할까?

리더들이 조직에서 인성을 표현하는 방식의 대들보 노릇을 한다는 것이 이 책의 주제다. 삶의 시련에서 특히 그러하다. 리더들은 긍정적인 인성과 이를 강화하는 행동 기준을 지원하는 조직 풍토를 확립해 조직 구성원 또한 그와 같이 역경에 대응할 수 있게 한다. 개별 리더들의 행동은 상당히 중요하다. 다음 사례를 보자.

신뢰를 깨뜨리는 가장 빠른 방법

웨스트포인트의 명예 규약은 생도군단의 인성 발달을 떠받치는 주춧돌이다. 생도들은 대체로 거짓말과 부정행위와 도둑질을 하지 않는 것이 중요하다는 것은 알지만, 이 규약을 어긴 동료 생도를 용인하지 않는 일이 중요하다는 것은 좀처럼 이해하지 못한다.

답은 간단하다. 앞에서 신뢰 요소, 즉 능력과 인성과 배려에 대해 말했다. 이 세 가지는 헌신과 더불어 리더와 부하들 간의 신뢰를 구축하고 유지하는 데 필요하다. 공공서비스 직무인 경우 신뢰 등식의 상대 항은 서비스를 받는 고객, 곧 시민이다. 거짓말, 부정행위, 도둑질을 용인하는 이들은 시민과의 신뢰를 해친다. 큰 위험을 감수하는 짓이다. 신뢰로 맺은 연대가 깨지면 의심과 불신과 적대감이 뒤따른다. 더 멀리 볼 필요도 없이 경찰이 유색인들에게 심한 폭력을 행사하는 유명한 사례들만 보아도 공무원과 시민 사이의 신뢰가 붕괴하면 얼마나 파괴적인 여파가 생기는지 알 수 있다. 미주리주 퍼거슨시의 마이클 브라운Michael Brown 총격 사건(무장하지 않은 18세 아프리카계 미국인 남성인 마이클 브라운이 길을 걷다가 경찰 대런 윌슨에게 여러 번 총격을 받아 사망)이 대표적인 사례이다. 이 사건의 법적 공과를 떠나, 퍼거슨시의 많은 시민은 지역 경찰을 신뢰하지 않았다. 경찰은 거짓말을 일삼고 편견에 가득 차 있다는 것이 그곳 시민들의 인식이었다. 그 결과는 대규모 소요로부터 촉발된 무수한 폭력 사태였다.

여러분 직장의 기준과 가치를 어기는 구성원을 상상해보라. 그러한 행동을 고치지 않고 그대로 방치하면, 다시 말해 동료 직원들이 이를 용인하면 조직과 고객 사이의 불신과 비난이 뒤따를 것이다. 옳지 못한 행동임을 알면서도 맞서지 않고 외면하거나 회피하는 경우 조직 내의 암은 없어지기는커녕 더욱 자랄 것이다. 옳지 못한 행동을 밝혀내고 이에 공개적으로 대처해야 조직이 맞닥뜨릴 수치와 이후의 불신을 피할 수 있다.

몇 년 전, 웨스트포인트의 걸출한 생도들 가운데 하나가 졸업 후 육군에 임관해 첫 임무를 지시받았다. 첫 야전 훈련 중 선임하사가 그를 자기 차로 불러 위스키 한 병을 꺼내더니 함께 마시자고 청했다. 미군은 훈련이나 근무 중에 술을 마시는 것이 금지되어 있다. 야전 훈련 동안 술을 마시는 것은 당연히 위법이다. 전투나 훈련 중에는 경미한 사고 한 건이 삶과 죽음이 오가는 상황을 초래할 수 있으므로, 그 누구도 술을 마신 리더를 따르고 싶어하지 않는다.

이상주의에 불타 새 부임지로 갓 임관한 소위는 예상치 않게 자신이 귀를 기울이고 신뢰해야 한다고 배운 누군가가 초래한 낯부끄러운 상황에 처하게 되었다. 그는 어떻게 해야 할까? 여러분 같으면 어떻게 했겠는가? 놀랍게도, 그가 웨스트포인트 생도였을 때 배운 명예 윤리를 위반하고 의무를 외면했다. 그날 밤 선임하사의 행동을 보고하지 않은 것이다. 명예 규약의 불관용 요소는 더 어렵더라도 의를 행하는 지점, 즉 선임하사의 행동을 윗선에 보고하는 지점까지 내면화되지 못했던 것이다. 신임 소위는 비행을 모른 척했고, 결국 선임하사의 행동은 발각돼 보고가 들어갔다. 후속 조사에서 신임 소위가 먼저 잘못된 행동을 보았음에도 적절한 조치를 취하지 못했다는 사실까지 알려졌다. 소위는 사령관으로부터 질책 편지를 받았지만 다행히 본인의 공식 기록에는 그 실책이 남지 않았다(만일 남았더라면 소위는 육군 복무를 하지 못하게 되었을 것이다). 이 일은 소위가 가치와 기준을 준수하는 일의 중요성을 터득할 기회가 되었고, 이 교훈으로 인성과 군 기관의 가치에 대한 소위의 헌신은 더욱 공고해졌다. 그는 군의 표준 규범을 이행하지 못한 자신의 실책이 초래한 역경에서 귀중한 교훈을 얻은 것이다.

유능함, 인성, 배려, 헌신은 탁월함과 명예의 문화를 조성하는 데 중요한 네 가지 요소이다. 대부분 능력과 인성과 배려가 왜 그토록 중요한지는 쉽게 이해한다. 그러나 헌신은 대개 간과되거나 중요성을 인정받지 못한다. 헌신이 중요하지 않다는 것은 사실이 아니다. 조직의 가치와 기준에 어긋나는 행동을 보이는 구성원이 조직에 남도록 허용받는 것보다 더 빨리 조직의 신뢰를 무너뜨리는 일은 없다. 그런 일이 벌어지면 해당 개인의 행동은 교정을 받아야 하고 그의 행동을 조직에서 수용할 수 있는 수준으로 되돌려놓아야 한다. 그렇지 않으면 그는 조직 내 다른 구성원들의 행동까지 자신의 수준으로 떨어뜨릴 수 있고, 이는 조직의 신뢰를 깨며, 가장 크게는 조직과 고객 간의 신뢰를 잃게 만든다. 군이라는 직군에서 이러한 일이 발생하면 군과 군이 봉사하는 시민 사이의 신뢰가 단번에 깨진다. 그야말로 끔찍한 폐단이 아닐 수 없다.

리더가 할 수 있는 조치

리더들은 조직의 가치와 인성을 유지하고, 조직의 결속을 보존하고 증강하기 위해 다수의 조치를 취할 수 있다.

훈련. 위험도가 높은 조직들은 회복탄력성 훈련에 상당한 투자를 해야 한다. 조직은 개인의 회복탄력성 기량을 직무 관련 전문 기량 못지않게 우선해야 한다. 미 육군의 포괄적 군인 건강 프로그램은 회복탄력성 실행 방법의 모델을 제공한다.[26]

회복탄력성 훈련에 미 육군 정도로 자원을 할애하는 조직은 거의 없지만, 규모가 더 작은 조직들도 채택할 수 있는 프로그램이나 접근법이 적지 않다. 하디니스 연구소Hardiness Institute는 강인함을 훈련할 수 있는 프로그램을 제공한다. 조직은 (규모와 필요에 따라) 구성원 한두 명을 연구소로 보내 강인함을 기르는 교육을 받는다. 이곳에서 훈련을 받은 이들은 자기가 속한 조직에서 도전, 헌신, 통제 자질을 개별 구성원들에게 교육하고 길러주는 자원이 된다.[27]

많은 경찰서와 소방서들은 심리학자들을 고용해 인성 발달에 견고한 토대를 둔 회복탄력성 프로그램을 개발해달라고 요청하기도 한다. 정규직 심리학자를 고용하지 못하는 경우 임시계약을 맺어 도움을 받을 수 있다.

팀 구축. 긍정적이고 응집력 있는 팀은 개인이 역경에 대처하는 데 중요한 도움을 준다. 리더들은 조직 구성원들에게 공통의 소명의식과 신념을 공유한다는 생각을 불어넣고 이를 성장하게 해주는 행사와 활동을 시간을 들여 기획해야 한다.

기준 공개 및 집행. 리더들은 명확한 기준을 확립해 직원들이 이를 지키도록 해야 한다. 적절한 행동에 대한 명확한 기대, 기준을 지키지 못할 때 응당 감수해야 하는 결과는 위험도가 높은 조직에 중요하다. 개인이 자신의 실수로부터 배울 역량이 있다는 것을 기억해야 하며, 웨스트포인트의 교장 재량권과 명예 멘토십 프로그램 사례에서 보았듯이 리더들은 실수하고 자신의 실책에서 배우는 이들을 도울 계획을 마련해야 한다.

피드백 제공. 리더들은 긍정적·부정적 인성 모두에 관해 조직 구성원들에게 피드백을 제공해야 한다. 인성 문제를 가벼이 여기거나 무시한다고 해서 문제가 없어지지는 않는다. 긍정적인 인성의 모범을 인식하지 못하는 이는 인성을 강화하지도, 인성의 중요성을 다른 구성원들에게 표명하지도 못하게 된다. 존슨앤드존슨의 신조와 인성에 대한 전략적 집중 방침은 리더가 추진하는 긍정적 인성 표준의 올바른 모습이 어떤지를 탁월하게 보여준다.

포인트

삶의 경험이 떠안기는 시련은 인성을 벼리고 연마할 수 있는 비옥한 토양을 제공해준다. 인격이 성장할 가능성은 역경으로부터 열린다.

부러진 뼈는 치유되면 부러지기 전보다 더 강해진다. 우리를 죽이지 못하는 것은 오히려 더 강하게 만들 뿐이다. 물론 이러한 결과는 우연히 나타나는 것이 아니다. 성공을 거두는 개인과 조직은 역경으로부터 이득을 취하고, 역경을 통해 더욱 강인해져 그 강인함을 미래의 탁월함과 번영의 기초로 활용하며 삶을 영위할 뿐 아니라 여기에 인성의 힘을 부여한다.

예기치 못한 난관 피하는 법

작은 예방은 큰 치유와 같다.

벤저민 프랭클린[1]

10

여러분 자신의 가치에 따라 살지 못했던 사례들을 곰곰이 생각해보라. 여러분이 아니라면 가족이나 친구의 사례도 좋다. 비용과 편익 비율을 따져보자. 인성 실패의 편익이 비용을 능가한 때가 몇 번이나 있었나? 아마 별로 없었을 것이다.

이 책 내내 우리는 긍정적 인성이 개인의 자질이건 조직의 가치건 좋은 결과를 불러오는 방식들을 살펴보았다. 배짱의 힘, 두뇌의 힘, 마음의 힘은 생산적이고 충만한 삶을 영위하는 데 필요한 힘을 준다. 긍정적인 가치를 포용하며 구성원들 사이에 인성의 힘을 기르고 보상해주는 문화를 일구는 조직은 개인의 성취와 조직의 효율이라는 두 마리 토끼를 모두 잡을 수 있다.

인간이기에 우리는 누구나 판단과 행동의 오류에 빠진다. 우리가 살아가는 시대와 환경과 조건은 우리의 행동을 '인성에 맞지 않는 것'으로 이끌 수 있다. 때로 자신을 일으켜 다시 올바른 궤도로 돌아갈 수 있다. 교정을 통해 다시 전진하기에는 장애물이 너무 커서 심각한 결과를 유발하는 경우도 있다. 인성이 심하게 망가져 더럽혀진 평판을 복구하는 데 몇 년이 걸릴 수도 있다. 인성의 실패는 평판의 손상뿐 아니라 실직이나 경력의 손실 등 경제 여파를 불러오기도 한다.

벤저민 프랭클린이 지적했듯, 작은 예방은 큰 치유와 같은 몫을 해낸다. 인성에 관한 한 그렇다. 인성의 실패를 미연에 방지하는 일이 실패에서 비롯되는 부정적 결과를 교정하는 것보다 더 좋은 전략이라는 뜻이다. 강력한 가족의 가치, 종교적·영적 믿음, 삶에 긍정적 의미와 목적을 부여하려는 의식적인 노력은 도움이 된다. 심리학자들 역시 개인과 조직의 인성 실패 요인들을 검토해왔으며, 이러한 요인을 염두에 두면 인성 실패를 피할 수 있는 능력에 보탬이 된다.

인성은 _ 왜 실패하는가?

좋은 인성의 표출을 가로막는 요인은 세 가지다. 첫째는 개인 내적인 요인이다. 인성 특징, 개인적 약점, 긍정적 인성 자질을 보여줄 수 있는 능력을 약화시키는 습관들을 말한다. 둘째는 환경 요인이다. 인성 실패를 초래하는 압력이나 스트레스를 만드는 개인 외부의 환경을 말한다. 셋째는 사회·조직 요인이다. 이는 행동을 올바르게 이끌지 못하거나 나

뻔 행동을 제약하지 못하는 조건을 만들어 일부 개인들의 인성 실패 가능성을 높이는 사회적 혹은 조직적 환경의 측면들이다.

이 세 가지 요인들은 독립적으로 작용하지 않는다. 오히려 이들은 함께 증식하여 인성 실패의 위험을 높인다. 다음 그림은 이 세 가지 요인과 인성 실패 위험 사이의 관계를 나타낸다. 그림 중앙의 어둡게 칠한 부분은 개인 내적 요인, 환경 요인, 사회·조직 요인이 만나는 영역이다. 이 영역에서는 인성 실패 위험이 크게 증가한다. 이를 '인성 실패 삼중 위협'이라 부를 수 있다. 인성 실패 위험은 두 요인이 합쳐지는 곳에서도 커진다. 가령 개인 내적 요인의 위험은 낮지만 환경 및 사회·조직의 위험 요인이 높은 경우다. 이런 식으로 인성 실패 위험을 조망하는 것은 '왜 어떤 경우에는 가장 고결한 인품을 갖춘 사람들도 실패하는가'를 이해할 수 있게 해준다.

인성 위험 모델을 이용해 캐슬런 장군이 이라크 사단장 시절 마주했던 인성 실패 사례를 분석해보자. 8백~1천 명 정도 규모인 보병대대에서

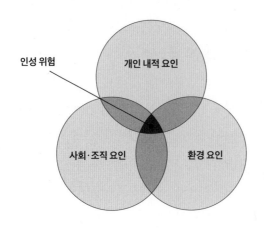

선임 부사관인 주임원사command sergeant major(CSM)는 대대장을 제외하고 가장 영향력이 큰 지휘관이다. 주임원사는 대대의 지휘관이고, 다른 부대원들이 모범으로 삼아야 한다는 말을 듣는 사람이다. 그는 기준을 확립할 뿐 아니라 기준들을 실천하고 집행하는 리더다. 입대한 병사들의 역할모델이라고 할 수 있다. 모든 부사관들은 〈부사관 신조〉Noncommissioned Officer Creed를 암기하고 있다.

> 나는 부사관 군단이 자랑스럽고 언제나 부사관 군단과 군과 내 조국이 신뢰를 받을 수 있도록 어떤 상황에 처하든 바르게 행동할 것이며 나의 계급이나 직위를 쾌락이나 이익이나 개인의 안전을 구하는 데 이용하지 않을 것이다.

선임 부사관이 부대와 부사관 군단의 기준·가치·문화에 어긋나는 인성 문제를 지녔다고 지적될 때 그것이 부대의 사기와 기강에 얼마나 파괴적인 영향을 끼칠지 상상할 수 있다. 더구나 해당 부대원들이 생과 사의 상황을 매일 마주하는 환경에 처해 있다면 그 부정적 영향은 기하급수적으로 증가한다. 캐슬런 장군의 사단에 속한 대대 중 한 곳이 바로 이러한 상황이었다.

성폭행은 피해자에게 평생 씻을 수 없는 상처를 남긴다. 팀원 중 한 명이 성폭행의 피해자라는 것을 아는 일 역시 부대의 사기를 심각하게 꺾어놓는다. 이 대대의 주임원사가 성폭행 가해자로 조사를 받고 있을 때 그의 대대가 그러했다. 조사가 시작되었을 때 주임원사는 직무 정지를 당했다. 곧이어 추가 조사로 다른 부대의 여성 병사 다수를 성폭행했다는 혐의도 드러났다. 이 부대뿐 아니라 이전 부대에서도 그런 일을 저질렀다는 사실이 드러났다. 고압적인 성적 비행의 지루한 패턴이다.

이 과정에서 주임원사는 자살을 했다. 전투 중이던 부대원들이 자기 부대의 원사가 혐의와 주장을 정면으로 대면하지 않고 스스로 목숨을 끊었다는 것을 알았을 때, 그것이 부대원들의 사기와 기강에 끼친 여파는 심각했다. 책을 시작하며 이야기했던 제8기병연대 제3대대가 맞닥뜨렸던 문제와 비슷하게 말이다.

캐슬런은 이라크에서 사단장으로 복무하는 동안 선임 지휘관들의 윤리적 문제를 무수히 겪었다. 12개월 동안 그는 지휘관들의 비행을 70건 이상 다루었다. 소수는 범죄 행위였지만 대부분은 인성 실패에서 유래한 기강 및 사기 문제였다. 부하들을 부당하게 대우하는 일, 적대적인 명령 풍토를 조성하는 일, 부적절한 관계, 성희롱, 성폭행, 알코올 남용이 흔했다. 지휘관들의 이러한 인성 실패는 민간 환경이나 비전투 환경에서도 물론 파괴적이지만 전투지에서는 팀의 결속력에 직접적인 위협이 되므로 임무를 성공적으로 수행하는 데 큰 차질을 빚을 수 있다.

개인 내적 위협

인성 위험 모델을 이용해 인성에 대한 세 가지 등급의 위협을 검토해볼 수 있다. 첫째, 개인 내적 요인들을 고려하라. 인성 실패 및 범죄 행동과 강력하게 관련된 이런 요인의 한 가지 사례는 심리학자들이 '어둠의 3요소'dark triad라 부르는 것이다. 어둠의 3요소란 다음의 인성 특징을 말한다.

1 | 자아도취narcissism
2 | 마키아벨리즘Machiavellianism

자아도취는 자기 가치와 중요성에 대한 의식이 크게 과장된 상태다. 마키아벨리즘은 자신의 목적을 이루기 위해 남들을 수단으로 이용하는 태도, 심지어 타인들에게 해를 끼칠 가능성을 무릅쓰고 남을 이용하는 태도를 가리킨다. 수단과 방법을 가리지 않고 이기겠다는 식의 인생관이며, 우리가 보기에 이는 장기적으로 유지될 수 없다. 마지막으로 사이코패스 성향은 지속적인 반사회적 행동을 가리킨다. 사이코패스들은 대부분의 사람들에게 생각과 행동의 절제를 하게 하는 공감이나 후회를 느끼지 못한다. 이들은 자기중심적이고 이기적이다.

이 세 가지 잘못된 인격 특징의 조합은 다양한 부정적 행동과 범죄 행동을 초래한다. 최근 어둠의 3요소와 7대 대죄(분노, 시기, 폭식, 탐욕, 욕정, 자만, 나태)와의 관계를 검토한 연구가 있었다.[2] 자아도취를 비롯한 각 요소는 이 일곱 가지 죄와 신뢰할 만한 연관성을 보였다.

앞에서 소개한 주임원사 역시, 다수의 여성을 성폭행했던 전력은 반사회적 행동의 일관된 패턴을 나타낸다. 이 어둠의 3요소 가운데 하나 이상을 드러내는 조직 구성원은 어렵지 않게 찾아낼 수 있다. 이런 사람들은 과시욕이 강하고, 자신의 성취를 과장해서 이야기하며 칭찬을 끊임없이 필요로 하고, 자기가 조직이 제공하는 최상의 특전과 특별 보수를 받을 가치가 있다고 느끼며, 자존감을 높이기 위해 타인들을 폄하하고 하찮게 여긴다. 이들은 자신의 이기적인 목적을 달성하고 욕구를 충족하기 위해서라면 멈추지 않고 돌진한다.

어둠의 3요소는 기본적인 성격 패턴을 반영하므로 바꾸기 어려울 수 있다. 그러나 이러한 특징들은 가장 왼쪽 끝의 '약간 성가신 정도'부터 가장 오른쪽의 '병적이고 때로는 범죄 수준'까지 스펙트럼을 보인다. 가장 왼쪽(병적이지 않은 쪽)으로 갈수록 자기 조절을 통해 자아도취, 마키아벨리즘, 사이코패스 성향의 표출을 조절할 수 있다.[3] 오른쪽으로 갈수록 병리적 측면으로 향하기 때문에 이 충동적인 행동을 개인 혼자서 조절하기는 어렵다. 여러분이 리더나 동료로서 이러한 행동을 본다면 경고 신호를 울릴 만하다.

자만이나 과도한 자부심은 조직 내에 문제를 일으킬 수 있는 또 다른 인성 특징이다. 자만은 어둠의 3요소 같은 인격 장애는 아니다. 그러나 자만심이 타인들과의 상호작용을 지배할 경우 조직의 사기를 저하할 수 있다. 아래의 사례를 생각해보자.

캐슬런 장군 사단의 참모 장교 중 한 사람은 엄청나게 유능했고 매일매일 가장 높은 수준의 규범들을 몸소 보여주었다. 하지만 그는 지나친 완벽주의자라서 부하가 자신의 높은 기대에 부응하지 못하면 누구든 적대적으로 대했다. 이는 호전적인 명령 풍토를 만들었다. 이 장교는 거짓말, 부정행위, 도둑질, 부적절한 관계 혹은 도덕적 문제를 일으켰다는 혐의는 없었지만, 여러분이 그 부대에서 일해야 한다면 아마 그의 휘하에서 나오려 사력을 다할 것이다. 그가 부하들을 대하는 적대적이고 냉담한 방식만으로도 그럴 수 있다. 자신의 근본적 인성이나 가치에서 결함을 보이지 않았더라도 그의 행동은 '명예로운 삶'에 대한 위반으로 간주할 수 있다. 그러한 행동 때문에 지휘관과 부하들 간의 신뢰가 무너진다.

캐슬런의 사단에 있던 이 참모 장교는 과도한 자만심으로 고통받았다. 과도한 자만심은 그의 인성 특징이었고 그 탓에 그는 리더로서 유효하지 않았다. 우리의 인성 모델에서 이는 낮은 수준의 겸손과 겸허를 반영하며, 낮은 사회지능을 드러낸다. 이 사례는 직장에서 나온 것이지만 이러한 인성 결함의 부정적 여파는 모든 종류의 집단에서 발견될 수 있다. 아무리 재능이 뛰어나더라도 팀원들을 비판하고 지배하는 선수는 팀의 사기에 큰 해악을 끼친다.

인성을 훼손하는 또 다른 흔한 개인 내적 요인은 약물과 알코올 남용이다. 알코올과 성폭행 사이의 연관성은 잘 알려져 있다. 알코올은 심지어 양이 적다 해도 중추신경계에 작용해 생각이나 감정 억제를 방해한다. 잘 알려진 대로 알코올은 공격성 증가, 다양한 부적절한 행동, 심지어 불법 행동을 초래한다. 어둠의 3요소가 약물과 술을 만나면 인성에 대한 위협이 상당히 커진다. 어둠의 3요소를 지닌 사람들은 이미 자기조절 능력이 형편없는데 거기에다 약물과 술을 남용하게 되면 그 능력은 더욱더 손상된다. 이는 벤다이어그램 안의 벤다이어그램을 만든다. 272쪽 그림에서 본 개인 내적 요인 안의 짙은 부분이다.

인성의 부정적인 특징과 약물 남용은 좋은 인성의 일관성 있는 표출을 방해한다. 그러나 사람들은 상당한 변화를 만들 능력이 있다. 자신에게 이러한 인성의 특징이 있다면 정신과 치료를 받아야 한다. 알코올 중독자들과 약물을 남용하는 사람들도 다채로운 프로그램을 통해 도움을 받을 수 있다. 리더들은 조직 차원에서 어둠의 3요소와 약물남용이 초래하는 문제를 온전히 인식하고 이에 대처할 방침들을 제대로 갖추어놓아야 한다. 군 같은 큰 조직들에는 이러한 방안을 담은 프로그램들이 다수 정비되어 있다.

환경 위협

인성 실패 위험 모델에서 인성을 위협하는 두 번째 요인은 환경이다. 수면 박탈(오랜 기간 잠을 전혀 못 자는 것)이나 수면 부족(오랜 기간 수면이 불

충분한 것)을 초래하는 일이나 다른 위협 환경은 인성 실패와 연관이 있다. 웨스트포인트 생도를 대상으로 한 연구에 따르면 잠을 가장 적게 잔 생도들은 행실에 문제가 발생할 확률이 더 높았다. 연구 결과 주중에 평균 5.5시간밖에 못 자는 상태가 금요일까지 지속되는 경우 이들의 수면 부족은 혈중 알코올 농도 0.08퍼센트(미국 법상 음주 상태)와 비슷한 행동의 결함을 초래한다는 것이 밝혀졌다.[4] 노르웨이 왕립 해군사관학교의 최근 연구에 따르면, 수면이 부족한 생도들은 리더십 행동 수준이 더 낮았다.[5] 다른 연구는 수면과 윤리적 각성 사이의 연관성을 확인한다. 수면 부족이나 박탈은 자기조절 능력을 떨어뜨려 때때로 윤리적·도덕적 실패를 초래한다.[6]

특히 흥미로운 연구 결과는 수면 부족이 자기 인식을 떨어뜨려 위험을 감수하는 확률을 높인다는 것이다. 판단력 역시 흐려진다.[7] 아프가니스탄에 배치되었던 군인들은 하루 6시간 미만 수면을 취했다고 보고된다. 1년 넘는 주둔 기간 중 이 정도의 수면 부족은 윤리적·도덕적 과실을 비롯한 일군의 나쁜 결과에 영향을 끼칠 수 있다.[8]

다른 환경 요인으로는 위험, 적대적인 물리적 환경에 오래 노출되는 것, 빈번한 리더십 변화, 직무나 근무지의 잦은 변화 등이 있다. 앞에서 이야기했던 주임원사의 경우 수면 부족과 사회적 고립이 다른 위험 요인들과 결합하여 그의 일탈 행동을 부추겼을 수 있다.

환경 요인들은 인성 실패에 기여하는 개인 내적 요인들을 악화시킬 수 있다. 가령 어느 젊은 보병장교는 첫 전투 근무를 용감하게 수행해냈고, 그 덕에 여러 개의 무공 훈장을 받았다. 대학원에 뽑히고 웨스트포인트에서 강의를 하게 되었을 때 그는 웨스트포인트의 선생으로서 교실에서 생도와 다른 교관들의 역할 모델로서 모든 직무를 모범적으로 해냈다. 이 임무 뒤 그는 다시 전투에 배치되어 한 번 더 탁월한 능력을 발휘했다. 이로 인해 그는 대학원 박사학위 과정에 선발됐다. 졸업 후 그는 다시 웨스트포인트 교수로 재직하게 됐다. 그는 어린 자식들의 다정한 아버지였고 아내와도 관계가 좋았다. 외향적인 성격 덕에 친구도 많았다.

아무도 몰랐던 사실 하나. 두 번째 주둔 이후 그는 전투 스트레스 증상이 사라지지 않아 남몰래 고생하고 있었다. 그러나 다른 많은 병사들과 마찬가지로 그는 자기 증상을 숨겼고 치료도 받으려 하지 않았다. 웨스트포인트로 돌아왔을 때 그의 행동은 첫 주둔 때와는 상당히 달라져 있었다. 첫 번째 주둔 때는 늘 가장 먼저 출근했다. 아침 일찍 도착해 수업을 준비하고 다른 일도 끝냈다. 수업 외적으로도 생도들과 만났다. 그는 타인들과의 관계에서 긍정적이었고 정력적이었다. 그러나 두 번째 전투 임무를 마치고 돌아온 그는 달라졌다. 출근 시간은 늦었고 퇴근은 일렀다. 어딘가 딴 데 정신이 팔린 듯 보였고 일에 온전히 매진하지 못했다.

두 번째 전투지 주둔 약 2년 전, 그가 동료 장교의 아내와 불륜 관계였다는 혐의가 제기되었고, 이 일로 기소됐다. 장교는 자신의 인성 실패를 인식하고 모든 혐의를 인정했다. 웨스트포인트 교장은 사건을 조사한 다음 장교의 직위를 강등하고 즉시 전역하도록 조치했다. 그는 웨스트포인트에서 고위직까지 올라갈 잠재력을 갖추고 있었지만 경력은 그걸로 끝이 났다.

왜 이렇게 된 것일까? 환경상의 스트레스, 그리고 그의 두 번째 전투지대 주둔은 인성 실패와 연관된 형편없는 결정들에 한몫했다. 환경 요인들은 자기를 조절하는 능력을 감소시켰고 그를 자신의 인성과 맞지 않는 행동으로 이끌었다. 전투지대라는 환경 스트레스는 앞서 말한 주임원사의 상황과 결정에도 영향을 끼쳤다.

사회·조직의 위협

사회·조직 요인들은 긍정적인 인성에 강력한 영향을 끼친다. 앞의 그림에서 본 제3의 원이 가장 중요하다.

지원해주는 사회 관계망이 없는 개인들은 인성 실패에 더욱 취약하다. 일부 사람들은 타인들과 가까운 관계를 맺지 못한다. 정상적인 사회 환경에서 아예 물리적으로 떨어져 고립되는 사람들도 있다. 앞에서 소개한 『검은 심장』 속 소대 병사들은 대대의 다른 부대로부터 지리적으로 떨어져 있었다. 분명 어둠의 3요소를 포함해 많은 요인들이 이 소대의 범죄 행각에 기여했지만, 사회적 고립 또한 기여 요인이었다.

주임원사의 경우 그의 부대는 일부 사회적 지원을 제공했지만 충분하지 않았던 것 같다. 군 전통과 규칙이 지휘관과 부하 사이에 우정을 키우는 것을 장려하지 않아 선임 장교들과 부사관들은 부대 내에서는 가까운 관계를 적게 맺는다. 게다가 주임원사는 가족으로부터 멀리 떨어져 있었으므로 가족이 주었을 안정적인 지원과 지지가 결여되어 있었다.

조직의 가치들은 구성원들이 긍정적인 인성을 형성하고 유지하는 데 절대적이다. 리더들이 긍정적인 가치와 조직의 풍토가 갖는 중요성을 간과할 때 심각한 결과를 초래할 수 있고 심지어 조직의 존립 자체가 위협받을 수도 있다. 조직이 나라의 더 위대한 자원들(미래의 지도자가 될 학생들)의 교육과 발전을 담당하고 있을 때는 더더욱 문제가 심각하다.

조직이 실패한 _ 사례들

최초의 대형 스캔들은 펜실베이니아주립대학교에서 터졌다. 이곳에서 제리 샌더스키Jerry Sandusky라는 미식축구 코치가 2012년 아동 성학대 혐의로 유죄 판결을 받았다. 이 사건은 수많은 대학 임직원들의 징계와 사임으로 이어졌다.

그다음 2017년 9월 26일, "미 뉴욕 남부 연방지방검찰청은 대학 농구 팀과 관련된 사기 및 부정부패 혐의로 10명을 체포했다고 발표했다. 미국 남자농구챔피언십NCAA 제1지부 농구 코치 3명과 주요 운동복 제조 기업의 고위 중역 1명 및 직원 2명, 선수 자문위원 3명이었다. 최초의 사기 행각은 대학 코치들이 현금을 받고 그 대가로 선수들과 그 가족들을 자문위원에게 보냈다는 혐의였다. 두 번째는 운동복 회사의 중역이 자문위원과 짜고 고등학교 선수들과 가족들에게 돈을 주어 의류 회사가 후원하는 대학에 다니겠다는 약속을 받아냈다는 혐의였다."[9] 체포된 10명 중 6명은 유죄를 인정했고 3명은 재판정까지 갔으며 10번째 인물의 혐의는 기각되었다. 죄를 인정하지 않은 피고 3명에 대한 재판은 유죄 판결이 났지만 세 명 모두 항소할 것으로 예상된다.[10]

또 다른 스캔들은 미시간주립대학교에서 벌어졌다. 이 대학의 체조 팀 주치의가 미시간주와 미국 여자 체조 팀에 소속된 선수 3백 명을 성적으로 학대했던 것이다. 펜실베이니아주립대학교는 남학생 동아리에서 신입생 폭행 사건으로 학생 한 명이 사망해 또 한 번 뉴스거리가 되었다. 그다음 센트럴플로리다대학교에서는 세금 8천5백만 달러를 횡령했다는 소식이 터졌다. 대학 총장과 이사장의 사임이 또 이어졌다. 조지아공과대학교의 고위 행정직 4명은 이해 충돌, 그리고 판매 회사들과의 부적절한 사업 관계를 밝히지 않았다는 혐의로 사임했다.

이 여러 스캔들이 새로운 차원으로 넘어간 것은 연방검찰이 학부모 30명 이상을 기소했을 때였다. 학부모들이 신입생 모집 담당자에게 거액을 주고 자식들이 일류 대학의 입학 허가를 확실하게 받도록 대학 측에

뇌물을 먹었다는 혐의였다.

특히 마지막 사례에서 충격적인 것은 뇌물 수수, 사기, 공갈 협박 공모 혐의가 있는 대학 코치 및 행정 관료의 숫자다. 즉 축구 코치 2명, 요트 코치 1명, 적성검사 담당 행정직원, 운동부 부감독 1명, 수구 코치 1명, 남자 테니스 코치 1명이 포함되었다. 사건이 공개될 당시에는 많은 피고들이 유죄를 인정했지만 인정하지 않은 소수의 피고가 있어 형사 소송은 앞으로 당분간 계속될 것이다.[11]

이러한 사건들은 우려스럽다. 대학의 운동부 스캔들이 뉴스에 빈번하게 터져나왔을 때 전미대학경기협회National Collegiate Athletic Association(NCAA)는 이를 해결하기 위해 위원회를 만들고 전직 국무장관인 콘돌리자 라이스Condoleezza Rice에게 회장직을 맡겼다. 위원회의 첫 보고서 내용이다. "뇌물 수수와 부당 거래가 발생하고 있다는 것을 모르는 이는 없다. 전체 지역사회가 중대한 규칙 위반에 대해 아는데도 관리 기구가 이를 조사하고 그에 따라 행동하려는 힘과 의지가 부족한 상황은 냉소와 경멸을 키운다."[12]

여러 스캔들과 부적절한 상황들의 공통점은 무엇일까? 모든 사례에서 리더들은 리더십을 전혀 발휘하지 못했다. 전국 최고의 대학총장이 될 수는 있지만 인성에 실패한다면 리더십도 실패다. 익숙하게 들리지 않는가?

윤리의 쇠퇴는 이 사례들에서 일정한 역할을 하고 있다. 윤리적 쇠퇴란 시간이 가면서 윤리 기준이 쇠락하거나 잠식당하는 것이다.[13] 비윤리적 행동이 지도부나 동료들에게 제어받지 못하면 비윤리적 관행은 표준 관행이 될 수 있고, 시간이 지나면 옳지 못한 행위로 간주되지도 않기에 이른다. 센트럴플로리다대학교에서 벌어진 주 기금 횡령이 정확히 이런 성격의 스캔들이다.

2009년 대학 입시 부정 검사에서 로체스터대학교 워너 교육대학원의 조교수인 네이선 해리스Nathan Harris는 이렇게 말했다. "비행의 가능성은 우리 생각보다 더, 그리고 우리가 편안히 인정할 수 있는 정도보다 훨씬 더 여러 대학에 만연해 있다. 학교 고위 행정 관료 중 누구도 아침에 일어나 '오늘 나는《시카고트리뷴》1면에 나올 만한 옳지 않은 짓은 하지 말아야겠다'라고 말하지 않는다."[14]

오늘날 대학들은 이런 사태에 어떻게 대처하고 있을까? 대학들은 캠퍼스에 윤리적 풍토를 키울 수 있을까? 우리 생각에 대답은 '그렇다'라는 것이다.

이제 대학들은 직접 문제에 대처할 수밖에 없게 됐다. 펜실베이니아대학교는 독자적이며 중앙집권화된 규정 준수 부서를 만들었다. 이 부서는 광범위한 문제에서 법률이나 규정을 준수하는지 여부를 감독한다. 직원들의 이해 충돌, 적절한 자금 사용 여부, 내부 고발 절차에 대한 직원 교육, 학내 판매인 고용 문제, 범죄 통계 공개, NCAA뿐 아니라 '타이틀 9'(1972년 미국 내 교육계의 성차별을 없애기 위해 제정된 법률) 같은 성평등 법률 등 다른 통치 및 관리 규정 준수 문제에 관한 감독 업무다. 대학 직원 및 교수진은 수많은 다른 법률, 방침, 규정, 학칙을 지켜야 하며 대학 지도부는 규제를 에둘러갈 방안을 찾는 게 아니라 규제 조항을 엄수하는 윤리 풍토를 만들 책무가 있다.[15]

많은 대학에서 법률 감독 및 윤리 부서는 강력한 '신규' 수단을 이용한다. 간단하다. 캠퍼스 전체 조사를 벌이는 것이다. 조지아 공과대학교에서 고위직 4명이 판매자 및 계약자들과 부적절한 금전 관계를 맺었다는 것을 알게 되자 총장인 버드 피터슨Bud Peterson 박사는 직원, 교수진,

대학원생 약 1만2천 명을 대상으로 조사를 벌였다. "행정가인 우리는 캠퍼스의 모든 구성원들과 호흡이 잘 맞기를 바라고 그렇다고 생각하지만, 조사 결과는 정말 충격이었다." 당시 조지아 공과대학 총장 수석보좌관 린 M. 더럼Lynn M. Durham이 전한 말이다.[16]

피터슨은 박수갈채를 받아야 한다. 피터슨이 이러한 문제들과 정면으로 맞섰다는 사실, 조사뿐 아니라 이 문제들에 대처하기 위해 취했던 후속 조치 면에서 투명했다는 사실은 지도부가 구성원들의 우려를 얼마나 진지하게 대했는지 입증했다. 이런 유형의 리더십은 신뢰의 재구축이라는 근원적인 결실로 이어진다.

조지아 공과대학교는 또한 윤리 및 규정 준수를 담당할 새 부총장으로 링링 니에Ling-Ling Nie를 임명했다. "우리가 진실과 청렴에 기반을 둔 노동력을 갖추는 일의 중요성을 강조하고, 그것이 무엇을 의미하는지 그리고 그것이 어떻게 표명되는지를 하루하루 관리자와 직원으로서 존중하고 표현한다면 윤리의 핵심에 도달할 수 있다."[17]

조지아 공과대학교의 지도부와 직원과 교수진은 캠퍼스에 이러한 윤리적 풍토를 계속 조성하면서, 새로운 프로그램을 실행했다. 캠퍼스 문화를 평가하는 정기적 직원 설문조사, 윤리 각성 주간 설치, 정기적인 윤리 및 내부 고발자 교육, 캠퍼스의 가치에 전적으로 집중하는 고위 지도부 회의, 보복이 용인되지 않는다는 고위층의 강조, 캠퍼스의 가치에 관한 각 단위 리더들의 정기적인 일대일 대화 의무화 등이다.[18] 이것이 대학의 가치에 기반을 둔 문화 풍토를 조성하는 리더십이자 차이를 만드는 리더십이다.

조직이 초래하는_인성 실패

딜로이트 규제 전략 센터Deloitte Centre for Regulatory Strategy의 「행동 위험 관리: 원인 대처, 신뢰 회복」Managing Conduct Risk: Addressing Drivers, Restoring Trust이라는 논문은 비행이나 위법행위의 여덟 가지 원인을 열거한다.[19] 금융업의 맥락에서 논의된 것들이긴 하지만 비행이나 위법의 원인은 많은 조직들과 관련이 있으며 피해야 할 또 다른 유형의 난관을 보여준다. 비행이나 위법행위는 인성 실패 때문이다. 우선 비행을 일으키는 원인들을 살펴본 다음 실제 조직에서 이런 일이 어떻게 일어나는지 보자.

1 | 소비자와 고객의 필요와 적절성에 따라 제품의 생명 주기를 설계하지 않는 것. 단순하게 말해서 고객에게 진실로 필요한 것보다 판매만 중시하는 조직은 잘못된 행동을 저지르기 쉽다는 뜻이다. 학생의 교육보다 신축 건물이나 스포츠 챔피언십을 따는 데 더 혈안이 되어 있는 대학이 그 실례다.

2 | 인적 자원을 결정할 때 판단하는 지표의 균형이 깨져 있는 것. 단기적이거나 편협한 실적 지표를 위해 중요한 인사 결정을 추진할 때 비행을 저지르기 쉽다는 뜻이다. 대학 스포츠에서 이는 수단과 방법을 가리지 않고 이기고 보겠다는 태도이다. 매년 1등을 하지 않으면 해고된다고 생각하는 코치들은 선수를 모집하거나 보유할 때 인성을 해칠 위험이 더 크다.

3 | 개인들과 지도부가 위법행위나 윤리 위반에 대해 책임지지 않는 것. 이 요인에 관해서는 이미 다수의 사례를 논했다. 기준을 갖고 실천하지 못하는 것은 위법행위나 윤리에 위배되는 행동을 하게 되는 확실한 지름길이다.

4 | 상충하는 이해관계를 찾아내 관리하지 못하는 것. 비행을 막으려면 외부의 견제와 균형이 있어야 한다. 인간 대상 연구를 수행하는 과학자들은 연구 계획과 목적을 제도권의 검토위원회에 제시해 연구의 윤리 기준을 준수하는지 확인받아야 한다. 제도권 검토위원회가 흔한 관행이 되기 전에는 인간 피험자가 착취당하곤 했다. 연루된 과학자들의 의도가 선했다 하더라도 상관없었다. 일례로 1932년 매독 치료법을 개발하겠다는 고결한 목표를 가진 과학자들이 6백 명의 흑인 피험자를 대상으로 연구를 시작했다. 이들은 연구에 자원했지만 연구자들은 이들에게 연구의 진짜 목적도, 이들의 치료에 대한 전체 사실도 밝히지 않았다. 연구자들은 피험자들을 기만했고, 결국 집단 소송을 당했다. 1973년, 생존한 피험자와 그 가족들은 1천만 달러의 합의금을 받았다.[20] 검토위원회의 견제와 균형이 이루어졌다면 자발적으로 참여한 사람들을 기만하고 이용하는 일은 미연에 방지할 수 있었을 것이다.

5 | 복잡하고 일관성 없고 성장 일변도인 비즈니스 모델. 복잡성은 혼돈을 낳고, 혼돈 뒤에는 잘못된 목적과 목표에 초점을 맞추는 일이 뒤따른다. 클수록 좋다는 식의 철학은 장기적 성공을 추구하기보다 인성을 훼손하는 등 무슨 대가를 치르더라도 단기적

이익을 얻기 위해 매진하는 결과로 이어진다.

6 | 매뉴얼, 복잡다단한 과정과 절차. 일을 너무 복잡하고 어렵게 만들면 지름길이라는 편법이 생겨나게 마련이다. 관료주의가 과도하면 사람들은 윤리를 위반하는 지름길을 택하게 된다는 뜻이다. 육군 문화에 대한 최근의 한 연구는 다음과 같은 결론을 내렸다. "많은 육군 장교들은 과도하게 어려운 요구, 그리고 규율 준수를 입증하기 위해 명예를 걸어야 하는 일에 반복적으로 연루된 뒤 점차 윤리적 마비 상태에 빠지게 되었다. 오늘날 장교의 서명과 말은 청렴과 정직의 상징이 아니라 육군 내 관료주의를 교묘히 헤쳐나가는 수단으로 변질되었다. (…) 그 결과 미국 군대는 놀라울 정도로 거짓이 만연한 풍토가 되었다. 물론 군 구성원들은 이를 인정하려 들지 않는다."²¹ 리더들은 조직의 정책 및 절차를 간소화하여 윤리 기준을 더욱 준수하도록 만들어야 한다.

7 | 약한 모니터링 및 감시 시스템. 리더들은 공정하고 객관적인 시스템을 확립해 윤리 지침 준수 여부를 추적할 수 있게 해놓아야 한다. 이러한 시스템 확립에 실패하는 경우 비윤리적 행위를 저질러도 발각되거나 처벌받지 않는다는 인식이 생겨날 수 있다.

8 | 이질적인 하위문화 혹은 문제가 있는 지배문화. 조직은 존슨앤드존슨처럼 긍정적인 인성을 기를 수도 있고, 아니면 육군의 럭비 팀처럼 원칙 없는 행동이 규범이 되도록 방치할 수도 있다. 리더들은 실증적인 조치를 부단히 취함으로써 긍정적인 조직 풍토

를 확립 및 유지해야 한다. 조직의 풍토 확립이야말로 리더의 가장 중요한 직무이다. 강력하고 긍정적인 풍토는 인성 실패 위험 모델의 다른 위험 요소를 완화할 수 있다.

비행 및 위법 행위를 일으키는 이러한 요인들은 웨스트포인트 럭비 팀에서 센트럴플로리다대학교까지 앞서 제시했던 조직 실패의 모든 사례에서 발견되었다. 럭비 팀의 경우 비행의 주요 원인은 웨스트포인트의 가치에 위배되는 하위문화가 형성되었음에도 이를 감시하는 모니터링 시스템이 약했기 때문이었다. 효능 좋은 모니터링 체계가 자리 잡고 있었다면 기형적인 하위문화에 내재된 문제가 곪아 터지는 비극은 일어나지 않았을 것이다.

앞에서 기술한 일부 대학들처럼 복잡한 대규모 조직에서는 비행의 다양한 원인들이 한데 결합해 수용 가능한 절차나 합법적인 절차에서 크게 벗어나고, 그것이 광범위한 여파로 이어지며 그 때문에 큰 위기까지 닥칠 수 있다. 딜로이트 규제 전략 센터가 지적한 세 번째 비행 원인은 지도부가 이러한 비행에 책임지지 않는 것으로서, 실제로 일어나고 있는 일이다. 다섯 번째 비행 원인인 수단과 방법을 가리지 않고 성장만 추구하는 태도 역시 일부에서 보이며, 일곱 번째 원인인 "약한 모니터링 및 감시 시스템"은 대학이 결함을 인식하고 큰 피해를 입기 전에 교정하지 못하게 하는 장애물이다. 마지막으로 여덟 번째 원인은 조직의 명성과 훌륭한 입지에 손상을 가하는 하위문화가 생겨날 때 벌어질 수 있다.

청렴과 명예를 강화하는 리더로부터 해결의 실마리가 풀린다. 이런 리더는 일상에서 몸소 청렴과 명예를 보여주고 기회가 닿을 때마다 인성의 가치가 얼마나 필요한지 명확히 표명하며, 아랫사람들로 하여금 이러한 가치에 책임을 지게 한다. 가치에 맞지 않는 행동을 하는 아랫사람들의 행동은 즉시 교정 대상이 된다. 선을 넘는 행동을 하는 사람들은 조직에서 내보내야 한다. 리더는 또한 조직과 직원, 고객에게서 위험한 요소들을 찾아내야 한다. 이러한 위험 평가를 위해 리더 자신을 포함한 수많은 자원을 동원해야 하며, 일단 위험을 찾아내면 위험이 실현될 가능성은 얼마인지, 얼마나 오래 지속될지를 평가하고 위험 완화 조치를 확립해야 한다.

희소식은 실적 좋고 인성 수준이 높은 조직들은 이러한 난관을 피할 전략을 개발해낼 수 있다는 것이다. 물론 세심한 관심과 의식적인 노력을 기울여야 하지만 그런 노력을 해내고, 성공한다. 탁월한 조직이 되는 길에 왕도란 없다.

소셜미디어가 _ 인성에 미치는 악영향

소셜미디어는 인성에 큰 위협을 제기한다. 사람들은 일대일로 하지 않는 이야기를 소셜미디어에 늘어놓는다. 왜 그럴까? 아마 자신과 표적이 되는 대상 사이에 거리가 있다고 여기기 때문인 듯하다. 스탠리 밀그램Stanley Milgram의 유명한 연구에서 보듯, 평범한 사람들은 타인에게 얼마든지 해를 가할 수 있다. 독자 여러분도 그의 실험을 잘 알 것이다. 밀그램은 실험자로서 (실험 참가자인) '교사들'로 하여금 '학습자들'에게 고통스러운 전기 충격을 가하라고 지시했다(학습자들은 배우들이었기 때문에 전기 충격을 받은 척 연기를 했지 실제 전기 충격을 받은 것은 아니었다). 밀그램이 발견한 주요 결과 중 하나는 교사들이 학습자들과 가까운 거리에서 이들을 보고 이들의 말을 들을 수 있을 때보다 거리가 떨어져 있을 때 전기 충격 지시를 훨씬 더 잘 따랐다는 것이었다.[22] 소셜미디어에도 동일한 원칙이 적용된다. 일부 사람들은 자신들이 한 말이 상대에게 전달할 충격을 직접 감지할 수 없기 때문에 제약을 느끼지 못하고 그런 까닭에 자신의 가치와 맞지 않는 말, 타인에게 상처를 주는 말을 아무렇지도 않게 해댄다.

소셜미디어의 걸러지지 않은 내용은 인성 실패 위험 모델에 정의된, 위험한 수준인 다수의 사람들에게 특히 해롭다. 증오에 가득 찬 편견을 담은 내용은 군중의 폭력과도 연관성이 있다. 버지니아주 샬러츠빌에서 젊은 여성이 백인 민족주의자의 차에 치어 사망한 치명적인 사건이 적절한 사례다. 소셜미디어의 메시지는 백인 민족주의자들과 이들의 견해에 반대하는 사람들 모두를 격분시켰다. 러시아의 운영자들이 '위장 전술'로서 트위터 계정을 활용해 샬러츠빌 사람들의 태도를 양극화해 갈등을 격화시켰음을 시사하는 증거도 있다.[23]

폭동과 집단 폭력은 새로운 현상이 아니다. 폭도들은 많은 이들의 내면에 잠재된 최악의 성향을 끄집어낸다. 새로운 현상은 가상 세계에서는 폭도가 전보다 쉽게 형성된다는 점이다. 집단 사고를 통해서든 외부 세력의 국제적 조종을 통해서든 외부의 자극에 의해 광분에 빠져드는 일은 잠재적으로 인성에 큰 위협이 된다.

고립을 _ 방지하라

사회적 고립은 인성의 결함을 일으키는 중요한 원인이다. 때로는 성격 때문에 사회적 고립에 빠지기도 한다. 극단적인 내향성을 지닌 사람의 경우가 그러하다. 여러 상황 때문에 직접적인 사회 접촉과 지지가 어려워지기도 한다. 오랜 기간 고향이나 집에서 멀리 떨어진 곳에 주둔한 군인들의 경우가 그러하다.

고위급 리더들은 대개 사회관계가 원만하지 못하다. 특히 군처럼 서열이 엄격한 조직의 경우가 심하다. 군 사령관이나 기업의 최고경영자는 조언을 구하거나 중요한 문제를 의논할 수 있는 상대가 극히 적다. 이러한 고립은 문제를 곪게 만든다. 불과 몇 년 전 육군 장성 한 명이 진급 직후 자살했다. 그 뒤로 육군 참모총장은 3성 장군인 중장급 지휘관에게 따로 조직을 꾸려 참모장들의 복지 상태를 점검하라는 과제를 내주었다. 그 결과 참모장들에게 조언을 쉽게 구할 수 있는 동급 서열의 동료가 없다는 사실이 드러났다. 국방부나 소수의 거대 군 기지들은 참모장급 지휘관이 여럿이라 상황이 좀 낫지만 대부분은 자기 부대에 동급의 동료가 하나도 없었다. 자살을 했던 장성의 경우도 마찬가지였다. 고립 문제가 군보다 덜하다 해도, 이 문제는 해로운 인성 파괴로 이어질 공산이 여전히 크다.

인성 논란을 _ 어떻게 예방할까?

인성 위험 모델은 인성의 예기치 않은 난국을 피할 전략들을 제공한다. 개인의 경우 할 수 있는 조치가 많다. 자신의 인성 강점을 알고 사용할 수 있는 방안, 그리고 어떤 조건일 때 자신의 가치가 무너지는지 곰곰이 숙고하라. 술이나 약물남용처럼 인성을 망칠 수 있는 습관이 있는가? 그렇다면 도움을 구하라. 자신의 사회관계망을 평가해보라. 가까운 친구들이 있는지 확인하라. 힘들 때 도움을 청할 수 있는 친구들이 필요하다. 그러한 친구들과 가족에게서 균형과 조망 능력을 구해야 한다. 기분이나 수면 습관의 변화도 스트레스가 있음을 나타낼 수 있다. 자신에게 스트레스를 유발하는 상황을 알아내고 그러한 상황을 완전히 피할 수 없다면 적응 방안을 개발하려 노력하라. 자신의 인성에 정직하라. 허영과 자만심이 효과적인 관계를 방해하지는 않나? 자아가 지나치게 비대하지는 않은가? 어둠의 3요소를 보여주는 지표들을 스스로 규제할 방법을 습득하라.

개인들은 자신의 인성과 성격에 관해 솔직하게 의논할 수 있는 멘토를 구해야 한다. 강력한 효과가 있는 방안은 멘토와 함께 자신의 24개 인성 강점에 점수를 매긴 다음 두 사람이 함께 각자의 점수를 비교하는 것이다. 타인이 나를 인식한 결과물은 나 자신이 스스로를 인식한 결과물과 다를 수 있다. 타인이 나를 '겸손하지 못하다'거나 '사회 지능이 부족하다'고 생각한다는 것을 알게 되면(우리는 대개 자신의 결함을 인식하는 능력이 부족하다) 멘토와 의논해 인성 발달을 촉진할 수도 있다. 대부분의 결함은 어둠의 3요소처럼 병적인 수준은 아니다. 여섯 가지 도덕적 미덕 중에 두어 가지쯤 결함이 있는 정도가 흔하다. 일단 결함을 알아내기만 하면 대처할 수 있다.

사회적 층위에서는 친구, 가족, 직장 동료들과 긍정적인 관계를 확립해 유지해야 한다. 누구에게나 적용 가능한 범용 접근법이란 존재하지 않는다. 사람들은 사회적 지지에 대한 욕구나 이를 추구하는 방법이 각기 다르다. 그러나 기쁨과 성취를 나누고 편안함과 지향을 찾을 수 있는 상대가 필요한 것은 누구나 마찬가지다. 한번 자문해보자.

말하고 싶은 것이 있을 때 나는 지금, 하루 중 아무 때나 만나볼 사람 혹은 전화를 걸 사람이 있는가?

생각나는 사람이 하나도 없다면 일이나 학교 공부에 쏟는 시간을 줄이고 사회관계에 시간을 더 할애하라. 사회관계는 좋은 인성을 끄집어내는 데 도움이 되며 균형 잡힌 삶의 중심 역할을 한다.

조직 차원으로 들어가 보자. 조직에서 리더들은 긍정적인 환경, 인성의 추진을 받는 환경, 분명한 목표를 갖춘 환경을 조성할 책무가 있다. 공적이면서도 단순한 비전을 제시한 강령이나 소명을 직설적이고 간결하게 적은 문서가 출발점이다. 무엇보다 중요한 것은 리더들이 조직의 가치를 진심으로 믿고 이를 지켜야 한다는 것이다. 조직 구성원들은 위선의 냄새를 금세 알아챈다.

리더들은 딜로이트의 여덟 가지 비행 원인을 활용해 조직에 존재할 수 있는 인성의 위험을 진단해야 한다. 핵심 지도자들은 비행의 원인들을 면밀히 인지해야 하며, 조직 내 단위들은 각 문제에 대해 평가를 받아야 한다. 이를 통해 예기치 않은 난관을 피할 수 있다. 어떤 유형의 조직이건 이러한 '진단'과 '조치'를 우선해야 한다.

포인트

잃어버린 인성은 회복하기 어렵다. 장기적으로 탁월함을 발휘하고 승리를 만끽하고 싶은 개인과 조직이라면 늘 인성에 주력해야 한다. 우리의 인성 실패 위험 모델은 인성에 대한 위협들을 어디서 찾아야 할지 지침을 준다. 인성 실패를 겪기 전에 선제적으로 관리하는 것이 실패를 겪은 뒤 대응하는 것보다 훨씬 효과가 좋다. 개인과 조직 모두를 위한 인성의 힘은 이러한 노력으로 길러진다.

올바르게 승리하라

최고 수준의 경쟁에서 중요한 것은 승리가 아니다.
최고 수준의 경쟁에서 중요한 것은 준비와 용기,
사람을 이해하고 길러내는 일이다. 승리는 결과에 불과하다.

조 토리 Joe Torre(미국 메이저리그에서 활약했던 선수이자 감독)[1]

11

분열된 집은 _ 스스로 지탱할 수 없다

에이브러햄 링컨 대통령은 침울한 게티즈버그 군중 앞에서 연설을
했다. 1863년 11월 19일, 북군 병사 3150명의 생명을 앗아가고 1만4529
명의 부상자와 5365명의 행방불명자 혹은 군인 포로를 양산했던 유혈이
낭자한 전투가 끝나고 4개월 뒤의 일이었다. 남군의 손실 역시 막대했다.
남북전쟁은 절반가량 진행된 상태였고 전체적인 전황은 깜깜했다. 민주
주의는 불안했다. 그러나 미국이 존립의 위기를 맞이한 그 어둡고 음울

한 시기 링컨은 희망을 보았다. 그는 선언했다. "이곳에서 우리는 굳게 결심합니다. 죽은 이들은 헛된 죽음을 맞이한 게 아니라는 것, 이 나라, 신의 가호 아래 우리의 조국은 새로 태어난 자유를 갖게 되리라는 것, 그리고 국민의, 국민에 의한, 국민을 위한 정부는 지상에서 사라지지 않으리라는 것을 말입니다."[2]

150년이 넘는 세월이 지난 현재 미국은 또 다른 존립의 위기를 맞이했다. 오늘의 위기는 내전이나 외국군의 공격이 아니라 인성의 위기가 초래한 결과다. "국민의, 국민에 의한, 국민을 위한" 정부는 개별 시민의 긍정적 가치와 인성, 무엇보다 리더들의 긍정적 가치와 인성에 기반한다. 앞에서도 보았지만 가치가 붕괴하면 신뢰가 잠식된다. 정부 및 다른 주요 사회기관에 대한 신뢰의 잠식은 민주주의 붕괴의 전조이다. "국민의, 국민에 의한, 국민을 위한"이라는 말의 존립 여부는 신뢰에 달려 있으며 신뢰 없는 민주주의는 지탱되지 못한다.

모든 정당의 선출직 지도자들은 신뢰 붕괴에 책임이 있다. 국민에 의해, 국민을 위해 선출되는 오늘날 지도자들의 의무는 인성 위기에 대처하는 것이다. 미국과 다른 많은 나라들은 정치적 골절상을 입은 듯 보이며 이는 담론과 토론이 아니라 불협화음을 초래한다. 이러한 불협화음은 당파적 쟁점이 아니며 특정 행정부의 고유한 문제도 아니다. 신뢰의 붕괴는 지역과 국가 전체의 여러 층위에서 명백히 드러나고 있다. 선출과 재선이 국민의 이익을 대변하는 일보다 더 중시되는 경우가 지나치게 빈번하다. 신뢰 상실은 회복할 수 있다. 위대한 지도자들은 3C에 집중한다. 워싱턴, 링컨, 만델라는 지체 없이 승리했다.

인성 실패는 비단 정부에서만 일어나는 비극이 아니다. 가정, 기업, 학교, 종교기관 또한 기본적인 인간의 가치와 인성의 힘으로부터 멀어지고 있다. 앞에서 인성이 실패한 사례를 여럿 들었다. 대학들은 성장과 이윤과 미식축구 경기의 승리를 학생의 교육보다 우선하고, 가톨릭교회는 약자를 성적으로 착취하는 성직자들을 견제하지 못한다. 수많은 기업들은 이윤을 늘리기 위해 수단과 방법을 가리지 않는다. 전통적인 가정의 가치 또한 붕괴되고, 무슨 대가를 치르더라도 이기고 보자는 태도만이 사회 전체에 만연한 윤리인 듯하다.

외국도 예외가 아니다. 특히 러시아는 소셜미디어를 통해 사회적 · 정치적 불협화음의 씨앗을 뿌렸다. 2016년 미국 대선에 영향을 끼치려던 시도가 유명한 사례다. 러시아는 소셜미디어를 활용해 미국인들의 서로에 대한 견해, 즉 정부와 사회기관에 대한 의견을 반목과 대립으로 치닫게 했다. 그러나 미국 국민이 주요 사회기관을 신뢰한다면 이러한 농간은 효력을 끼치지 못한다. 러시아는 그저 미국 국민의 취약성을 이용했을 뿐이다.

1858년 6월 16일, 링컨의 미국 상원의원 입후보 지명 수락 연설에서 그는 남과 북의 분열로 인한 전쟁을 예감하기라도 한 듯 이런 유명한 말을 남겼다. "분열된 집은 스스로 지탱하지 못하고 무너진다."[3] 우리는 미국이 임계점에 와 있는 것일까 싶어 두렵다. 긍정적인 인성에 새로운 관심과 초점을 쏟지 않으면 정부 및 사회기관에 대한 불신으로 우리가 아는 민주주의는 붕괴할 것이다.

그러나 붕괴는 필연이 아니다. 개혁할 시간은 아직 있다. 개인과 조직의 긍정적인 인성을 포용하면 흐름을 바꾸어놓을 수 있다. 선거든 경기든 시험 성적이든 무조건 승리하는 것만으로는 충분하지 않다. 올바른 방식으로 승리하는 법을 배워야 한다. 올바른 방식의 승리를 추진하는 것은 바로 인성이다.

올바른 방식이란 _ 무엇인가?

군대를 사지로 보낼 때 국민은 군이 임무를 완수하고 승리하기를 바란다. 하지만 수단과 방법을 가리지 않는 승리를 바라는 것은 아니다. 국민은 군이 '올바른 방법'으로 승리하기를 바란다. 국민과 군의 가치에 맞는 승리, 진정한 승리.

'올바른 방법'의 정의는 시간에 따라 변화를 겪었다. '옳음'의 모습도, 전투 작전을 실행하는 방법에 대한 국가의 가치도 진화했다. 제2차 세계대전이 막바지에 이르렀던 1945년 8월 6일, 미국은 일본의 히로시마에 원자폭탄을 투하해 시민 8만 명을 죽음으로 몰아넣었다. 그로부터 3일 뒤에는 나가사키에 제2차 원자폭탄을 떨어뜨려 일반인 4만 명을 살해했다. 대부분이 민간인이었다.[4] 유럽 전장에서는 연합군이 1945년 2월 독일의 드레스덴을 폭격해 민간인 약 3만5천 명을 살상했다. 이 작전의 이름은 '융단 폭격'이었다. 소이탄으로 가능한 한 많은 민간인을 살상함으로써 적군의 사기를 꺾으려는 작전이었다.[5]

연합군은 이렇게 버텨 2차 세계대전에서 승리를 거두었지만, 그토록 많은 민간인을 의도적으로 살상한 전략이 '올바른 방식의 승리'를 대변할 수 있을까? 이 질문을 놓고 논쟁하려는 것이 아니다. 하지만 상상해보라. 오늘날 무장하지 않은 민간인 수십만 명을 고의적으로 살상하는 전략이 가능할까? 그런 전략은 현대 군사 전략의 장기적 성공에 궤멸적 여파를 몰고 올 가능성이 크다. 현대의 교전 규칙에서는 민간인 사상자를 최소화하고 가급적 민간인을 아예 살상하지 않도록 설계한 무력을 점진적으로 세심하게 사용한다.

올바른 승리는 군 못지않게 민간인 세계에서도 중요하다. 앞에서 가치와 동료에 대한 존중을 지닌 기업과 기타 조직들이 장기적으로 번영을 구가한다는 점을 살펴보았다. 그리고 긍정적인 가치와 동료 존중을 통합하지 못하는 조직들이 장기적으로 고생하는 모습도 보았다. 개인에게도 동일한 원칙이 적용된다. 그렇다. 거짓말이나 부정행위를 통해 가끔씩 성공할 수는 있다. 그러나 장기적으로는 상당한 대가를 치러야 한다.

토머스 제퍼슨은 미국 독립선언문에 이렇게 연설했다. "우리는 이 진실이 자명하다고 믿는다. 즉 모든 인간은 태어날 때부터 평등하며, 인간은 창조주가 주신, 양도할 수 없는 권리인 생존권과 자유권과 행복 추구권을 갖는다."[6] 우리는 인성과 올바른 방식의 승리가 단지 미국인만의 원칙은 아니라는 생각을 추가하고 싶다. 『인성의 힘』 앞부분에서 집중적으로 살펴보았던 24가지 인성 강점들은 인간의 보편적인 특징이다. 이 책의 핵심 개념은 문화나 국적에 상관없이 누구에게나 적용된다.

올바른 방식의 승리는 이 책 전체를 관통하는 주제다. 이제 몇 가지 중요한 교훈을 소개하려 한다.

허수아비, 양철 인간, 그리고 비겁한 사자

서포크대학교의 법학과 교수 리즐 베이커Lisle Baker는 매년 가을학기마다 로스쿨 신입생 300명을 맞이한다. 로스쿨에 입학하는 학생들은 대개 학부 성적과 법학전문대학원 입학 테스트Law School Admission Test(LSAT)를 합친 적성검사를 기반으로 입학 허가를 받는다. 베이커는 긍정심리학에 관심을 갖게 되어, 2016년 펜실베이니아대학교에서 응용 긍정심리학으로 석사학위를 마쳤다. 법학과 교수로 다년간 재직한 베이커는 적성검사 같은 평가 방법이 학업 과정에 필요한 지능을 가진 학생을 선발하는 데는 유용하지만 법률 종사자 가운데 누가 성공할지를 예측하기에는 불

충분하다는 결론을 내렸다.

베이커는 법률직에서 성공하는 데 중요한 요소가 인성이라고 생각한다. 그는 『오즈의 마법사』The Wizard of Oz를 예로 들어, 법률가가 되려는 사람들은 두뇌(허수아비), 마음(양철 인간) 그리고 용기(비겁한 사자)가 필요하다고 설명한다.[7] 맞는 말이다. 베이커의 영민한 분류는 우리의 논의와 완벽하게 일치한다. 우리는 인성 강점들을 어떤 상황에서든 가장 잘 맞는 도구를 선택할 수 있도록 '도구 상자'의 구성 요소로 보고 논의했다. 어려운 문제를 해결하고, 실패를 딛고 일어서며 타인과 의미 있는 관계를 형성하는 데 이 모든 도구가 필요하다. 모든 일을 망치로만 할 수 없듯 모든 문제를 그릿만으로 풀 수 없다.

배짱의 힘

우리는 용기(도덕적 용기와 물리적 용기 둘 다)가 인성의 중요한 측면임을 배웠다. 베트남전 당시 포로가 되었던 공군 조종사 배리 브리저 대위는 하노이 힐튼에 감금되어 있던 오랜 기간 내내 도덕적 용기와 물리적 용기를 선명히 입증해 보였다. 캐슬린 장군은 브리저 대위가 풀려나 가족과 재회한 지 45년 이상이 지난 뒤 하노이 힐튼을 방문했다. 미국 포로들이 살았던 열악한 환경을 접하니, 당시 포로들의 그릿과 용기와 인성에 대한 존경과 경외감이 새삼 더 커졌다.

인간의 인성을 시험하는 진정한 시험대는 살면서 일이 잘 풀릴 때가 아니라 최악의 일이 벌어질 때, 대체로 그러한 최악의 상황이 예상될 때다. 브리저 대위는 되풀이되는 고문과 환멸, 그리고 희망을 모조리 버려야 하는 비인간적인 생활 환경을 감내하면서 배짱의 힘을 절절히 증명했다. 이 모든 시련을 감내하는 동안 대위는 조국과 가족과 동료들과 스스로에게 신의를 지켰고, 자신이 교육받은 가치와 조국에 복무하면서 배운 가치들을 훼손하기를 한사코 거부했다. 브리저 대위는 인성을 "옳은 시기에 옳은 이유로 옳은 일을 할 용기"라고 정의하며 말한다. "이러한 용기는 삶과 생활과 존재에 관해 스스로 가치 있다고 여기는 신념에 따라 결정된다. 내면 깊이 간직한 신념은 자신이 누구인지와 어떻게 행동할지를 규정한다."[8]

이토록 끔찍한 환경에서 버텨야 한다면 인성을 어디서 찾을 수 있을까? 브리저 대위, 그리고 브렌든 마로코와 론다 코념은 인성의 기반이 '절대로 굽힐 수 없는 가치'라고 말해줄 것이다. 이 핵심 가치들은 상상할 수 있는 최악의 환경을 버텨내도록 이들을 인도해주었다.

용기에 속하는 인성 자질들은 성공적인 경쟁에 꼭 필요하며 경기장과 전장에서도 중요하다. 육군 미식축구 팀의 변화가 생생한 사례다. 평범하게 경기를 하는 것, 실책을 저지르는 것, 강인함의 부족은 잘해봐야 평균밖에 안 되는 경기 성적으로 이어졌고 팀은 그 때문에 여러 해 동안 괴로웠다. 기강과 강인함과 끈기와 집요함과 솔직함(모두 배짱의 힘)은 마지막 호각을 불 때까지 최선을 다해 경쟁에 임하게 해준다. 이는 육군 미식축구 팀을 지기만 하던 팀에서 상위 25위권에 드는 최강팀으로 변모시키는 데 필요한 인성 강점이었다. 또한 이것은 미 육군을 사지의 전투라는 호된 시련에 투입할 때 국민이 기대하는 바이기도 하다.

웨스트포인트 교장으로 재직하던 시절 캐슬런은 필수 과목이었던 복싱을 교과 과정에서 제외하라는 압력을 받았다. 생도들의 머리 부상 위험이 크다는 점 때문이었다. 캐슬런은 압력에도 불구하고 복싱을 없애지 않고 유지하기로 결정했다. 복싱은 생도들이 서로 온전하게 몸싸움을 할 수 있는 유일한 활동이었고 이를 통해 생도들은 공포에 지지 않고 극복하는 법과 전투 지휘관의 중요한 자질인 투지와 용기를 배울 수 있었기 때문이다. 그러나 웨스트포인트는 그 와중에서 생기는 머리 부상의 위험 또한 간과하지 않았다. 의도한 목적을 위해 복싱 수업을 유지하면서도 안전장비와 과정과 절차에 많은 노력을 기울여 두부 손상 위험을 최소화했다. 그 결과 부상은 대폭 감소했다.

학교와 기업과 스포츠계에서도 성공하려면 기강과 강인함과 집요함과 끈기라는 동일한 강점이 필요하다. 시험에서 실패했는가? 공부를 더 하고 다시 도전하라. 경기에서 패했는가? 연습을 더 열심히 하라. 판매고가 허우적대고 있는가? 조언은 동일하다. 배짱의 강점들은 승리에 꼭 필요하다. 그러나 그것만으로는 충분하지 않다.

두뇌의 힘

이라크 해방 작전의 병력 증파 기간 중 가장 위험하고 적대적인 환경에서 강인한 대대 사령관 한 사람은 지적 영민함으로 이라크 핵심 지역에 안정과 발전을 가져왔다. 이 지휘관은 지역의 안정을 위해 자기 식대로 싸우는 대신 버려진 토마토페이스트 공장을 다시 일으켜 세웠다. 공장을 운영하면 젊은이들을 다시 농토로 끌어들일 수 있으리라는 걸 알았던 것이다. 그는 지자체 정부의 지원을 받아 필수적인 공공 서비스를 복구했고 연합군과 지역민 간의 신뢰도 회복했다. 앞에서 소개한 데이브 호드니 중령이다. 중령은 개방성과 창의력이라는 인성 강점뿐 아니라 탁월한 조망 능력과 지혜로 이라크 지역 환경에서 가장 복잡한 문제에 대처했다.

로버트 맥도널드 전 보훈부 장군 역시 미국 보훈부의 문화를 바꾸는 과제에서 믿을 수 없을 만큼 뛰어난 지적 능력을 보여주었다. 장군은

〈내가 믿는 것〉이라는 글에서 밝힌 일련의 가치들[9]을 보훈부에 재직하는 내내 강조했다. 그는 강력한 리더 개발 프로그램을 확립해 조직을 변화로 이끌었고, 재향군인들을 돌보는 조직의 헌신과 의무에 엄청난 변혁을 일구어냈다.

배짱의 힘은 우리가 삶의 난제들과 씨름할 수 있는 에너지를 준다. 두뇌의 힘은 영리하고 효과적으로 난제를 해결할 수 있게 해준다. 그릿과 결단력과 용기는 장기적인 노력을 가능하게 해주며, 호기심과 창의성과 배움에 대한 애정은 올바르게 승리하도록 해준다. 어느 환경에서도 두뇌의 힘은 성공에 중요하다. 지혜와 지식의 미덕을 잘 갖춘 사람들은 성공과 번영을 구가한다.

마음의 힘

지독하게 힘든 상황에서 어려움을 나누다 보면 쉽게 깨지지 않는 신의와 결속이 생겨난다. 이라크와 아프가니스탄에서 귀환하는 많은 재향군인들은 최악의 신체적·정신적 환경을 경험한 뒤 전우들과의 결속을 떠나 민간 환경에 재적응해야 한다. 전투 중에는 신의와 의리의 유대 관계를 통해 난관을 견뎌내다, 더는 군의 일원이 아닌 채로 분리된 이들은 대개 힘든 시간을 보내며 괴로워한다. 재향군인들 중 많은 이들이 자살이라는 비극을 택한다.

윌리엄 셰익스피어는 『헨리 5세』라는 연극에서 유대의 중요성을 포착해냈다. 헨리 5세는 병력이 우세한 프랑스군에 맞서기 위해 전투 준비를 하던 영국군 병사들 앞에 서서 선언했다. "우리 소수, 우리 행복한 소수, 우리는 형제다. 오늘 나와 함께 피를 흘리는 자는 나의 형제가 될 것이기 때문이다." 이 연설은 시간을 초월한 메시지를 포착한다. 전사들의 마음이라는 인성 강점, 즉 동지애, 애정, 연민, 의리, 헌신은 여러 날 동안 전우들과 공유한 수많은 고난과 시련으로부터 형성되었다는 메시지다.

마음의 힘은 삶을 살 만한 가치가 있는 것으로 만들어준다. 여러분은 조직에서 그릇이 가장 강하고 가장 용감한 사람일 수 있지만, 친절과 사랑하는 능력이 없다면 잠재력을 온전히 실현할 수 없다. 마음의 힘은 일터에서도 힘을 주지만 그보다 훨씬 더 중요한 가족, 동료, 친구들과 충만하고 의미 깊은 관계를 맺을 수 있게 해준다. 이 점을 입증하기 위해 우리는 주로 전장의 사례를 들었지만 마음의 힘은 전장뿐 아니라 모든 인간사에서 중요하다.

신뢰의 문화 _ 만들기

효과적인 리더십의 가장 중요한 요소는 신뢰다. 신뢰는 위와 아래와 옆에 있는 사람들을 모두 포함하는 것이어야 한다. 상급자와 하급자, 비슷한 또래나 비슷한 지위에 있는 사람들 사이에도 신뢰가 필요하다. 우리가 강력히 주장하는 것은, 신뢰는 능력·인성·배려와 함수관계라는 점이다.

당신이 책임자인데 자신이 무엇을 하는지 모른다면(가령 무능하다면) 아무도 당신을 따르고 싶어하지 않을 것이다. 마찬가지로 상관인 당신의 가치와 행동거지가 진정성이나 청렴을 의심하게 만든다면 어떻게 당신이 내리는 명령이나 지시를 믿겠는가? 그리고 당신이 동료의 발전과 난제와 성공에 신경 쓰지 않고 하급자를 졸개로만 본다면 당신을 따르고 싶어할 이유가 있겠는가?

우리는 모든 리더에게서 이 신뢰 관계를 수도 없이 확인했다. 게티즈버그 전투는 위대한 리더십의 사례로 그득하지만 그중에서도 가장 탁월한 병사들과 지휘관의 신뢰를 보여주는 사례는 미네소타 연대와 연대 사령관이었던 윌리엄 콜빌 대령의 이야기다. 남군 전선의 심장부를 공격하라는 명령을 받았을 때 그것이 자기 부하 대부분의 죽음을 의미한다는 것을 알았음에도 콜빌 대령은 명령을 따랐다. 그의 부하들 역시 죽음이 따른다는 것을 알면서도 지체 없이 공격을 수행했다. 불리한 상황에도 불구하고 부대는 공격을 완벽하게 수행해 임무를 완수했다. 손실은 컸지만 이들의 희생으로 북군은 전쟁의 최종 승리로 가는 길을 닦을 수 있었다.

마찬가지로 조슈아 체임벌린 대령은 되풀이되는 적의 공세 속에서 북군의 좌측 최전방을 맡고 있었다. 마침내 탄약이 떨어진 상황에서 대령은 부하들에게 방어 대신 (이전의 수많은 공격에서 그랬듯) "총검을 수리해" 재집결하라는 지시를 내렸고, 남군을 향해 언덕 아래로 진군하라고 명령했다. 부하들이 하나같이 신뢰하는 리더십을 갖춘 부대만이 운명의 날 그토록 위험천만한 임무를 완수할 수 있었을 것이다. 체임벌린은 자기 부하들의 두터운 신뢰가 적과의 총검 작전에서 성공을 가져오리라는 것을 알았다.

여러분의 조직에서도 같은 일이 벌어지고 있는가? 뛰어난 교사들은 유능하고 긍정적인 인성을 보이며 학생들을 깊이 배려하고 챙긴다. 학생들은 성실한 공부 태도와 헌신으로 반응한다. 일터에서도 마찬가지다. 유능하고 인성 수준이 높고 배려심 많고 세심한 관리자들은 부하직원들의 충성과 신의를 크게 얻는다. 매슈스 박사는 언젠가 웨스트포인트의 세이어 홀에서 울면서 복도를 걷고 있는 관리인과 마주쳤다. 무슨 일이냐고 묻자 관리인은 그날이 자신의 퇴직일인데, 같이 일했던 사람들을 진심으로 사랑했기 때문이 많이 그리울 것 같다고 대답했다. 그 관리인의 상관이 무능하거나 부정직하거나 배려가 없었다면 그가 이토록 강렬한 감정을 느낄 수 있었을까?

리더라면 구성원 전체에 신뢰를 형성하는 긍정적인 조직 풍토를 조성해야 한다. 신뢰받는 리더는 구성원들이 안전지대에서 벗어나 잠재력을 확장할 수 있게 해준다. 익숙지 않은 환경에서는 누구나 실수를 저지를 수 있다. 실패의 위험을 지지하고 뒷받침하는 리더는 배우고 개선할 기회를 제공한다.

이런 일을 꺼리고 불편해하는 리더는 대개 실수하는 부하를 괴롭히고 수치감을 안긴다. 이런 경우 부하들은 솔선수범하거나 창의력을 발휘하지 못하고 하라는 일만 수동적으로 하게 된다. 아무도 이런 환경에서 일하고 싶어하지 않는다. 이러한 조직은 승리를 맛보지 못하며, 설사 승리한다고 해도 '올바른 방식의 승리'가 아니다. 리더가 실패의 위험을 지지하고 뒷받침해줄 때 조직은 한계 없이 성장하고 발전할 수 있다.

리더가 인성으로 리더십을 발휘하는 것만으로는 충분하지 않다. 리더는 모범을 보이고 인성을 조직 전체에 불어넣어 모든 구성원이 인성을 갖춘 사람이 되도록 만들 방안을 모색해야 한다. 이 책에서 긍정적인 인성 문화를 조성한 리더가 이끄는 조직들을 여럿 살폈고 그들이 만든 변화 역시 보았다. 이는 다시 한 번 강조할 만한 가치가 있다.

조직의 인성을 회복하라

존슨앤드존슨은 인성 기반 조직의 탁월한 사례를 제공한다. 최고경영자 알렉스 고스키는 신뢰가 조직과 고객, 그리고 존슨앤드존슨 리더들과 직원 간의 필수 요소라는 것을 알았다. 기업에서 인성의 중요성을 인식한 로버트 우드 존슨 2세는 회사의 조직 가치를 명시적이고 공개적으로 밝히는 신조를 만들었다. 긍정적인 인성과 가치들을 조직 전체에 불어넣으려는 의도로 설계한 신조다. 고스키는 오늘날에도 여전히 이 신조를 강조하고, 기업 가치에 대한 토론을 매일 회의 의제로 삼는다. 그는 신조에 드러난 원칙에 기반해 리더십을 평가하도록 한다. 《포춘》지 선정 500대 기업 중 하나로 꼽히는 존슨앤드존슨의 인성 문화가 어떻게 추진되는지 보고 싶다면 알렉스 고스키가 존슨앤드존슨에서 하는 일을 살펴보면 된다.

존슨앤드존슨에 찾아온 최악의 소식은 단연 1982년 일어난 타이레놀 위기다. 7명이 사망하고, 사측에 상당한 재정 손실을 초래한 사건이었다. 알렉스 고스키는 존슨앤드존슨이 이 일에 대처한 방식을 이렇게 설명했다. "당신을 신뢰하고 당신에게 의지하는 사람들에 대한 신의를 깨지 않는 것보다 중요한 일은 아무것도 없습니다." 1982년 지휘부는 즉시 위기에 책임을 졌고, 제품에 손을 대지 못하도록 하는 창의적인 방법을 개발했다. 신속한 조치는 소비자와 직원의 신뢰 회복으로 이어졌다. 진정성 있는 기업은 갑작스레 위기가 닥칠 때 가치에 바탕을 둔 리더십을 실천한다.

최근의 사건들은 신조의 중요성을 여실히 드러낸다. 존슨앤드존슨은 현재 새로운 위기를 맞고 있다. 펜타닐이라는 진통제는 심한 통증을 치료하는 존슨앤드존슨의 상품으로, 현재 미국 전역에 퍼진 아편 제제 위기에 일조하고 있다. 아편 진통제 과용으로 사망한 수가 유행병 수준으로 많아져, 이 약물의 제조사 및 유통업체를 상대로 다수의 법정 소송이 벌어지고 있다. 오클라호마주 법원은 존슨앤드존슨에 약물 과용으로 인한 사망에 책임이 있다고 판단해 5억 달러 이상의 벌금형을 선고했다.[10] 유사한 법정 소송이 다른 주에서도 계류 중이다. 존슨앤드존슨이 물어야 하는 최종 비용은 회사가 휘청거릴 만큼 어마어마할 것이다. 존슨앤드존슨은 어떻게 대응할까? 궁극적으로 고스키는 신조에 기반해 대응해야 한다. 생존하기 위해 존슨앤드존슨은 능력과 인성과 배려를 입증해 보여야 한다.

배려의 리더십을 보여주는 또 하나의 사례는 저먼 박사이다. 병원 지도부가 10퍼센트 인력을 감축하라고 요구했을 때 보여주었던 그의 리더십은 앞에서 소개했다. 저먼 박사는 직원들의 애정과 존경을 받았다. 그는 직원들이 일하는 현장에서 그들의 고충에 귀를 기울이며 그들과 양질의 시간을 보냈기 때문에 직원들에게 무엇이 필요한지 제대로 파악했다. 박사는 직원들을 신뢰했으므로, 단 한 명도 해고하지 않고 병원의 재정 위기를 돌파할 수 있음을 알았다.

그는 내내 병원의 변화를 만들어온 장본인인 직원들에게 다시 의지함으로써 문제를 해결했다. 병원 노동자들의 지적 능력에 기대 병원이 처한 어려움을 공유하고, 직원들 자신이 실행할 창의적인 아이디어와 해결책을 이끌어낸 것이다. 실제로 직원들은 문제를 해결했다. 배려 깊고 공감 능력이 있는 리더, 직원들의 강점을 알고 있는 리더만이 의미 있는 성과를 이루어낼 수 있다.

모두 조직 전체에 인성을 배양하는 리더의 탁월한 사례들이다. 이것이야말로 조직 수준의 승리, 올바른 방식의 승리이다.

가치를 _ 내면화하기

우리는 긍정적인 인성의 가치들을 내면화할 때 비로소 발달할 수 있음을 살펴보았다. 인성의 가치는 우리 본질의 일부가 되어야 하며, 당혹스럽거나 부끄러운 상황을 마주할 때 옳고 그른 것이 무엇인지 생각할 필요 없이 반사적으로 대응할 정도여야 한다. 웨스트포인트의 리더 양성 시스템은 조직이 구성원의 인성을 훈련하는 방안을 모범적으로 제시한다.

지금쯤이면 독자 여러분도 눈치챘을 것이다. 웨스트포인트의 리더 양성 시스템이 웨스트포인트 '인성' 양성 시스템이 아니라 웨스트포인트 '리더' 양성 시스템이라는 것을 말이다. 인성은 효과적이고 성공적인 리더십의 가장 중요한 요소다.

웨스트포인트의 강령은 학교의 사명을 "인성을 갖춘 지휘관을 교육하고 훈련하고 고무하는 것"이라고 선언한다. 지휘관의 리더십은 네 가지 기둥인 학업, 군사, 신체, 인성에 걸쳐 골고루 발달되어야 한다. 그러나 강령은 "우수한 학업을 성취한"이라거나 "군사적 능력이 뛰어난" 지도자를 교육하고 훈련하고 고무한다고 하는 대신 "인성을 갖춘 지휘관"이라고 명시한다.

리더 양성 시스템WPLDS의 D가 '양성 및 발달'development을 뜻한다는 데 주목하자. 이는 '가치의 내면화'가 시간이 갈수록 발전을 거듭하며 더욱 강력해진다는 뜻이다. 육군은 높은 기준과 타협 없는 윤리적 가치를 요구한다. 웨스트포인트는 이러한 기준을 충족하지 못하거나 신뢰 조성에 치명적인 위반을 야기한 생도를 어떻게 대할까?

인간은 실수를 통해 배운다. 인성 양성에 능숙한 조직은 이 점을 잘 알며, 그 때문에 인성의 실수를 긍정적 인성 발달을 위한 발판으로 활용한다. 실수는 배우고 더 나아질 수 있는 기회다. 우리는 '부러진 뼈' 비유를 좋아한다. 뼈가 부러져도 제대로 붙기만 하면 부러지기 전보다 더욱 강해지는 법이다. 마찬가지로 사람이 인성 면에서 실수를 저지르더라도,

멘토의 도움으로 실패에 관해 숙고할 기회를 가질 수 있다면 그는 실수 전보다 더욱 강한 인성을 갖추게 된다.

인성 발달에는 멘토십이 꼭 필요하다. 멘토십 없이는 성장하기 어렵다. 올바른 가치에 따라 살고 이를 공유하며 인성이 중요하다는 것을 분명하게 설명할 수 있는 노련한 선배의 안내를 받으며 내적 성찰을 숙고할 기회를 얻는 것이 멘토십이다. 이로써 진정성 있고 지속적인 인성 발달 및 행동 변화의 가능성이 확립된다.

인성을 벼릴 절호의 기회, 역경

명언 하나. "철을 제련하는 것이 철이듯 인간을 단련하는 것은 인간이다."[11] 인성의 힘은 모든 것이 원활히 돌아가는 와중이 아니라 역경의 한가운데서 드러난다. 역경에 빠지고 싶어하는 사람은 없지만 "철이 철을 제련하듯" 역경은 인성을 벼릴 절호의 기회를 제공한다.

역경이 있다고 한들 항상 성장을 담보하는 것은 아니다. 성장을 하느냐 못하느냐, 또는 회복탄력성을 발휘하느냐 혼돈을 경험하느냐의 여부는 인성에 달려 있다. 역경에 성공적으로 대처하는 동시에 용기와 지능과 마음의 힘을 비롯한 수많은 요인을 잘 활용해야 성장의 발판을 마련할 수 있다.

우리가 역경을 경험하되 거기에 압도되지 않는다는 것을 깨닫는 일은 올바른 승리에서 큰 비중을 차지한다. 역경이 성장을 부른다는 태도는 승리하는 정신에 꼭 필요하다. 시간을 내어 유명한 선수들이 승리에 대해 한 말을 찾아보라. 거의 모두가 이기는 방법을 배우기 위한 관문으로 '패배'를 꼽는다는 것을 알게 될 것이다.

즉시 교정하라

웨스트포인트의 명예 규약은 생도군단의 인성 발달에 대한 초석을 다음과 같이 명시한다. "생도는 거짓말하거나 부정행위를 저지르거나 도둑질하지 않으며, 이런 일을 저지르는 사람들을 용인하지 않는다." 앞에서도 말했지만, 대개 생도들은 거짓말이나 부정행위나 도둑질을 하지 말아야 한다는 데는 동의하지만 자신들이 준수하는 규칙을 동료 생도가 위반할 때 이를 용인하지 않는 것이 왜 그토록 중요한지는 잘 이해하지 못한다.

구성원 한 사람이라도 조직의 기준과 가치를 위반하면, 이것은 해당 개인에 대한 비난을 초래할 뿐 아니라 조직의 명성에 먹칠하고 고객의 불신을 야기한다. 이는 용인된 위법을 암암리에 용서하는 결과를 낳기 때문에 미래의 위법 행위를 가능케 하는 악순환을 유발한다. 웨스트포인트 럭비 팀의 사례에서 이를 살펴보았다.

비행을 확인하는 즉시 교정한다면 조직에 가해지는 수치와 그에 따르는 불신을 피할 수 있다. 양질의 조직은 자기 감시와 감찰의 중요성을 인식하고 있다. 그것이 올바른 방식으로 승리하는 법의 핵심이다.

사소한 것부터 주목하라

별거 아니라고 넘어가다 보면 조직의 리더는 윤리적 쇠퇴라는 난관을 마주하게 된다. 비윤리적 행동이 발생해 리더십이나 조직원들 힘으로 억제되지 못하는 경우 선을 넘는 행동이 새로운 표준이 되고 더 이상 잘못된 행위로 간주하지 않게 된다. 직원들은 리더가 무슨 일이 벌어지는지 주시하면서 행동 기준을 지키고 복원해주기를 남몰래 바란다. 리더들이 그렇게 하지 않을 때 윤리는 쇠퇴하며, 낮은 가치 기준이 똬리를 틀게 된다. 용인할 수 없는 행태들이 조직으로 스멀스멀 침투한다.

우리는 여러 사례를 보았다. 20세기 후반 뉴욕시 거리는 범죄로 들끓었다. 살인율은 기록적이었고, 타임스퀘어 광장은 안전하게 걸어 다닐 수 있는 장소가 아니었다. 경찰은 강도, 절도, 공격, 강간, 살해 등 주요 범죄를 수사하느라 사투를 벌였고 과로에 시달렸다. 1994년 뉴욕 경찰청장으로 부임한 윌리엄 브래튼William Bratton은 시급히 거리의 범죄율을 줄여야 했다. 천재 경찰이었던 브래튼은 1970년 보스턴에서 경찰 업무를 시작으로 경찰청장을 비롯해 여러 요직에 올랐다. 뉴욕시의 범죄 문제를 해결하기 위해 브래튼은 '깨진 유리창' 이론을 응용했다.

널리 알려진 이 이론은 범죄학자 제임스 Q. 윌슨James Q. Wilson과 조지 L. 켈링George L. Kelling이 주창한 접근법으로, 일부에서는 논란이 되기도 한다. 깨진 유리창 이론에 따르면 가시성이 높지만 심각성은 낮은 경범죄를 엄격히 단속해야 큰 범죄를 단속할 수 있다. 가령 공공장소에서의 만취, 기물 파손, 벌금 회피처럼 특별히 위험하지는 않으나 도시 삶의 질을 떨어뜨리는 범죄에 강경 대응하는 방침을 쓰는 것이다. 놀랍게도 깨진 유리창 접근법은 경범죄를 상당히 감소시켰을 뿐 아니라 살인 같은 주요 범죄율도 급감시켰다. 1994년 브래튼이 깨진 창문 치안 전략을 시작했을 때 뉴욕시의 살인 건수는 1561건이었다. 2001년 무렵에는 649건으로 떨어졌다. 2019년 뉴욕시는 1950년 이후 가장 낮은 살인 건수를 기록했다.[12]

브래튼의 깨진 유리창 접근법을 통한 범죄율 감소 정책은 작은 위반을 막으면 더 큰 위반을 미연에 방지할 수 있다는 개념에 기초한 것이다. 윤리적 쇠퇴도 마찬가지다. 작은 윤리 위반을 눈감아주는 조직은 곧 주요 논란이나 위기에 휩싸이게 된다. 올바른 방식으로 승리하는 조직은 사소한 문제를 엄격하게 처리해 더 파국적인 실패를 방지한다. 부커 T. 워싱턴Booker T. Washington(미국의 교육자이자 연설가, 흑인 사회의 대표적 활동가)은 말했다. "인생의 성공은 큰 일보다 작은 일에 주의를 기울이는 데 바탕을 둔다. 멀리서나 발견되는 흔치 않은 일보다 우리 가장 가까이에 있는 일상에 주의를 기울여야 한다."[13]

훌륭한 대처보다 예방이 낫다

인성 실패가 불러온 개인과 조직의 실패에 대처하느니 인성 실패를 미연에 방지하는 편이 낫다. 인성 실패 위험 모델은 개인과 조직 모두의 위험을 피하기 위한 기초를 제공한다.

개인 층위에서 인성 실패로 이어지는 성격의 특징을 인식하는 것은 개인이 자신의 행동을 스스로 감시하도록, 리더가 조직에 잠재한 인성 실패를 경계하고 찾아내도록 해준다. 자기도취가 강하거나 교활한 술수에 능하거나 사이코패스 기질이 있는 사람들은 조직에서 퇴출하는 것이 가장 좋은 전략일 수 있다. 그들은 자기 통찰이 부족하다. 자만 같은 약한 결함이 있는 사람들은 스스로 절제하거나 관리직이 추진하는 인성 훈련의 혜택을 받을 수 있다.

환경의 위협 역시 인성 실패의 요인이다. 리더들은 이렇듯 예기치 않은 난관을 완화할 조치를 취해야 하고, 취할 수 있다. 병사들이 잘 쉬도록 보장하는 육군 소대의 지휘관이든, 스트레스를 줄이기 위해 긍정적인 조직 풍토를 만드는 기업 관리자든 말이다. 좋은 조직일수록 많은 시간과 돈을 긍정적인 환경 조성에 쓴다. 그를 통해 일부 개인들이 인성 논란을 일으키지 않도록 예방할 수 있다.

사회 층위에서 개인은 가족·친구·동료들과 강력하면서도 지지해주는 관계를 맺고 이를 강화해야 한다. 사회적 유대는 인성의 실패를 막아주는 주요 보호책이며, 개인이 스트레스와 역경에 병적으로 빠져들지 않고 회복탄력성을 발휘하고 성장하는 궤도로 진입해 대응하도록 돕는다. 리더들은 직원들이 서로 유대를 맺도록 독려할 수 있다. 포포비치 코치의 만찬 자리가 탁월한 사례다.

조직 층위에서는 조직의 가치에 대한 위협, 윤리적 쇠퇴의 위협을 감지하고 인식하는 일이 매우 중요하다. 모든 상급 관리자들은 딜로이트 센터의 여덟 가지 비행 원인을 피하는 데 마음을 쓰고 큰 노력을 기울여야 한다. 근본 원인을 제어하지 않고 방치할 경우 윤리적 쇠퇴의 온상이 된다. 교육적 탁월함이라는 주된 소명보다 신축 건물에 주안점을 두는 대학이든, 무슨 수를 써서라도 성과를 내야 한다는 팀이든 말이다.

이러한 예기치 않은 실책을 피하도록 언제나 경계를 게을리하지 않는 것이 성공하는 조직의 전략이 되어야 한다. 일이 제대로 돌아가지 않을 때는 이를 인식하고 적절한 조치를 취해야 한다. 조직의 가치를 강화 및 유지하고 용인 가능한 기준에 대한 메시지를 조직 전체에 전달해야 한다.

공과 사의 가치를 일치하라

오늘날에는 공적 생활과 사적 생활을 구분하는 일이 사실상 불가능하다. 인성을 갖춘 지도자들은 둘 다에서 동일한 인격을 보여야 하며, 이는 이 책에서 우리가 가장 일관되게 주장한 바다. 일할 때는 고수하는 기준을 따르다가 사생활에서는 그보다 못한 기준을 따라서는 안 된다. 특히 사회 도처에 소셜미디어가 있음을 생각하면 더더욱 그러하다.

다음과 같은 작은 실험을 해보라. '과거 트위터 때문에 사임'resigned

because of past tweets이라는 문구로 검색해보면, 유명하든 아니든 이런 사례가 얼마나 많은지 깜짝 놀라게 될 것이다. 이는 마틴 뎀프시 장군의 디지털 메아리 개념과 관련이 있다. 일단 소셜미디어에 게시된 의견은 영구 박제될 확률이 높고, 기업과 대학과 교회 및 다른 조직에서 수많은 사람들이 해고당하거나 사임하는 결과를 낳는다. 이런 사람들이 자신을 이끌기를 누가 바라겠는가?

인성을 갖춘 사람들은 사실을 찾으려 하고, 진실을 발견하고자 하며 사실과 진실만을 신뢰한다. 이들은 자신의 사생활과 생각을 공적 생활 및 공적 생각과 일치시키는 데 각별히 신경 쓴다. 이들은 비판적 분석 없이 다수의 편을 들려는 유혹을 피한다. 올바른 방식의 승리는 오늘날 소셜미디어에 만연한 감정을 폭발시키는 이미지와 근거 없는 주장이 아니라 사실에 기반을 두어야 한다.

성공을 지속하는 _ 리더십의 힘

인성의 위기가 도래했다. 『인성의 힘』은 인성과 신뢰와 리더십에 대한 더 나은 이해를 제공하려는 하나의 발걸음이다. 우리의 책은 지속적인 성공으로 이어지는 리더십 강화를 향한 지침이다. 또한 개인과 조직들에게 인성에 더 주의를 기울이라는 열정적인 무장 명령이다. 인성을 이해하는 일은 인성을 향상시키기 위한 첫걸음이다. 우리는 인성의 중요성이 국민의 의식에 각인되기를 바란다. 우리 각자가 자신에게 그리고 모든 층위의 리더들에게 요구해야 하는 목표다.

이 장과 책을 마무리하면서 올바른 방식의 승리가 중요하다는 생각을 꼭 남기고 싶다. 여러분이 무엇을 이끌고 있든 올바른 방식으로 이기는 것은 여러분과 여러분의 인성에서 출발한다. 우리는 존슨앤드존슨, 웨스트포인트 그리고 개인 및 조직의 가치를 공적으로 표명해온 다른 많은 조직들로부터 감명을 받았다.

그리하여 여러분이 직접 참고해볼 수 있도록 '조직을 성공으로 이끄는 인성 리더십의 신조'를 남기려 한다. 존슨앤드존슨의 신조에서, 웨스트포인트 생도군단의 신조에서 영향을 받았다. 여러분은 이 신조를 마음에 들어할 수도 있고 다른 신조에 더 끌릴 수도 있다. 어쨌거나 우리는 여러분이 스스로 열망하는 가치와 행동을 정의한 자신만의 신조를 찾아내길 바란다. 아래의 글을 내면화할 수 있도록 자주 읽고 되새길 수 있기를 바란다.

조직의 리더로서 나의 첫 번째 책무는 의뢰인과 고객에게 헌신하는 것, 고객에게 최상의 제품, 안전한 양질의 제품을 합리적인 가격으로 제공하는 것이다.

두 번째 책무는 직원들을 향한 것이다. 조직 전체에서 함께 일하는 모든 구성원이 우리의 직원이다. 이들 모두 소중한 사람들이며, 안전하고 편안한 환경에서 일해야 하며, 자신의 직무에서 만족감을 얻어야 한다. 나는 직원들의 직무 환경이 이들의 상상력과 창의력과 혁신과 성장을 뒷받침하도록 보장할 것이다.

나는 직원들이 자신의 잠재력을 최대한 발휘하도록 권한을 부여하고 이들의 능력을 개발할 것이며, 이들이 발전과 만족의 기회를 더 많이 갖도록, 그리고 이들이 받는 보상이 최상의 경쟁력을 갖춘 것일 수 있도록 보장할 것이다. 나는 이들이 우리 조직에서 평생 일하면서 조직의 미래 리더로 발전하도록 헌신할 것이다.

나의 조직은 신의와 의무, 존중, 이타적인 행위, 명예, 청렴, 도덕적 용기라는 가치로 규정된다. 나는 이 가치들을 포용하며, 이 가치들은 내가 속한 조직과 삶에서 내가 하는 모든 일의 추진력이다. 나는 청렴하고 진실하며 사생활과 공적 생활에서 동일한 가치를 기반으로 삶을 영위할 것이다. 나는 이 가치들을 직무뿐 아니라 가정에서, 내가 하는 모든 행동에서 따르며 살아갈 것이다.

나는 지역사회 공동체에서 파트너 역할을 할 책임이 있다. 내가 속한 지역의 단체들을 지원하고 지지하며, 선행과 자선, 공정한 몫의 세금을 지지하는 좋은 시민이 될 것이다. 또한 환경의 탁월한 보호자가 될 것이다.

나는 고객들과 의뢰인들에게 봉사할 것이며 조직의 명예를 지키고 삶의 기준을 평균 이상으로 끌어올릴 것이다. 쉬운 악보다 어려운 선과 옳음을 선택하는 용기를 지닐 것이다.

나는 탁월함을 갖춘 조직의 일원이며 우리 제품과 고객과 직원들의 탁월함뿐 아니라 우리가 하는 모든 일에서 탁월함을 추구할 것이다.

당신이 남기고 싶은 _ 유산은 무엇인가?

이 책을 시작하면서 여러분 묘비의 '－'(하이픈)이 무엇을 대변했으면 좋겠느냐고 물었다. 긍정적인 인성이 없다면 교육이나 직업이나 성취나 업적이 무슨 의미가 있을까? 인성의 힘에 관해 더 많은 걸 알게 되었기를 바란다. 인성은 신뢰의 근간이며 신뢰는 리더십의 기반이다. 위대한 사람들은 이러한 진실을 잘 알기에 배짱과 지성과 마음의 힘을 단련하며 자기 삶을 견고하게 구축했다.

이러한 강점은 인생에서 우리가 만나는 난관을 맞대면해 극복할 뿐 아니라 성공하는 데 필요한 갑옷이다. 위대한 조직 또한 긍정적인 인성을 조직의 이익을 위해 최우선으로 삼는다. 요컨대 긍정적인 인성은 개인과 조직이 이기는 데 필요한 힘, 무엇보다 올바르게 이기는 데 필요한 힘을 제공한다. 여러분의 묘비에 긍정적인 인성을 남길 수 있는 첫걸음을 내딛길 바란다.

추천 도서

Ambrose, Stephen E., *Band of Brothers*, Simon & Schuster, 1992; 스테판 앰브로스, 『밴드 오 브 브라더스』, 이미지앤노블, 2010.

—. *Undaunted Courage*. Simon & Schuster, 1996; 스테판 앰브로스, 『불굴의 용기』, 뜨인돌, 2009.

Brafman, Ori, and Rod A. Beckstrom, *The Starfish and the Spider: The Unstoppable Power of Leaderless Organizations*, Portfolio, 2006; 오리 브라프먼, 로드 벡스트롬, 『불가사리와 거 미: 분화하고 성장하고 진화하라』, 리더스북, 2009.

Brooks, David, *The Road to Character*, Random House, 2015; 데이비드 브룩스, 『인간의 품 격』, 부키, 2015.

Collins, Jim, *Good to Great: Why Some Companies Make the Leap . . . and Others Don't*, HarperCollins, 2001; 짐 콜린스, 『좋은 기업을 넘어 위대한 기업으로』, 김영사, 2005.

Covey, Stephen M.R., *The Speed of Trust: The One Thing That Changes Everything*, Free Press, 2008; 스티븐 M.R. 코비, 『신뢰의 속도』, 김영사, 2009.

Crandall, Doug, ed., *Leadership Lessons from West Point*, Jossey‑Bass, 2007.

Damon, William, *The Path to Purpose: How Young People Find Their Calling in Life*, Free Press, 2009; 윌리엄 데이먼, 『무엇을 위해 살 것인가』, 한국경제신문, 2012.

Duckworth, Angela, *Grit: The Power of Passion and Perseverance*, Scribner, 2016; 앤젤라 더크 워스, 『그릿: IQ, 재능, 환경을 뛰어넘는 열정적 끈기의 힘』, 비즈니스북스, 2016.

Dweck, Carol S., *Mindset: The New Psychology of Success*, Random House, 2006; 캐롤 드웩, 『마 인드셋: 스탠퍼드 인간 성장 프로젝트』, 스몰빅라이프, 2017.

Emmons, Robert A., *Thanks! How the New Science of Gratitude Can Make You Happier*, Houghton Mifflin Harcourt, 2007.

Engstrom, Ted W., Robert C. Larson, *Integrity: Character from the Inside Out*, Waterbrook Press, 1997.

Feith, Douglas J. *War and Decision: Inside the Pentagon at the Dawn of the War on Terrorism*, HarperCollins, 2008.

Fisher, Roger, Daniel Shapiro, *Beyond Reason, Using Emotions as You Negotiate*, Penguin, 2005;

로저 피셔, 다니엘 샤피로, 『원하는 것이 있다면 감정을 흔들어라』, 한국경제신문, 2013.

Harley, Willard, Jr., *His Needs, Her Needs: Building an Affair-Proof Marriage*, Grand Rapids, Revell, 1986; 윌라드 할리, 『그 남자의 욕구 그 여자의 갈망』, 비전과리더십, 2004.

Hunter, James C., *The Servant: A Simple Story About the True Essence of Leadership*, Crown Business, 1998; 제임스 C 헌터, 『서번트 리더십』, 시대의창, 2013.

Johnson, Steven, *Where Good Ideas Come From: The Natural History of Innovation*, Penguin, 2010; 스티븐 존슨, 『탁월한 아이디어는 어디서 오는가』, 한국경제신문, 2012.

Kaufman, Scott Barry, Carolyn Gregoire, *Wired to Create: Unraveling the Mysteries of the Creative Mind*, Perigee, 2015; 스콧 배리 카우프만, 캐롤린 그레고어, 『창의성을 타고나다: 심리학의 최전선에서 본 비범한 마음의 10가지 작동 원리』, 클레마지크, 2017.

Kidder, Rushworth M., *How Good People Make Tough Choices: Resolving the Dilemmas of Ethical Living*, Quill, 2003.

Kolditz, Thomas A., *In Extremis Leadership: Leading As If Your Life Depended on It*, San Francisco: Jossey - Bass, 2007.

Marrella, Len, *In Search of Ethics: Conversations with Men and Women of Character*, DC Press, 2001.

Matthews, Michael D., *Head Strong: How Psychology Is Revolutionizing War*, Oxford University Press, 2014; Rev. and expanded ed. 2020.

Moore, Harold G., Joseph L. Galloway, *We Were Soldiers Once . . . and Young: Ia Drang-the Battle That Changed the War in Vietnam*, Random House, 1992.

Myrer, Anton, *Once an Eagle*, Holt, Rinehart & Winston, 1968.

Nagl, John A., *Learning to Eat Soup with a Knife: Counterinsurgency Lessons from Malaya and Vietnam*, University of Chicago Press, 2005.

Peterson, Christopher, *A Primer in Positive Psychology*, Oxford University Press, 2006.

Seligman, Martin E.P., *Authentic Happiness: Using the New Positive Psychology to Realize Your Potential for Lasting Fulfillment*, Free Press, 2002; 마틴 셀리그먼, 『완전한 행복』, 물푸레, 2004.

—. *Flourish: A Visionary New Understanding of Happiness and Well-Being*, Simon & Schuster, 2011; 마틴 셀리그먼, 『마틴 셀리그먼의 플로리시: 긍정심리학의 웰빙과 행복에 대한 새

로운 이해』, 물푸레, 2020.

Shaara, Michael, *The Killer Angels: A Novel of the Civil War*, Random House, 1974.

Smiley, Scotty, *Hope Unseen: The Story of the U.S. Army's First Blind Active-Duty Officer*, Simon & Schuster, 2010.

Sweeney, Patrick J., Michael D. Matthews, Paul B. Lester, *Leadership in Dangerous Situations: A Handbook for the Armed Forces, Emergency Services, and First Responders*, Naval Institute Press, 2011.

Wagner, Tony, *The Global Achievement Gap: Why Even Our Best Schools Don't Teach the New Survival Skills Our Children Need—And What We Can Do About It*, Basic Books, 2008.

주

| 들어가며 |

1. 일반명령 제1호의 규정에 따르면 군인은 전투 동안 술을 마셔서는 안 된다.

2. 이 중대한 연구에 대한 정보를 알고 싶다면 다음을 보라. Martin E.P. Seligman, *Helplessness: On Depression, Development, and Death*, W.H. Freeman, 1975.

3. Christopher Peterson, Martin E.P. Seligman, *Character Strengths and Virtues*, Oxford University Press, 2004.

4. 앤젤라 더크워스, 『그릿: IQ, 재능, 환경을 뛰어넘는 열정적 끈기의 힘』, 비즈니스북스, 2016; Angela Duckworth, *Grit: The Power of Passion and Perseverance*, Scribner, 2016.

| 01 인성, 성격보다 품격 |

1. 알렉산더 해밀턴이 존 로런스에게 보낸 편지. 출처는 *The Papers of Alexander Hamilton*, ed. Harold C. Styrett et al. Columbia University Press, 1961~87, 2:467. 다음 저서에서 인용. 론 처노 『알렉산더 해밀턴』, 21세기북스, 2018; Ron Chernow, *Alexander Hamilton*, Penguin, 2004, p.145.

2. Martin E.P. Seligman, *The Hope Circuit: A Psychologist's Journey from Helplessness to Optimism*, Hachette, 2018, p.294.

3. 긍정 프로젝트에 관한 정보를 더 알고 싶다면 다음 웹사이트를 참조하라. posproject.org

4. Michael D. Matthews, Richard M. Lerner, "Leaders of Character: Striving Toward Virtuous Leadership," in *West Point Leadership*, ed. Daniel Smith, Rowan Technology Solutions, 2016. www.rowantechsolutions.com/leadership

5. 윌리엄 데이먼, 『무엇을 위해 살 것인가』, 한국경제신문, 2012; William Damon, *The Path to Purpose: How Young People Find Their Calling in Life*, Free Press, 2008, xi.

6. Peterson and Seligman, *Character Strengths and Virtues*.

7. Christopher Peterson et al. "Strengths of Character, Orientations to Happiness, and Life Satisfaction," *Journal of Positive Psychology 2*, 2007, pp.149~56.

https://doi.org/10.1080/17439760701228938

8. Maria Fotiadou et al., "Optimism and Psychological Well－Being Among Parents of Children with Cancer: An Exploratory Study," *Psycho－Oncology 17*, 2008, pp.401~409. https://doi.org/10.1002/pon.1257

9. Michael D. Matthews, "Character Strengths and Post－Adversity Growth in Combat Leaders." 2011년 8월 워싱턴DC의 미국심리학회 연례 회의에서 발표한 것이다.

10. Jim Frederick, *Black Hearts*, Broadway Books, 2011.

11. "Yadier Molina Named Recipient of 2018 Roberto Clemente Award," MLB.com, October 24, 2018.
www.mlb.com/news/yadier－molina－named－recipient－of－2018－roberto－clemente－award/c－299633704

12. Jenifer Langosch, "Yadi Recognized with 2018 Clemente Award," MLB.com, October 24, 2018.
www.mlb.com/cardinals/news/yadier－molina－wins－2018－clemente－award/c－299600082

| 02 용기, 배짱의 힘 |

1. 넬슨 만델라 인용. BrainyQuote.com, 2019.
www.brainyquote.com/quotes/nelson_mandela_178789

2. 배리 브리저 대위와 나눈 이야기. 2018년 11월 7일.

3. Veteran Tributes 웹사이트에서 브리저 대위의 은성훈장 문구를 찾아볼 수 있다. 더불어 "명예훈장 수훈자들, 전쟁포로들, 장군과 제독들, 그리고 이름 없는 장병들에게 바치는 헌사"도 볼 수 있다. www.veterantributes.org

4. 이 구절은 미 육군사관학교 생도 기도문에서 유래했다. "저희가 쉬운 악행 대신 어려운 선행을 택하게 하시며 반쪽짜리 진실을 거부하고 온전한 진실에 만족하게 하소서." westpoint.edu/about/chaplain/cadet－prayer

5. 배리 브리저 대위와 나눈 이야기.

6. Paul Lester, Cynthia Pury, "What Leaders Should Know About Courage," in *Leadership*

in Dangerous Situations, ed. Patrick J. Sweeney, Michael D. Matthews, and Paul B. Lester, Naval Institute Press, 2011, pp.23~25. 레스터와 퓨리의 의견은 크리스토퍼 레이트와 동료들의 연구를 바탕으로 한 것이다. 연구는 다음과 같다. "Implicit Theories of Courage," *Journal of Positive Psychology 2*, no. 2, 2007, pp.80~98; Christopher R. Rate, "Defining the Features of Courage: A Search for Meaning," in *The Psychology of Courage: Modern Research on an Ancient Virtue*, ed. Cynthia L.S. Pury, Shane J. Lopez, American Psychological Association, 2010, pp.47~66.

7. 숄의 삶과 죽음에 대한 감동적이고 매혹적인 이야기를 보려면 한스 숄의 누나이자 소피 숄의 언니인 잉게 숄이 쓴 『아무도 미워하지 않는 자의 죽음』, 평단, 2021을 보라. 소피와 한스를 소재로 한 영화도 여러 편 제작되었다. 〈소피 숄의 마지막 날들〉도 그중 한 편이다.

8. David Wolpe, "The Japanese Man Who Saved 6,000 Jews With His Handwriting," *New York Times*, October 15, 2018.

www.nytimes.com/2018/10/15/opinion/sugihara-moral-heroism-refugees.html

9. 스테판 앰브로스, 『밴드 오브 브라더스』, 이미지앤노블, 2010; Stephen E. Ambrose, *Band of Brothers*, Simon & Schuster, 1992, p.307. 이 말은 HBO의 미니시리즈 〈밴드 오브 브라더스〉에서 리처드 윈터스 소령이 한 것으로 널리 알려졌지만 사실은 잘못된 정보다. 오히려 윈터스는 이 말을 자신의 친구 마이크 래니가 한 것이라고 분명히 말했다.

10. 체슬리 설렌버거, 제프리 재슬로, 『설리, 허드슨강의 기적』, 인간희극, 2016; Capt. Chesley "Sully" Sullenberger, *Highest Duty: My Search for What Really Matters*, HarperCollins, 2009.

11. 앤절라 더크워스와 나눈 이야기, 2004년 6월 28일.

12. Angela L. Duckworth et. al, "Grit: Perseverance and Passion for Long-Term Goals," *Journal of Personality and Social Psychology 92*, 2007, pp.1087~1101.

13. SAT라는 용어는 대학위원회가 실시하는 표준 시험을 가리킨다. 이 시험은 ACT 법인이 실시하는 ACT와 함께 미국 대학 입시에서 널리 사용된다.

14. Duckworth et al., "Grit."

15. 위의 논문.

16. Lauren Eskreis-Winkler et al., "The Grit Effect: Predicting Retention in the Military, the Workplace, School and Marriage," *Frontiers in Psychology 5*, 2014, 36.

https://doi.org/10.3389/fpsyg.2014.00036

17. 다음에 언급되어 있다. John Bartlett, *Bartlett's Familiar Quotations: A Collection of Passages, Phrases, and Proverbs Traced to Their Sources in Ancient and Modern Literature*, 18th ed. ed. Geoffrey O'Brien, Little, Brown, 2012.

18. Martin E.P. Seligman et al. "Positive Psychology Progress: Empirical Validation of Interventions," *American Psychologist 60*, no. 5, 2005, pp.410~421.
https://doi.org:10.1037/0003 – 066X.60.5.410

19. Lester and Pury, "What Leaders Should Know."

20. 반두라의 연구에 대한 역사적 관점을 알고 싶다면 그의 고전적인 다음 논문을 참고하라. Albert Bandura, Dorothea Ross, Sheila A. Ross, "Transmission of Aggression Through Imitation of Aggressive Models," *Journal of Abnormal and Social Psychology 63*, 1961, pp.575~582.

21. 짐 콜린스, 『좋은 기업을 넘어 위대한 기업으로』, 김영사, 2005; Jim Collins, *Good to Great: Why Some Companies Make the Leap . . . and Others Don't*, HarperCollins, 2001, pp.41~64.

22. 마이크 크루지제프스키, 『마음으로 이끌어라: 리더십, 비즈니스 그리고 인생을 위한 K 감독의 성공전략』, 산수야, 2008; Mike Krzyzewski, Donald T. Phillips, *Leading with the Heart: Coach K's Successful Strategies for Basketball, Business, and Life*, Warner Business Books, 2001, p.209.

23. John Feinstein, "Feinstein's Findings: Michie Miracles Continue," *Army West Point Athletics*, November 4, 2018.
https://goarmywestpoint.com/news/2018/11/4/football – feinstein – findings – michie – miracles – continue.aspx

| 03 지성, 두뇌의 힘 |

1. Anne Bradstreet, *The Works of Anne Bradstreet*, Harvard University Press, 1981.

2. Peterson and Seligman, *Character Strengths and Virtues*, 29.

3. '귀 사이에 위치한 6인치 정도의 기관'이라는 표현은 (다양하게 변형되어) 군에서 흔히

쓰인다. 가령 "전장에서 가장 중요한 6인치는 너희들의 두 귀 사이에 있다"라는 말이 다음의 저작에 나온다. Jim Mattis and Bing West, *Call Sign Chaos*, Random House, 2019, p.166.

4. 데이비드 호드니가 2019년 9월 20일 매슈스 박사와 나눈 이야기. 여기서 'formation'이라는 말은 캐슬런 장군 휘하에 있던 호드니 중령급 장교들을 가리킨다.

5. Robert J. Sternberg and Karin Sternberg, *Cognitive Psychology*, 7th ed. Cengage, 2017, pp.502~503.

6. 지능의 8가지 유형에 관한 가드너의 논의를 기록한 문헌으로는 위의 책을 참조하라. 위의 책 101쪽.

7. 위의 책, 432쪽.

8. 위의 책, 433~34쪽.

9. 다음을 보라. Peterson and Seligman, *Character Strengths and Virtues*, pp.134~35.

10. Gary E. Swan, Dorit Carmelli, "Curiosity and Mortality in Aging Adults: A 5 - Year Follow - Up of the Western Collaborative Group Study," *Psychology and Aging 11*, no. 3, 1996, p.449.

11. 다음을 보라. Peterson and Seligman, *Character Strengths and Virtues*, pp.150~153.

12. 위의 책, 169쪽.

13. 위의 책, 170쪽.

14. 위의 책, 189쪽.

15. Brian K. Cooper, James C. Sarros, and Joseph C. Santora, "The Character of Leadership," *Ivey Business Journal*, May/June 2007.

   iveybusinessjournal.com/publication/the - character - of - leadership

16. Brian W. Head, John Alford, "Wicked Problems: Implications for Public Policy and Management," *Administration & Society 47*, no. 6, 2015, pp.711~739.

   https://doi.org:10.1177/0095399713481601

17. Ryan W. Buell, Robert S. Huckman, Sam Travers, "Improving Access at VA," *Harvard Business School Case 617–012*, November 2016(revised December 2016).

18. Procter & Gamble Company, "Bob McDonald Biography."

   https://www.pg.com/content/pdf/04_news/mgmt_bios/McDonald - Robert.pdf

19. 하버드 경영대학원 로버트 맥도널드 장관과의 인터뷰, 2016년 7월 27일.

20. US Department of Veterans Affairs, Office of Public Affairs, "VA Announces Single Regional Framework Under MyVA Initiative," January 26, 2015. www.va.gov/opa/pressrel/pressrelease.cfm?id=2672

21. Action Learning Associates, "Leaders Developing Leaders: 2 − Day Cascade Workshop," Department of Veterans Affairs training material, 2016, i.

22. Robert McDonald, "What I Believe In," Procter & Gamble website. www.pg.com/enUS/downloads/company/executiveteam/BobMcDonald_Leadership_Principles.pdf

23. 위의 글.

24. 위의 글.

| 04 공감, 마음의 힘 |

1. Benjamin Hochman, "Shildt Is the Right Guy for Cardinals and Their Fans," Stltoday.com, February 16, 2019. www.stltoday.com/sports/columns/benjamin − hochman/hochman − shildt − is − the − right − guy − for − cardinals − and − their/ articlea71af930 − 4880 − 5855 − a984 − 964cd00522b3.html?mode=nowapp

2. Sara Karnes, "Sheriff's Department Presents Restored Car to Deputy's Widow," *Springfield News Leader*, March 19, 2019. www.news − leader.com/story/news/local/ozarks/2019/03/19/sheriffs − department − restored − car − deputy − aaron − roberts − widow/3214134002

3. Peterson and Seligman, *Character Strengths and Virtues*, pp.304~305.

4. Rochelle Randles, "The Handbook's Fifth Edition Brings 'Good Turns, Daily' to Scouting," *Scouting Wire*, May 5, 2016. scoutingwire.org/handbooks − fifth − edition − brings − good − turns − daily − scoutinga − good − turn − can − simple − holding − door − someone − grandiose − national − project − scouts − o

5. 황금률로 유명한 이 구절은 신약성서의 〈마태복음〉 7장 12절의 말씀 "그러므로 남이 너

희에게 해주기를 바라는 그대로 너희도 남에게 해주어라. 이것이 율법과 예언자들의 정신이다"라는 구절을 요약한 것이다(Bartlett, *Bartlett's Familiar Quotations*, 33n1).

6. Eric Burger, "25 Volunteer Statistics That Will Blow Your Mind," Volunteer‒Hub. www.volunteerhub.com/blog/25‒volunteer‒statistics

7. Richard McKinney, "Op‒ed: I Wanted to Kill Muslims, Too. But Then I Saw the Light," IndyStar.com. www.indystar.com/story/opinion/2019/03/31/op‒ed‒almost‒terrorist‒then‒found‒islam/3302137002

8. Nicholas A. Christakis, *Blueprint*, Little, Brown, 2019. 크리스타키스의 이야기는 2015년 예일대 학생들과 대화하는 모습을 담은 비디오 영상이 센세이션을 불러일으키면서 대대적으로 보도되기도 했다. 그의 아내인 에리카도 당시 예일대에서 학생들을 가르쳤는데 "문화적으로 둔감한 핼러윈 의상"을 금지하는 조치에 의문을 제기함으로써 캠퍼스의 저항을 촉발시켰다. 이 논란과 책에 관한 개괄을 보려면 다음을 참조하라. Frank Bruni, "A 'Disgusting' Yale Professor Moves On," *New York Times*, March 19, 2019. www.nytimes.com/2019/03/19/opinion/nicholas‒christakis‒yale.html

9. 트래비스 앳킨스 하사에 대해 알고 싶다면 미 육군 공식 웹사이트를 참조하라. www.army.mil/medalofhonor/atkins

10. Emma Marris, "In Our Shadow," *National Geographic*, April 2019, pp.126~147.

11. Nick Perry, "At Memorial, Mosque Survivor Says He Forgives Attacker," *Associated Press*, March 29, 2019. www.apnews.com/e787324a30364380b1607129da1d7ea1

12. Peterson and Seligman, *Character Strengths and Virtues*, pp.447~448.

13. Janice Harper, "A Lesson from Nelson Mandela on Forgiveness," *Psychology Today*, June 10, 2013. www.psychologytoday.com/us/blog/beyond‒bullying/201306/lesson‒nelson‒mandela‒forgiveness

14. Peterson and Seligman, *Character Strengths and Virtues*, p.452.

15. Seligman et al. "Positive Psychology Progress," pp.410~421.

16. Matthews, "Character Strengths and Post‒Adversity Growth in Combat Leaders."

17. Monica Rohr, "As U.S. Cuts Refugee Numbers, African Teens Find Brotherhood on a

Texas Soccer Team," *USA Today*, December 6, 2018.

www.usatoday.com/story/news/nation/2018/12/07/african‒refugee‒teens‒brotherhood‒houston‒soccer‒team/2136754002

18. 위의 글.

19. Caitlin Murray, "USA's Band of Sisters Have Used Their Unity to Gain a Crucial Edge," *Guardian*, July 6, 2019.

www.theguardian.com/football/2019/jul/06/usa‒womens‒world‒cup‒final‒soccer

| 05 신뢰, 집단의 분위기 |

1. 스탠리 매크리스털의 TED 강연, "듣고 배우고 리드하라Listen, Learn . . . Then Lead," 2011년 3월.

www.ted.com/talks/stanley_mcchrystal?language=en.

2. Martin Dempsey and Ori Brafman, *Radical Inclusion: What the Post‒9/11 World Should Have Taught Us About Leadership*, Missionday, 2018.

3. Michael Gold, Tyler Pager, "New York Suburb Declares Measles Emergency, Barring Unvaccinated Children from Public," *New York Times*, March 26, 2019.

www.nytimes.com/2019/03/26/nyregion/measles‒outbreak‒rockland‒county.html

4. Paul B. Lester, Gretchen R. Vogelgesang, "Swift Trust in Ad Hoc Military Organizations: Theoretical and Applied Perspectives," in *The Oxford Handbook of Military Psychology*, ed. Janice H. Laurence and Michael D. Matthews, Oxford University Press, 2012, pp.176~186.

5. Patrick J. Sweeney et al. "Trust: The Key to Leading When Lives Are on the Line," in Sweeney, Matthews, and Lester, *Leadership in Dangerous Situations*, pp.163~181.

6. Janelle Griffith, "Homeless Man, N.J. Woman Accused in GoFundMe Scam Plead Guilty," NBC News, March 6, 2019.

www.nbcnews.com/news/us‒news/homeless‒man‒n‒j‒woman‒accused‒gofundme‒scam‒plead‒guilty‒n980166

7. Stephanie Gosk and Conor Ferguson, "GoFundMe CEO Says the Company Has an

Answer for Fraud," NBC News, April 8, 2019.

www.nbcnews .com/news/us — news/after — new — jersey — scam — gofundme — says — it —
has — answer — fraud — n992086

8. Corky Siemaszko, "Pennsylvania Priest Who Molested Boys After Mass Pleads Guilty to
Abuse," NBC News, October 17, 2018.

www.nbcnews.com/news/us — news/ex — pennsylvania — priest — who — molested — boys —
after — mass — pleads — guilty — n921136

9. Shelly Bradbury, "Catholic Priest Sentenced to Prison in Jefferson County Sex Abuse Case,"
Pittsburgh Post–Gazette, January 11, 2019.

www.post — gazette.com/news/crime — courts/2019/01/11/david — poulson —
pennsylvania — priest — sentenced — brookville — jefferson — county — sex — abuse —
attorney — general — erie/stories/201901110119

10. Liam Stack, "Catholic Bishops Vow to Hold Themselves Accountable for Sexual Abuse and
Cover — Ups," *New York Times*, June 13, 2019.

www.nytimes.com/2019/06/13/us/catholic — bishops — abuse.html

11. Jeffrey M. Jones, "Many U.S. Catholics Question Their Membership amid Scandal,"
Gallup.com, March 13, 2019.

news.gallup.com/poll/247571/catholics — question — membership — amid — scandal.aspx

12. Neil Monahan, Saeed Ahmed, "There Are Now as Many Americans Who Claim No
Religion as There Are Evangelicals and Catholics, a Survey Finds," CNN, April 26, 2019.

www.cnn.com/2019/04/13/us/no — religion — largest — group — first — time — usa — trnd/
index.html

13. Christine Hauser and Maggie Astor, "The Larry Nassar Case: What Happened and How
the Fallout Is Spreading," *New York Times*, January 25, 2018.

www.nytimes.com/2018/01/25/sports/larry — nassar — gymnastics — abuse.html

14. "The Nassar Scandal and the Crisis of Michigan State's President," Special Report,
Chronicle of Higher Education, January 17, 2019.

www.chronicle.com/specialreport/The — Nassar — Scandalthe/179

15. Bill Chappell, "Entire Board of USA Gymnastics to Resign," NPR News, January 26,

2018. www.npr.org/sections/thetorch/2018/01/26/580956170/usoc－tells－usa－
gymnastics－board－to－resign－within－6－days

16. Lester and Pury, "What Leaders Should Know," pp.21~39.

17. 국민의 신뢰 은행에 대한 캐슬런 장군의 생각을 간략히 요약한 내용은 다음 책의 소개
글에 들어 있다. Michael D. Matthews, *Head Strong*, rev. ed. Oxford University Press, 2020.

18. 이 문구는 러레이도 인디펜던트 스쿨 디스트릭트Laredo Independent School District의 경찰
관 강령에서 딴 것이다. 이 문구를 변형한 강령이 미국 전역의 경찰서에서 쓰이고 있는
데, 1957년 국제경찰장협회International Association of Chiefs of Police가 법집행윤리강령Law
Enforcement Code of Ethics을 채택한 것이다.
http://laredo.ss11.sharpschool.com/UserFiles/Servers/Server_328908/File/Student%20
Services/Departments/Police%20Department/Homepage/policecreed.pdf
www.theiacp.org/resources/law－enforcement－code－of－ethics

| 06 개인 인성을 넘어 집단 인성으로 |

1. Frances Hesselbein, "The Key to Cultural Transformation," in *Leader to Leader 2: Enduring
Insights on Leadership from the Leader to Leader Institute's Award Winning Journal*, ed. Frances
Hesselbein and Alan R. Shrader, Jossey－Bass, 2008, p.267.

2. Mallen Baker, "Johnson & Johnson and Tylenol: Crisis Management Case Study,"
September 8, 2008. http://mallenbaker.net/article/clear－reflection/johnson－johnson－
and－tylenol－crisis－management－case－study.

3. 2019년 5월 6일 신조 저자들과 나눈 이야기.

4. 존슨앤드존슨 웹사이트. www.jnj.com/credo

5. Baker, "Johnson & Johnson and Tylenol."

6. ACT라는 용어는 ACT 법인이 실시하는 표준 시험을 가리킨다. 이 시험은 대학위원회가
실시하는 SAT와 함께 미국 대학 입시에 널리 사용된다.

7. Michael G. Rumsey, "Military Selection and Classification in the United States," in
Laurence and Matthews, *Oxford Handbook of Military Psychology*, pp.129~147.

8. Eric Freeman, "New Details on What Went Wrong for USA Basketball in 2004," Yahoo

Sports, August 2, 2016.

9. 에디 마보에 관해 더 알고 싶다면 호주 원주민 및 토러스 해협 섬 원주민에 관한 연구 (AIATSIS)의 웹사이트 페이지에서 에디 코이키 마보Eddie Koiki Mabo를 찾아보라.

aiatsis.gov.au/explore/articles/eddie‐koiki‐mabo

10. Nansook Park, Martin E.P. Seligman, "Christopher M. Peterson (1950~2012)," *American Psychologist 68*, 2013, p.403.

ppc.sas.upenn.edu/sites/default/files/chrispeterson.pdf

11. Baxter Holmes, "Michelin Restaurants and Fabulous Wines: Inside the Secret Team Dinners That Have Built the Spurs' Dynasty," ESPN, April 18, 2019.

www.espn.com/nba/story//id/26524600/secret‐team‐dinners‐built‐spurs‐dynasty

12. Sweeney et al. "Trust," pp.163~81.

13. 저먼 박사와 로버트 캐슬런 장군과 나눈 이야기.

14. Adam Nossiter, "35 Employees Committed Suicide. Will Their Bosses Go to Jail?," *New York Times*, July 9, 2019.

www.nytimes.com/2019/07/09/world/europe/france‐telecom‐trial.html

15. Simon Carraud, "French Telco Orange Found Guilty Over Workers' Suicides in Landmark Ruling," *Reuters*, December 20, 2019.

www.reuters.com/article/us‐france‐justice‐orange‐sentences/french‐telco‐orange‐and‐ex‐ceo‐found‐guilty‐over‐workers‐suicides‐idUSKBN1YO12D

16. Seligman, *Helplessness*.

| 07 인성이 뛰어난 인재를 뽑는 법 |

1. 짐 콜린스, 『좋은 기업을 넘어 위대한 기업으로』, 김영사, 2005; Collins, *Good to Great*, p.51.

2. 랜드스케이프 관련 정보를 주신 데 대해 대학위원회 측에 감사드린다. 더 많은 정보를 보려면 다음을 참조하라. https://professionals.collegeboard.org/landscape

3. 이 연구의 세부사항을 보려면 다음을 참조하라. Angela L. Duckworth et al., "Cognitive and Noncognitive Predictors of Success," *Proceedings of the National Academy of Sciences*,

November 4, 2019, 23499 – 504.

https://doi.org: 10.1073/pnas.1910510116

4. 당시 육군 참모총장이었던 아이젠하워 장군이 당시 웨스트포인트의 교장이었던 맥스웰 테일러 소장에게 쓴 편지. 1946년 1월 2일.

5. Matthews, "Character Strengths and Post –Adversity Growth in Combat Leaders."

6. 이 콘셉트는 다음에서 온 것이다. Robert C. Carroll, *Building Your Leadership Legacy: It's All About Character*, Suncoast Digital Press, 2017.

7. 마인드뷰 프로파일 평가 툴에 대한 온전한 설명은 마인드뷰의 웹사이트에서 찾아볼 수 있다. www.MindVue.com/profile

8. "Report of Investigation: Presented to the University of Central Florida Board of Trustees," January 17, 2019, prepared by Bryan Cave Leighton Paisner, LLP.

9. Jerry Fallstrom, "The Rise and Fall of President Whittaker," *Orlando Sentinel*, February 23, 2019.

10. 센트럴플로리다대학교, "직원행동규약Employee Code of Conduct," 2019년 3월. compliance.ucf.edu/files/2019/02/UCF – Code – Of – Conduct – 2019 – Rev.pdf.

| 08 훌륭한 인성의 씨앗 |

1. www.brainyquote.com/topics/character

2. Richard M. Lerner, *Liberty: Thriving and Civic Engagement Among America's Youth*, Sage, 2004.

3. Michael D. Matthews, Richard M. Lerner, and Hubert Annen, "Noncognitive Amplifiers of Human Performance: Unpacking the 25/75 Rule," in *Human Performance Optimization: The Science and Ethics of Enhancing Human Capabilities*, ed. Michael D. Matthews, David M. Schnyer, Oxford University Press, 2019, pp.356~382.

4. 앤절라 더크워스, "인성 기르기Growing Character", 마스터 클래스 발표, 군자녀교육연맹 Military Child Education Coalition의 2019년 전국 연수 세미나, 워싱턴DC, 2019년 7월. https://www.youtu.be/fcd4oZdQWxU

5. 캐롤 드웩, 『마인드셋: 스탠퍼드 인간 성장 프로젝트』, 스몰빅라이프, 2017; Carol S.

Dweck, *Mindset: The New Psychology of Success*, Random House, 2006.

6. 가령 캐슬런 장군은 하이어 에셜론Higher Echelon과 리더십아카데미Academy Leadership라는 기업에 자문을 하고 있다. 두 기업 모두 광범위한 리더 양성 연수 활동을 제공한다.

7. 이 접근법 및 다른 접근법에 대한 과학적 설명을 보려면 다음을 참조하라. Martin E.P. Seligman et al., "Positive Psychology Progress," pp.410~421.

8. 위의 글.

9. 포괄적 군인 건강에 대한 설명을 보려면 다음을 참조하라. Rhonda Cornum, Michael D. Matthews, and Martin E.P. Seligman, "Comprehensive Soldier Fitness: Building Resilience in a Challenging Institutional Context," *American Psychologist 66*, no. 1, 2011, pp.4~9.

10. General Douglas MacArthur, *Reminiscences, Naval Institute Press*, 1964, p.82.

11. 리더 노릇을 할 기회는 청소년 인성 발달의 세 가지 요소 중 하나를 나타낸다. 후속 논의를 보려면 다음을 참조하라. Michael D. Matthews, "On Teaching and Developing Character: A Systematic Approach to Cultivating Positive Traits," *Psychology Today*, May 27, 2018.
www.psychologytoday.com/us/blog/head‐strong/201805/teaching‐and‐developing‐character

12. 긍정적 청소년 발달에 관한 에티컬의 생각을 더 자세히 보려면 다음을 참조하라. J.P. Agans et al. "Positive Youth Development Through Sport: A Relational Developmental Systems Approach," in *Positive Youth Development Through Sport*, ed. N.L. Holt, Routledge, 2016, pp.34~44.

13. 11가지 목록 전체와 이 결과에 대한 과학적인 논의를 보려면 다음을 참조하라. A.J. Visek et al. "The Fun Integration Theory: Toward Sustaining Children and Adolescents Sport Participation," *Journal of Physical Activity and Health 12*, no. 3, 2015, pp.424~433.

14. 청소년 발달과 관련해서 여기 기술한 긍정적 효과는 광범위한 팀 활동에서 발견된다. 비단 축구나 야구 같은 종래의 팀 스포츠뿐 아니라 춤을 배우는 수업 역시 동일하게 긍정적인 효과가 있다.

15. 대학위원회의 대학과목 선이수제 변화에 대한 추가 정보는 다음을 보라. Thomas L. Friedman, "The Two Codes Your Kids Need to Know," *New York Times*, February 12, 2019.
nyti.ms/2UX1fkt

16. "Developing Leaders of Character," the *West Point Leader Development System*, 2018.

17. 위의 책, 9쪽.

18. 〈생도 알마 마테르〉와 다른 노래 가사는 다음 사이트의 'the Army West Point Athletics' 페이지에서 볼 수 있다. goarmywestpoint .com/sports/2015/3/6/GEN_2014010166.aspx; 〈생도 군단The Corps〉의 가사는 다음의 웹사이트에서 찾아볼 수 있다. www .westpointaog. org/file/PRAYERSANDSONGS.pdf

| 09 시련이라는 기회 |

1. 프리드리히 니체, 『바그너의 경우, 우상의 황혼, 안티크리스트, 이 사람을 보라, 디오니소스 송가, 니체 대 바그너』, 책세상, 2002.

2. 온전한 인용구는 다음과 같다. "우리의 새 헌법이 이제 제정되었고, 영원을 약속하는 외관을 갖추게 되었습니다. 하지만 이 세상에 죽음과 세금 빼고 확실하다고 말할 수 있는 건 없겠지요." 장 – 밥티스트 르로이에게 1789년 11월 13일 보낸 편지, 다음에서 인용 Bartlett, *Bartlett's Familiar Quotations*.

3. Joshua Lawrence Chamberlain, *The Passing of Armies: An Account of the Final Campaign of the Army of the Potomac*, G.P. Putnam's Sons, 1915, p.295.

4. 4가지 궤적과 247쪽 그림에 대한 논의는 다음의 저작에서 각색한 것이다. Christopher Peterson, Michael J. Craw, Nansook Park, Michael S. Erwin, "Resilience and Leadership in Dangerous Contexts," in *Leadership in Dangerous Situations*, ed. Patrick J. Sweeney, Michael D. Matthews, Paul B. Lester, MD: Naval Institute Press, 2011, pp.60~77.

5. Andrew Anglemyer et al. "Suicide Rates and Methods in Active Duty Military Personnel, 2005 to 2011: A Cohort Study," *Annals of Internal Medicine 165*, no. 3, 2016, pp.167~174.

6. 포괄적 군인 건강(CSF)의 근거와 발달에 대한 논의로는 다음을 참고하라. Cornum, Matthews, and Seligman, "Comprehensive Soldier Fitness," pp.4~9.

7. 프로그램의 효과에 대한 검토를 보려면 다음을 참조하라. Michael D. Matthews, "Tough Hearts: Building Resilient Soldiers," in *Head Strong*.

8. 업디시 쿠마르Updesh Kumar, 매슈스 박사와 나눈 이야기, 2019년 6월 3일. 관련 내용을 더 보고 싶다면 다음을 참조하라. Updesh Kumar, ed. *The Routledge*

International Handbook of Military Psychology and Mental Health, Routledge, 2020.

9. Eric C. Meyer et al., "Predictors of Posttraumatic Stress Disorder and Other Psychological Symptoms in Trauma – Exposed Firefighters," *Psychological Services 9*, no, 1, 2012, 1. psycnet.apa.org/doi/10.1037/a0026414

10. Matthews, "Tough Hearts."

11. Rhonda Cornum and Peter Copeland, *She Went to War: The Rhonda Cornum Story*, Presidio Press, 1992.

12. 위의 책, 194쪽.

13. 위의 책.

14. 위의 책.

15. Christopher Peterson et al. "Strengths of Character and Posttraumatic Growth," *Journal of Traumatic Stress 21*, no. 2, 2008, pp.214~217.

16. Michael D. Matthews, "Character Strengths and Post – Adversity Growth in Combat Leaders." 2011년 8월 워싱턴 DC의 미국심리학회 연례회의에서 발표한 것이다.

17. B.F. 스키너, 『스키너의 월든 투』, 현대문화센터, 2006; B.F. Skinner, *Walden Two*, Hackett, 1966.

18. 인간 발달에 대한 케이건의 생각에 관해서는 다음을 보라. Jerome Kagan, *Galen's Prophecy: Temperament in Human Nature*, Westfield Press, 1994.

19. Michael D. Matthews, "When the Going Gets Rough, the Rough Get Going," in *Head Strong*.

20. 서배스천 영거, 『트라이브: 각자도생을 거부하라』, 베가북스, 2016; Sebastian Junger, *Tribe: On Homecoming and Belonging*, Twelve, 2016, and *War*, Twelve, 2010.

21. 가령 강인함 연구의 선구자 중 한 사람의 탁월한 책으로는 다음을 보라. Salvatore R. Maddi, *Hardiness: Turning Stressful Circumstances into Resilient Growth*, Springer, 2012.

22. 조 프레슬리의 사연을 상세히 알고 싶다면 다음을 참조하라. Claudette Riley, "Joe Presley, with Only One Arm, to Graduate from Drury's Law Enforcement Academy," *Springfield News–Leader*, May 16, 2019. www.news – leader.com/story/news/education/2019/05/15/one – arm – man – graduate – drury – academy – law – enforcement – officer/1151417001

23. Claudette Riley, " 'I Got Hired,' Joe Presley, Born with One Arm, Joins Sheriff's Office in Ozarks," *Springfield News–Leader*, August 8, 2019.
www.news-leader.com/story/news/education/2019/08/08/joe-presley-stone-county-sheriffs-office-one-arm/1949423001

24. Maddi, *Hardiness*.

25. Paul T. Bartone, Dennis R. Kelly, Michael D. Matthews, "Hardiness Predicts Adaptability in Military Leaders," *International Journal of Selection and Assessment 21*, 2013, pp.200~210.

26. 포괄적 군인 건강 프로그램을 만들 필요성에 대한 케이시 장군의 비전 관련 통찰을 보려면 다음을 참조하라. George W. Casey, Jr. "Comprehensive Soldier Fitness: A Vision for Psychological Resilience in the US Army," *American Psychologist 66*, no. 1, 2011, pp.1~3.
https://doi.org:10.1037/a0021930

27. 정보를 더 찾아보고 싶다면 다음의 웹사이트를 참조하라. www.hardinessinstitute.com

| 10 예기치 못한 난관 피하는 법 |

1. 벤저민 프랭클린의 편지. The Pennsylvania Gazette, February 4, 1735, "The Electric Ben Franklin," http://www.ushistory.org/franklin/index.htm에서 인용.

2. Livia Veselka, Erica A. Giammarco, and Philip A. Vernon, "The Dark Triad and the Seven Deadly Sins," *Personality and Individual Differences 67*, 2014, pp.75~80.
https://doi.org/10.1016/j.paid.2014.01.055

3. 가령 다음을 보라. W. Keith Campbell, Jeffrey D. Green, "Narcissism and Interpersonal self-Regulation," in *The rself and social Relationships*, ed. Joanne V. Wood, Abraham Tesser, John G. Holmes, Psychology Press, 2008, pp.73~94.

4. Nita Lewis Miller, Lawrence G. Shattuck, "Sleep Patterns of Young Men and Women Enrolled at the United States Military Academy: Results from Year 1 of a 4-Year Longitudinal Study," *Sleep 28*, no. 7, 2005, pp.837~841.
https://doi.org/10.1093/sleep/28.7.837

5. 다음을 보라. Olav Kjellevold Olsen et al., "The Effect of Sleep Deprivation on Leadership Behaviour in Military Officers: An Experimental Study," *Journal of Sleep Research 25*, no. 6,

2016, pp.683~689.

https://doi.org/10.1111/jsr.12431

6. 다음을 보라. Christopher M. Barnes, Brian C. Gunia, David T. Wagner, "Sleep and Moral Awareness," *Journal of Sleep Research 24*, no. 2, 2015, pp.181~188.

https://doi.org/10.1111/jsr.12231

7. 다음을 보라. William D.S. Killgore, "Sleep Deprivation and Behavioral Risk – Taking," in *Modulation of Sleep by Obesity, Diabetes, Age, and Diet*, ed. Ronald Ross Watson, Academic Press, 2015, pp.279~87.

https://doi.org/10.1016/B978 – 0 – 12 – 420168 – 2.00030 – 2

8. 다음을 보라. Matthew L. LoPresti et al., "The Impact of Insufficient Sleep on Combat Mission Performance," *Military Behavioral Health 4*, no. 4, 2016, pp.356~363.

https://doi.org/10.1080/21635781.2016.1181585

9. Commission on College Basketball, *Report and Recommendations to Address the Issues Facing Collegiate Basketball, delivered to the NCAA Division I Board of Directors and Board of Governors*, April 2018.

www.ncaa.org/sites/default/files/2018CCBReportFinal_web_20180501.pdf

10. Gabrielle McMillen, "Appeal Filed for Three Convicted in NCAA Bribery Scandal," *Sporting News*, August 14, 2019.

www.sportingnews.com/us/ncaa – basketball/news/appeal – filed – for – three – convicted – in – ncaa – briberyscandal/uczmeysrujnh14ce3cqabirle

11. Bill Chappell and Merrit Kennedy, "U.S. Charges Dozens of Parents, Coaches in Massive College Admissions Scandal," National Public Radio, March 12, 2019. 미 법무부 웹사이트 에는 이 피고 전체 명단과 각 소송의 진행사항이 나와 있다. www.justice.gov/usao – ma/ investigations – college – admissions – and – testing – bribery – scheme

12. Commission on College Basketball, *Report and Recommendations to Address the Issues Facing Collegiate Basketball, delivered to the NCAA Division I Board of Directors and Board of Governors*, April 2018.

www.ncaa.org/sites/default/files/2018CCBReportFinal_web_20180501.pdf

13. Ann E. Tenbrunsel, David M. Messick, "Ethical Fading: The Role of Self – Deception in

Unethical Behavior," *Social Justice Research 17*, no. 2, 2004, pp.223~236.

14. Peter Schmidt, "An Admissions Scandal Shows How Administrators' Ethics 'Fade,' " *Chronicle of Higher Education*, April 1, 2015.

15. Nell Gluckman, "Can Universities Foster a Culture of Ethics? Some Are Trying," *Chronicle of Higher Education*, May 10, 2017.

16. Lindsay Ellis, "After Ethical Lapses, Georgia Tech Surveyed Campus Culture. The Results Weren't Pretty," *Chronicle of Higher Education*, May 10, 2019.

17. 위의 글.

18. 위의 글.

19. Kevin Nixon, "Managing Conduct Risk: Addressing Drivers, Restoring Trust," 딜로이트 규제 전략 센터Deloitte Center for Regulatory Strategy, Deloitte Touche Tohmatsu(딜로이트 글로벌 Deloitte Global로도 알려져 있다), 2017.

20. Roger L. Bertholf, "Protecting Human Research Subjects," *Annals of Clinical & Laboratory Science 31*, no. 1, 2001, pp.119~127; 다음 또한 참조하라. 질병통제예방센터 Centers for Disease Control and Prevention 터스키기 연구Tuskegee Studyge 페이지. https://www.cdc.gov/tuskegee/index.html

21. Leonard Wong and Stephen J. Gerras, *Lying to Ourselves: Dishonesty in the Army Profession*, Strategic Studies Institute and US Army War College Press, 2015, ssi.armywarcollege.edu/pdffiles/pub1250.pdf

22. Stanley Milgram, "Behavioral Study of Obedience," *Journal of Abnormal and Social Psychology 67*, no. 4, 1963, p.371.

23. Michael Martelle, ed. "Exploring the Russian Social Media Campaign in Charlottesville," *National Security Archive*, February 14, 2019. nsarchive.gwu.edu/news/cyber−vault/2019−02−14/exploring−russian−social−media−campaign−charlottesville

| 11 올바르게 승리하라 |

1. Joe Torre, "Joe Torre on Winning," *Bloomberg Businessweek*, August 21, 2006.

www.bloomberg.com/news/articles/2006‑08‑20/joe‑torre‑on‑winning

2. 에이브러햄 링컨, 게티즈버그 연설, 1863년 11월 19일.

3. 에이브러햄 링컨, 공화당 전당대회 연설, 1858년 6월 16일. 링컨은 성서의 〈마르코 복음〉 3장 25절에 나오는 "한 집안이 갈라서면 그 집안은 버텨내지 못한다"라는 구절을 활용했다.

4. 히로시마와 나가사키 원자폭탄 폭격, History.com, June 6, 2019.

www.history.com/topics/world‑war‑ii/bombing‑of‑hiroshima‑and‑nagasaki

5. 드레스덴 폭격, A&E Television Networks, June 7, 2019.

www.history.com/topics/world‑war‑ii/battle‑of‑dresden

6. 토머스 제퍼슨, 독립선언문, 1776년 7월 4일.

7. R. Lisle Baker, "Educating Lawyers for Compassion and Courage as Well as Brains: The Wizard of Oz Was Right." sites.suffolk.edu/educatinglawyers/resources

8. 브리저 대위와 나눈 대화.

9. McDonald, "What I Believe In."

10. Sara Randazzo and Jared S. Hopkins, "Johnson & Johnson Ordered to Pay $572 Million in Oklahoma Opioid Case," *Wall Street Journal*, August 26, 2019.

www.wsj.com/articles/johnson‑johnson‑ordered‑to‑pay‑572‑million‑in‑oklahoma‑opioid‑case‑11566850079

11. 구약성서, 〈잠언〉 27장 17절.

12. 깨진 유리창 이론에 관해 더 알고 싶다면 다음을 보라. George L. Kelling and James Q. Wilson, "Broken Windows: The Police and Neighborhood Safety," *Atlantic*, March 1982. www.theatlantic.com/magazine/archive/1982/03/broken‑windows/304465 1994년과 2001년의 뉴욕시 살인 통계의 출처는 다음과 같다. Chris Mitchell, "The Killing of Murder," New York, January 4, 2008. nymag.com/news/features/crime/2008/42603 기록적으로 낮아진 2019년의 살인율 관련 정보를 더 보고 싶다면 다음을 참조하라. Ben Chapman, "New York City Crime Hits Record Low in First Half of 2019," *Wall Street Journal*, July 8, 2019. www.wsj.com/articles/new‑york‑city‑crime‑hits‑record‑low‑in‑first‑half‑of‑2019‑11562625746

13. Booker T. Washington, *Quotations of Booker T. Washington*, Tuskegee Institute Press, 1938.

인성의 힘

초판 1쇄 발행 2021년 8월 15일
초판 7쇄 발행 2023년 8월 21일

지은이 로버트 캐슬런 2세, 마이클 매슈스 **옮긴이** 오수원

발행인 이재진 **단행본사업본부장** 신동해
편집장 김예원 **교정교열** 김정희 **디자인** 강경신
마케팅 최혜진 백미숙 **홍보** 반여진 허지호 정지연
국제업무 김은정 **제작** 정석훈

브랜드 리더스북
주소 경기도 파주시 회동길 20
문의전화 031-956-7361(편집) 031-956-7129(마케팅)
홈페이지 www.wjbooks.co.kr
인스타그램 www.instagram.com/woongjin_readers
페이스북 https://www.facebook.com/woongjinreaders
블로그 blog.naver.com/wj_booking

발행처 ㈜웅진씽크빅
출판신고 1980년 3월 29일 제406-2007-000046호

한국어판 출판권 © ㈜웅진씽크빅, 2021
ISBN 978-89-01-25212-4 03320

※ 책값은 뒤표지에 있습니다.
※ 잘못된 책은 구입하신 곳에서 바꾸어드립니다.